Мемуары

Валентина МАЛЯВИНА

Я хочу любить

АСТ
ИЗДАТЕЛЬСТВО Олимп
Москва
2002

УДК 820/89-94
ББК 84(2Рос=Рус)6
М21

Серийное оформление Власова С. Е.

Компьютерный дизайн Герцева Ю. Ю.

Подписано в печать 05.02.02. Формат 84×108 1/32. Бумага ляскельская.
Гарнитура «Оптима». Усл. печ. л. 16,8. Тираж 10 000 экз. Заказ N 193.
Общероссийский классификатор продукции ОК-005-93, том 2; 953000— книги, брошюры
Гигиеническое заключение N 77.99.11.953.П.002870.10.01 от 25.10.01

Малявина В. А.

М21 Я хочу любить / В. А. Малявина. — М.: ООО «Издательство «Олимп»: ООО «Издательство АСТ», 2002. — 316[4] с. — (Мемуары).

ISBN 5-17-013085-6 (ООО «Издательство АСТ»)
ISBN 5-8195-0767-3 (ООО «Издательство «Олимп»)

Валентина Малявина — блестящая и очень известная в свое время актриса кино и театра, сыгравшая героиню знаменитого «Иванова детства», сказочную красавицу принцессу из «Короля-Оленя» и много других прекрасных ролей. Все в ее жизни, казалось, складывалось как нельзя лучше — ошеломляющий успех на Венецианском фестивале, слава, любовь зрителей и поклонение многих знаменитых мужчин. И вдруг — трагедия: 103-я статья Уголовного кодекса. Ее обвиняют в умышленном убийстве... И дальше — несколько лет ада: зоны и поселений. У нее отняли все, что составляло суть и смысл ее существования, но эта хрупкая женщина не сломалась.

Эта книга — продолжение воспоминаний Валентины Малявиной. Это исповедь — трагическая и благостная, книга размышлений, страданий и... ЛЮБВИ, ибо «любовь — вот единственное, что способно спасти человека из любой бездны...».

УДК 820/89-94
ББК 84(2Рос=Рус)6

ISBN 5-17-013085-6 (ООО «Издательство АСТ»)
ISBN 5-8195-0767-3 (ООО «Издательство «Олимп»)

1

«ЛЮБОВЬ — вот единственное, что способно спасти человека из любой бездны, превратить в Свет самую глубокую тьму, дать подлинное счастье в самой страшной и безысходной беде! Разве не любовь сделала счастливым Раскольникова у Достоевского в темнейшем сибирском остроге, преобразив его сердце и душу, его судьбу?.. Я — люблю! И, Боже, как я счастлива! Благодарю Тебя за это...» (из дневника 1987 года, поселение Садки).

«Президенту СССР М. С. Горбачеву — лично.

Уважаемый Михаил Сергеевич!

Обращаюсь к Вам как к главе государства, с которым связаны светлые надежды Справедливости; обращаюсь к Вам и как к юристу.

Я отбываю наказание за умышленное убийство по 103-й статье УК СССР. До случившегося была актрисой театра им. Евгения Вахтангова. В 1978 году погиб Станислав Жданько, с которым мы вместе жили. Через пять лет, т. е. в 1983 году, меня арестовали и обвинили в его убийстве. После судебного процесса, который вел Народный суд Ленинского района г. Москвы, меня приговорили к девяти годам лишения свободы. В мае 1985 года Мосгорсуд оставил мне срок пять лет, частично удовлетворив просьбу Прокуратуры СССР, которая не оставила без внимания мое дело.

Два года и восемь месяцев я изо дня в день жду правильного решения со стороны судебных властей. Теперь я обращаюсь к Вам, дорогой Михаил Сергеевич! Я обращаюсь без упрека, без горькой жалобы, понимая, что может случиться ошибка и у юристов. Но мне хотелось бы спросить судебные власти: до каких пор будет длиться эта несправедливость?

Обвинительный приговор был вынесен мне, основываясь на заключении судмедэкспертизы. Его ошибочность очевидна, и теперь установлена ведущими судмедэкспертами страны, мнение которых было зафиксировано документально и представлено в Прокуратуру СССР.

Трагическая ошибка юристов отняла у меня любимую работу. Я благодарна коллективу театра им. Евгения Вахтангова за то, что он доверял мне большие роли в интересных и значительных спектаклях. Я благодарна судьбе за то, что работала более чем в двадцати фильмах и могу гордиться такими работами, как «Иваново детство», «Красная площадь», «Король-Олень», «Туннель», «Ночной звонок», «Ради жизни на земле»... Клянусь, что отдавала все свое сердце любимой работе, такой нужной людям.

Из теперешней жизни, из теперешнего моего мучительного заключения я не вынесу злобного сердца. Напротив! Я стала понимать многое, чего прежде не понимала, иным стал взгляд на массу вещей и ситуаций. У меня было достаточно времени, чтобы пересмотреть мою прежнюю жизнь и стать строгим судьей ее негативным сторонам. Несмотря на горе, постигшее меня, я не пала духом и полна душевных сил.

Прошу Вас, дорогой Михаил Сергеевич, переменить мою судьбу и помочь юристам принять единственно правильное решение.

С искренним уважением — Валентина Малявина.

Январь 1986 года».

И по сей день я иногда возвращаюсь к вопросу, читал ли Михаил Сергеевич мое письмо? Хотя ответ очевиден: конечно нет... Не могло оно лечь на его рабочий стол среди той массы наиважнейших государственных дел, которая свалилась тогда на первого Президента СССР! Но если бы он не стал главой партии и государства, вряд ли бы мне сняли со срока такое количество лет... Но тогда, в январе 1986-го, я все же надеялась и ждала, ждала и надеялась.

Целый год угодно было моей Судьбе не гасить в душе огонек надежды! И все-таки совсем напрасной она не была: в декабре 1987-го зона осталась позади. Среди заключенных не было и нет ни одного человека, который не молил бы Бога о поселении... Ведь поселение — это ПОЧТИ СВОБОДА! Это возможность ПОЧТИ НОРМАЛЬНОЙ жизни... Через несколько месяцев, после того как ушло мое письмо к Горбачеву, эта дверь наконец распахнулась передо мной.

И сейчас, спустя столько лет, стоит мне закрыть глаза, я вижу так ясно, словно случилось это вчера: «столыпин» — специальный вагон для перевозки заключенных — и девятый «загон» (бывшее купе), в котором начался мой путь в далекие Садки. На поселение. Туда, где ПОЧТИ СВОБОДА, где нет беспощадных холодов, клящей здешней зимы с ее почти круглосуточной тьмой, полонящей душу...

Перед отъездом снился Стас... Большая светлая комната с апельсиновым ковром на полу. Ковер — это настоящие, живые, ярко-оранжевые апельсины. Стасик берет один апельсинчик и кидает мне. Я стою напротив Стаса, у светлой стены. Я легко ловлю апельсин, любуюсь его золотыми лучами и возвращаю ему. Радуемся мы со Стасом тому, что вместе. Смеемся. И вот уже два апельсинчика летят между нами, потом три, их становится все больше и больше. Стас ласково говорит: «Это солнышки».

Славный сон... А спустя несколько часов я — в «столыпине», в девятом «загоне». Мой загон без окон, с толстой железной дверью, а перед дверью — внушительная решетка.

В других «купе» дверей нет, просто решетки вместо них, а в моем и то и другое. Потому что это — «столыпинский» изолятор, сюда сажают того, кто, по мнению охраны, ведет себя плохо: сажают, плотно закрывают двери и пускают дым, чтобы провинившийся успокоился... Так мне рассказывал охранник-таджик. Но меня определили сюда всего лишь потому, что в вагоне все мужчины, а я женщина. Премерзкое «купе»!

Но у меня с собой целлофановый мешок, в котором я «живу»: со мной — книги, дневники, письма, буханка мокрого хлеба и ржавая селедка. Буду читать, думать, вспоминать и двигаться в заветные Садки, в Ростовскую область... Наугад опускаю руку в мой «дом-мешок» и отчего-то достаю не письма моих дорогих и любимых друзей и родных, а черновики собственных посланий к маме...

«12 ноября 86 г.

Дорогая мамусечка! Как я хочу на простор! В деревню!..

Настроение мое нормальное! Солнышко светит! Все заботы о вас и вашем самочувствии...

Мой славненький Мурзик!

Сегодня нас всех собирали в клубе и начальник колонии, Иван Григорьевич, читал указ об амнистии (исключительно для женщин!). Все сразу же зааплодировали! Все поднялись с мест! Начинается указ очень красиво, заканчивается печально: «Идут все, — гласит указ, — кроме...» А «кроме» — это просто все. Нет, конечно, некоторым свалилось счастье! Именно — «свалилось»! Остальные — в слезах, в проклятиях и прочем. Я? Я имела краешек надежды, что всем женщинам вне зависимости от статей будет снята треть со срока. Это было бы разумно! Это было бы гуманно! Все женщины и их дети молились бы за здоровье Мих. Сер., и путь его был бы усыпан розами. Так причитают несчастные женщины. Вот такие дела! Грустные. Но... ничего... было бы здоровье, да, Мурзик?

Вторая комиссия должна быть 20 ноября — и сразу же суд. Я о Садках мечтаю как о рае...»

«Родная моя мамулечка, я прежде ничего не писала тебе об одном чудном, удивительном человеке, о светлейшем чувстве, внезапно постигшем меня здесь — среди мрака и тьмы... А теперь — разлука... Весь вчерашний день слезы мучили и душили меня, текли ручьями. Не думала, что будет так трудно. Оказалось, что очень. Прощание с совершенно необычным, светлым, хрупким чувством, и такая тоска на нас навалилась — такая тоска!

Ведь вот что странно — все это должно было бы быть тогда, раньше, но я вышла «скоропостижно» замуж и т. д. и т. д. Не было у меня юного чувства — все замуж да замуж! И вот в этой катастрофе волшебные отношения. Мы очарованы друг дру́гом и заворожены. Мы прекрасно понимаем, что Там, куда мы так хотим, не будет этого абсолютно светлого, безоблачного, солнечного отношения друг к другу. Даже этот запрет дал очарование нашим отношениям. Сильный, целеустремленный человек, честный, хотя и в заключении (по определенным причинам), умный и спокойный, всепроникающий и всепонимающий, непохожий на моих ребят, на моих чудесных мучителей из прошлого. Другой, совсем другой! Хороший очень! Все! Завтра уезжает... Я пишу тебе, мамулечка, потому что никому не могу рассказать. Когда-нибудь напишу об этом много-много, скоро напишу! Все нормально. Целую. Ребяток, Танюшечку с Сережей, целуй за меня сама...»

Какой-то шум в «столыпине» отвлекает меня и от писем, и от уже готовых хлынуть в душу воспоминаний. Я даже вздрагиваю, словно от неожиданности, и не сразу осознаю, что мы уже не движемся потихонечку в сторону Воронежа (в Воронежской тюрьме у нас плановая остановка), а стоим на каких-то заброшенных путях. Я знаю, что после Воронежа предстоит еще одна задержка — в Ростовской тюрьме... Зачем?.. И почему везти меня на поселение надо в мрачном вагоне под конвоем?! Почему нас, четверых узников, сопровождали к «столыпину» около двадцати конвоиров с собаками и автоматами?..

Нас привезли в «воронке» к станции, где мы всю ночь ждали прибытия «столыпина». Меня упрятали в боксик — крошечный жестяной «стакан». Летом он плавится от жары, зимой изнутри покрыт инеем. Ночь выдалась злюще-холодной. Боксик от инея весь серебрился под луной.

В другом отсеке, называемом «обезьянник», — трое мужчин: малюсенький старичок; огромный человек, у которого вместо лица абсолютный треугольник, он был в наручниках, и «звездный мальчик» Юрочка Кузнецов. Почему «звездный»? Оказывается, он из другого созвездия к нам прилетел, из созвездия «Алкивиад». Надо же... Неужели увлечен Алкивиадом — учеником и другом Сократа? Говорит, что его любимые девочки — это «звездочки» и что у него скоро будет много детишек — «новых звездочек». Сидит Юрочка по статье — наркомания. Куда движется — ему неведомо, да и все равно ему, где быть на Земле. Печалится, что «здесь всех и вся погубит зависть». Он говорит, говорит, а разговор его сопровождает ритмичный звук — постукивание зубов. Меня тоже колотит. Конвоир хоть и в тулупе, а все равно съежился.

Наконец прибыл «столыпин», и нас повели к шлагбауму, а вокруг огромное кольцо охраны. Громко и сердито лают собаки. Автоматы на взводе. А мы еле передвигаем озябшие ноги. Некоторые конвоиры покрикивают на нас. Они тоже устали, дожидаясь «столыпина».

Верзила, с лицом-треугольником, в наручниках, пристегнут к молоденькому милиционеру. Милиционер, по всей вероятности, каратист. Ни с того ни с сего он вдруг бросил ногу к небу; верзила поскользнулся, упал и вместе с собой увлек молоденького милиционера-каратиста. Поднялся переполох среди конвоя. Бьют верзилу, бьют не щадя...

В «столыпине» очень душно, народу уйма, в двух первых «купе» малолетки галдят! «Звездный мальчик» где-то рядом, поет на свой манер песни Володи Высоцкого:

А которых повело, повлекло
По лихой дороге —
Тех ветрами сволокло
Прямиком в остроги...

Хочется пить. Хочется выйти в туалет. Пить не дают. И не выводят. Ребята сердятся:

— Выводи!

Вагон охраняет один солдатик, по национальности таджик.

— Зови прапора! Пусть выводят! — орут «парнишки».

Малолетки улюлюкают как индейцы, а «звездный мальчик», перекрикивая всех, поет: «В траве сидел кузнечик...»

Мне тоже хочется выйти. Я как заору:

— Немедленно позови прапорщика!

— Ну что ты? Что ты! — обиделся на меня солдатик-таджик.

— Зови, говорю!

Вдруг резко открывается дверь, что рядом с моим последним «купе», и на меня с воплем летит прапорщик:

— Ты что хулиганишь?

— Выводи!

— Я сейчас выведу! Я сейчас выведу!..

Прапор хлопает пушистыми ресницами и ужасно орет на меня. Я тоже ору. Получилась почти опера: он тянет свою «арию», не слушая меня, я — свою. Со стороны, конечно, смешно, но мне стало не до смеха, когда прапор схватился за железную дверь моего «загона», чтобы намертво захлопнуть ее. Я растерялась и даже замолчала, почему-то посмотрела на ноги прапора — а он в домашних тапочках. Я засмеялась. Он тоже замолчал и посмотрел вниз, потом на меня:

— Что смешного?

— Ничего. По-домашнему выглядите, а кричите как отъявленный надсмотрщик.

Он уставился на меня. Долго мы смотрели друг на друга. Через этот молчаливый взгляд мы поняли, что ни один из нас не уступит. Мы как-то вместе успокоились, и он почти вежливо спросил меня:

— Можешь потерпеть? Я сначала мужиков выведу.

— Хорошо, потерплю...

Ну вот! Наконец и моя очередь! Иду по коридору мимо «пассажиров» нашего необычного вагона. Я уже многих знаю по голосу, а сейчас вот и вижу. Кричат:

— Молодец, Валюшка! Медленнее иди! Мы на тебя посмотрим!

Все повернулись ко мне. Разглядывают. Я иду медленно. Господи! Кругом клетки. А в них мучаются люди. Всех стало жаль. Больше никогда не пойду в зоопарк. Страшна неволя...

Давно еше, в самом начале, старик-заключенный, с которым нас вместе вывозили на судебные заседания, рассказывал жуткую историю. Много лет назад мальчишечка, совсем юный — наверное, такой же, как наш «звездный мальчик», — попал в заключение по глупости: то ли драка, то ли еще что-то вроде. А в камере, чуть ли не в первый день, вновь подрался — страшно, нехорошо! Кто-то из дравшихся упал, стукнулся виском о шконку и — насмерть... Обвинили мальчишечку. И — все. Суд назначил максимальный срок по проклятой 103-й, затем еще что-то такое случилось — и вновь добавили... Когда тот старичок познакомился с тем бывшим «мальчишечкой», тому уже перевалило за сорок и окончательный срок его близился к концу...

А дальше случилось ужасное: человек этот, всю свою сознательную жизнь проведший в тюрьмах и лагерях, РЫДАЛ, КАК ДИТЯ, НЕ ЖЕЛАЯ ИДТИ НА ВОЛЮ!!!

Вся жизнь его, лучшие ее годы, прошли в тюрьмах и лагерях. На воле никого не осталось — ни родных, ни друзей, он не представлял, позабыл давно, как это так — жить без тюрьмы, на свободе... И вот ночью, в камере, решил повеситься, но его спасли, не дали умереть, а он, когда пришел в себя, кричал неистово, позвериному, проклиная своих спасителей.

Старичок тот его больше после этого не видел, но все время, по его словам, думал о нем — как этот человек, сумел ли не погибнуть на воле, в мире, который за его годы в тюрьме совсем переменился, стал не просто чужим, а чуждым, — наверное, как в фантастических романах, когда человек в мгновение ока переносится из одного времени в другое, из прошлого в будущее... И тогда для него, чужака, даже самое светлое и устроенное будущее становится темнее мрака, чернее самой беспросветной ночи... Страшна неволя!

2

...Я все еще иду по коридору «столыпина» — пусть смотрят на меня, пусть смотрят, если благодаря мне у них, загнанных судьбой за эти решетки, легче и светлее на душе!

В одном из «купе» в середине вагона припал к решетке человек с прекрасным, умным взглядом.

— Я тебя знаю. Ты мне нравишься, дай Бог тебе всего прекрасного! — успел он сказать мне.

Когда я проходила мимо малолеток, они норовили дотронуться до меня. Конвоиры били их по рукам, а они все равно тянулись... На обратном пути я задержалась возле человека с умным взглядом:

— Как вас зовут?

— Дмитрий, — улыбнулся он красивой, светлой такой улыбкой.

Конвоиры не на шутку рассердились:

— Перестань сейчас же, начальника позовем!

В вагоне стало благодушнее. «Ребятки» не орут, а, покуривая, «гургурят», солдат-таджик успокоился и прохаживается туда-сюда, а «звездный мальчик» поет: «В траве сидел кузнечик, и съел он огуречик, зелененьким он стал».

Конвоир-таджик поинтересовался:

— Что ты поешь? Разве может кузнечик съесть огуречик?

— Может, — убежденно ответил Юра.

— Он не ест огурцов, — возражает солдатик.

Тогда Юра рассудительно объяснил:

— Как ты не понимаешь? Все очень просто. Я Кузя. Я кузнечик, потому что Кузнецов я. И вот я, Кузя, сижу в траве и ем огуречик. Что тут непонятного?

— А-а-а... — протянул солдатик.

И вдруг Юрочка очень серьезно куда-то в пространство:

— Непонятно единственное: как я стал зелененьким?

Я расхохоталась до слез.

Наконец мы поехали. Как хочется посмотреть в окно! Окна в коридоре есть, но покрашены толстым слоем серой краски. Ничего не увидеть. Почему мы там, на воле, так невнимательны к красоте?

Снова листаю свои записи. Солдат-таджик, улыбаясь, поглядывает на меня:

— Что читаешь?

— Необходимое.

— А-а-а...

Чуть отошел и резко бросил мне скомканный листочек. Я мигом подобрала его. Развернула. Письмо от Дмитрия, того, с прекрасным взглядом.

«Милая Валентина!

Я по-настоящему счастлив, что увидел тебя, ведь прежде видел только в кино! На этапе и в пересылках много слышал о тебе и твоей судьбе. Как и очень многие, почитаю тебя всем сердцем! Я закончил в свое время социологический факультет. В моем случае виноват огромный дымчатый топаз необычайной красоты и... ценности. Меня арестовали в Москве, прямо в мой день рождения... Такие вот кренделя выписывает порой Ее Величество Судьба.

Знаю, что ты едешь на поселение. Береги себя, родная. Твоя звезда — в самом зените, я верю в твою звезду. Тебе очень подходят вот эти слова: «Безоглядная и беззащитная в любви, торжествующая, даже победоносная в поражениях, ты подобна восстающей из пепла птице феникс или морской волне, что разбивается о камни и неизменно возрождается».

Видишь, помню... Очень хочется домой, но что бы я делал на воле, если б отпустили тотчас? Честно? Не знаю...

Уверен, что у тебя будет все хорошо, только не обращай внимания на жестокую, безжалостную молву, на тех, кто хочет укусить исподтишка, укусить и убежать безнаказанным. Не обращай внимания на врагов своих. Твоя необычность злит их. Это их трудности. Не твои.

Слышал, что суд над тобой был неправый, замешанный на нарочном непонимании. Опять же — это трудности твоих судей. Не твои. Предназначение твое с ними не связано. Поверь, ты наделена божественной силой. Это большое доверие свыше и большая ответственность. Ты у меня в памяти останешься вечно сияющей. Буду помнить тебя, пока живу.

Навсегда твой — Дмитрий».

Господи! Спасибо тебе! Хорошо-то как! Меня окружают дивные люди! Казалось бы, это невозможно здесь и сейчас. Слава Богу — возможно!

— Я быстро напишу ему.

— Не надо. Не передам.

— Миленький, ну пожалуйста. Я хочу поблагодарить его за дивное письмо.

Солдатик молча удалился. Тут же из вагона с охраной пришла пересменка. Заменил солдатика высокий конвоир Володя. Володя неприязненно к «братве» относится и на меня тоже колюче посматривает. Я не стала просить Володю, чтобы он передал записку Дмитрию, а громко закричала:

— Спасибо тебе! Я не забуду тебя!

Володя подскочил ко мне:

— Хочешь, чтобы тебя сняли с этапа? Хочешь снова на зону? Кому ты кричишь? Кого ты не забудешь?

Я не назвала имени. Володя снова спросил:

— Кого ты не забудешь?

Он старался говорить шепотом, чтобы никто не слышал нашего диалога.

— Не шипи, Володя. Все равно не скажу.

— Ты не забудешь меня, — убежденно сказал «звездный мальчик», услышав наш разговор.

— И тебя тоже.

В «столыпине» по-прежнему на удивление тихо. «Звездному мальчику» надоела, по всей вероятности, тишина. Он крикнул:

— Эй вы, «виновники»! Кто из вас песню хорошую спеть может?

Не ожидала я, что тут же отзовутся.

— Я, — звонко сказал малолетка. — Только не мешайте мне. И запел на стихи Есенина:

Не вернуть мне ту ночку прохладную,
Не видать мне подруги своей,
Не слыхать мне ту песню отрадную,
Что в саду распевал соловей!

...А мне снова вспомнился Стас... Иногда он жаловался, что ему трудно в театре Вахтангова:

— Не тяну, Валёна, я эту сцену и этот зал. Не хватает голоса. Покажи меня какому-нибудь педагогу.

У меня была талантливая, великодушная и очень красивая подруга — Лина Мкртчян. Она училась в Гнесинском институте. Стасу симпатизировала. Она тут же устроила нам консультацию у знаменитого врача и педагога Чаплина. Мы пришли в институт. Чаплин провел нас в аудиторию и обратился к Стасу:

— Ну-с, прочтите мне что-нибудь в полный голос.

— Валён, чего? А? — тихо спросил меня Стас.

Я пожала плечами. Он задумчиво уставился в пол. И вдруг как заорет:

Сумасшедшая, бешеная кровавая муть!
Что ты? Смерть? Иль исцеленье калекам?
Проведите, проведите меня к нему,
Я хочу видеть этого человека.

Я тогда чуть не упала со стула от неожиданности! Было очень смешно: он, сначала робкий перед педагогом, вдруг сорвался и понесся по стиху, подражая Есенину, которого много раз слушал в записи. Аудитория маленькая, а Стасик надрывается: «Я три дня и три ночи искал ваш умёт...»

Потом хохотали мы с ним до изнеможения, когда я ему показывала его визит к Чаплину.

...Звонкий голос тем временем заканчивал:

Что прошло — не вернуть никогда!

Чуть приоткрыв дверь в наш вагон, по-прежнему в домашних мягких тапочках, слушал эту грустную песнь и тот самый прапорщик, часто моргая своими длинными, какими-то детскими ресницами.

Мы поблагодарили мальчика за чудесную песню.

— Еще! Еще спой! — просила «братва».

Но мальчик замолчал.

Захотелось есть. Много ситцевых цветных тряпочек положили мне девочки в сумку. Это срезки от пододеяльников, простыней, наволочек, которые шьют в колонии. Разложила я их, и получилась славненькая скатерка. Достала хлеб, селедку, воду и стала обедать медленно, с толком, с расстановкой.

А потом попросила Володю, чтобы меня сопроводили руки вымыть. Ну а он отказал в этой просьбе:

— Перед сном будут выводить, тогда и вымоешь.

— Но противно же!

Володя криво усмехнулся: разве не привыкла к «противному»? И пошел по вагону. Когда вернулся, сказал:

— А я знаю, кого ты из них не забудешь.

— Кого?

— В середине вагона... Рослый такой... Его и не забудешь. Верно?

Я кивнула головой. Володя удивленно посмотрел на меня: не ожидал подобной откровенности.

— Откуда ты его знаешь?

Не стала я рассказывать Володе, да и не могла, что мы виделись с Дмитрием всего мгновение и что у меня есть его бесценное письмо.

А он продолжал рассуждать:

— Если вы на воле будете встречаться, то что же получится?

— Кто с кем будет встречаться?

— Вы, бывшие заключенные.

— Ну и что?

— Вот именно — что? Страшная сила — вот что.

Не знаю, прав ли Володя? Сильных здесь не так уж много, иные и постоять за себя не могут от испуга и загнанности. А сильные, они везде сильные: и здесь, и там!

Я даже не знаю, сильная ли я сама, хотя многие — и враги, и друзья — считают сильной...

Осторожно, словно великую драгоценность (а это и есть драгоценность!) достаю из своего «домика-мешка» пачку — целую толстенную пачку! — писем от Лионеллочки Пырьевой и Олежки Стриженова. Пишет, конечно, Лионеллочка — ее крупный и в то же время стремительный, летящий почерк... Я храню их уже два... Да нет же, три года! И безмерно радуюсь, когда эта пачечка пополняется. Сейчас я достаю конвертики из середины — наугад.

«Дорогая Валюшечка, здравствуй!

Открытку твою мы получили, очень признательны и благодарны за твои добрые и нежные строки.

Извини, пожалуйста, за то, что задержались с ответом, чтобы поблагодарить тебя за них. Но в течение целого месяца и я, и Олег были нездоровы: в Москве бушевала эпидемия гриппа. Потом находились в отъезде. Да мы и сейчас в отъезде, в командировке в Ростове.

Что касается твоих слов, милая Валя, насчет нашего к тебе отношения, то мы с Олегом считаем его просто нормой поведения каждого порядочного человека. А тебя мы действительно считаем СИЛЬНЫМ, МУЖЕСТ-

ВЕННЫМ человеком, способным достойно перенести даже столь ужасную, незаслуженную несправедливость.

Нам хочется, чтобы ты, дорогая, знала, что мы всегда смотрели на слухи относительно всего, что с тобой произошло, как на сплетни. Значит, и говорить о них не стоит. Ни единой минуты не сомневались, что все это чушь и, ничто иное!

Если бы ты знала, как бы нам хотелось сделать для тебя больше, чем мы можем. Искренне уверяем, что относимся к тебе как к бесконечно одаренному человеку и — вновь повторю — твердо уверены в том, что ты сильная и конечно же победишь все трудности и преодолеешь все препятствия.

Валя, дорогая, мы хотим, чтобы ты знала: в нас ты имеешь, как бы ни разрешились события, искренних и надежных друзей. И если в наших силах сделать для тебя что-нибудь приятное и полезное, то мы будем к этому стремиться всей душой.

Валюша, поздравляем тебя с праздником, Женским днем, весной.

Верим, что все должно быть хорошо. Желаем тебе здоровья, мужества и побольше духовных сил. Знай, мы всегда с тобой и твои

Лина и Олег Стриженовы.

6.03.84 г.
Ростов-на-Дону».

«Дорогая, чудная, прекрасная наша Валечка!

По приезде в Новгород получили твое письмо. Спасибо громадное! Твои чудесные письма до глубины души волнуют и трогают своей доверительностью и человечностью чувств.

Милая! Нам, признаться, немного совестно, что пришлось столько дней откладывать с ответом. Но ты понимаешь и знаешь, что такое кино. Сразу, как приехали, произошло несколько ЧП.

Отказался сниматься утвержденный на роль немецкого генерала Стржельчик и еще двое, в том числе Пашкова. На ее роль завтра приезжает З. Кириенко. Затем болел Салтыков. Плохо с сердцем. Вообще, он тяжело болен. Плохо ходит. С палкой. Тяжело и грустно видеть его таким.

Фильм трудный, а на нем все, и организация, и творчество.

Олег много ему помогает. Я наконец отснялась, но остаюсь в экспедиции, так как Олегу еще много сниматься, а он не приспособлен жить один. Тем более группа недружная, разношерстная. Люди окружают разные, главным образом лишенные каких бы то ни было возвышенных интересов. Интересы в основном глубоко мещанские. Меня утешает то, что это Новгород. Я здесь впервые, и хочется основательно познакомиться с этим замечательным городом. Все восхищает. Кремль! Юрьев монастырь — там на днях снимали. Георгиевский собор — собор Александра Невского. Полный восторг! Сколько уникальных фресок, уникальной живописи.

А Софийский собор и звонница в Кремле!!! И памятник Тысячелетию России... Потрясает!!!

Если ты не была в Новгороде, обязательно съездим

и будем всем любоваться и восхищаться вместе. Непременно!

Валюша! Хорошо бы ты написала, что нового, как продвигается дело. И как ты? Как ты себя чувствуешь — это сейчас важно.

Мы к тебе привязались очень искренне и надолго. Нас интересует все о тебе, а больше всего твое состояние, ибо мы способны его понимать.

Милая, родная! Наша экспедиция закончится в середине сентября. По приезде в Москву сразу могли бы приехать к Вам. Только это надо организовать. Мы — с удовольствием. Хотим тебя видеть! Очень!

Хотим с тобой говорить, хотим тебя обнять. Мы тебя любим, любим твои письма, твои мысли, нам интересны рассказы твои о людях, окружающих тебя. Мы рады, что к тебе хорошо относятся заключенные. Иначе быть не могло. Ты — умница! И их внимание и заботы в отношении тебя так естественны! Самое главное — это не подорвать свои физические и нравственные силы.

Они, мы очень надеемся, в скором времени тебе пригодятся.

Мы тебя очень ждем. Встреча с тобой будет для нас истинным праздником.

Любим, целуем крепко и обнимаем.

Твои Лина и Олег Стриженовы.

13 августа 1984 г.
Новгород».

«Дорогая, родная Валечка!

Прежде всего извини нас за долгое молчание. Не писали не потому, что забыли или что-нибудь еще. Просто в двух словах в письме все не расскажешь. После съемок, вернувшись из Новгорода, попали в круговорот. Измотали буквально поездки. То Курск, то Магаданская обл., Чита, и притом каждая поездка не меньше 20 дней. Приедешь, не успеешь отдохнуть, дела какие-то сделать и — опять в дорогу. А дел хватает. Снова памятник, уже моему отцу. Пока сделали, пришлось наездиться. Потом непросто и трудно было отправлять его в Одессу. Теперь по весне поедем туда его устанавливать. Кроме того, что устали (3-й год не отдыхаем), тут и болезни не обошли нас. Олег в Чите заболел, но работал. Срывать ведь встречи, сама знаешь, нельзя. Сейчас ложится на операцию. Уже оформлен, прошли анализы, ждем места в стационаре. Хоть операция и не очень сложная, но опять все на нервах. Сама тоже расклеилась. Что-то вроде стенокардии. А сейчас еще и загрипповала...

Валюша, милая, мы постоянно о тебе думаем. Твои чудные, добрые письма получили. Каждый день собираюсь писать — и что-то вдруг помешает. Прости, пожалуйста, великодушно нам эту небрежность. Здорова ли ты? Что нового? Нас не покидают мысли о встрече с тобой. Верится, что это сбудется, и непременно скоро! Дай Бог!!! В театре все по-старому. 29 января фильмом «Господин Великий Новгород» открылся фестиваль, посвященный Победе. Говорят, что получилось. Хотелось бы, чтобы ты его поскорее увидела. В конце марта премьера в Доме кино. Вот бы хорошо было вместе!!!

Родная, не обижайся, верь в нашу искреннюю любовь и преданность тебе.

Мы всегда, всегда с тобой и твои

Лина и Олег Стриженовы.

Обнимаем и крепко целуем.

P. S. Получила ли Новогоднюю телеграмму?

8 февраля 1985 г.».

...Я читаю, совершенно не замечая слез, которые, оказывается, текут по щекам. Обнаруживаю это потому, что свет в «столыпине» внезапно тускнеет, словно вместо лампочки на весь вагон оказалась одна-единственная свеча. Читать дальше невозможно, нужно укладываться спать.

Я долго, очень долго лежу в темноте, не в силах уснуть, я ведь выучила эти письма за несколько лет почти наизусть (и даже без «почти»), слышится мне, как будто въяве, живой, фантастически прекрасный голос Лионеллы, произносящий вслух строки из своих писем:

«Валюшечка, мы прекрасно понимаем твое состояние, но терпеть, девочка, надо. Ты умница, сильная, и мы уверены, что сумеешь преодолеть все, все, все!!! Мы с нетерпением ждем тебя и верим, что скорая встреча должна произойти. А пока надо жить! Жить и побеждать, несмотря ни на что... Дорогая, мы обязательно втроем долго-долго будем гулять по Москве, по

Арбату и по Бульварному кольцу тоже. Обязательно! Верь!..»

— Я верю, — бормочу я в ответ, наконец-то засыпая. — Я сильная...

3

Ночь не была ни краткой, ни легкой, сон не был глубоким, а видения — удивительная смесь, невозможное совмещение двух миров, двух реальностей. Поразительно, что в этой полудреме я каким-то таинственным образом осознавала и понимала невероятность и одновременно подлинность происходящего, свою принадлежность к двум реальностям.

Где-то там, за металлическими стенами «столыпина», за решетками и железными дверями, идет нормальная, любимая, МОЯ жизнь — без меня. Кто-то вместо меня играет мою роль в моем кино, и это странно — странно и дико до дрожи... Я живу в реальности совсем иной, но тоже МОЕЙ. В ней — моя иконка, моя беда, моя Тайна, мои друзья — чудесные, удивительно интересные, все понимающие люди... Все это — мое, все это — испытание, посланное мне Свыше... И мутный рассвет, каким-то чудом достигший моего девятого «загона», — тоже послан Свыше, он тоже моя реальность!

Неожиданно страшный вопль сотряс вагон.

— Скорее! На помощь! — закричали рядом со мной.

Я поняла: «звездному мальчику» плохо.

Конвоир Володя не мог оставить вагон. «Братва» обрушилась на него:

— Доктора зови!

Володя крикнул в соседний вагон. Никто не отозвался. А Юрочку бил припадок.

— Держите его, чтобы не ушибся, — советовала «братва». А Юрочка задыхался.

— Эх вы, суки! Помогите же! — орали «ребята».

Все, что есть крепкого в русском языке, — все обрушилось на Володю, на его начальников и на всю нашу систему.

Наконец явился сонный прапор. Володя объяснил ему ситуацию, тот подошел к Юриной решетке и долго соображал, что делать дальше.

— Доктора зовите! — беспокоились «братишки».

— Доктора нет, — ответил прапорщик.

«Братва» окончательно взбеленилась.

— Гражданин начальник, — попросила я прапора, — можно вас на минутку? Пожалуйста, сделайте ему крепкого чая с сахаром, налейте капель, у меня корвалол есть, угостите его сигаретой. У него курить нечего. Он очень просил.

Прапор грустно и недовольно посмотрел на меня и, не сказав ни слова, ушел.

Юрочку перестал бить припадок, но он стонал жалобно и протяжно.

Я была уверена, что прапорщик обязательно поможет Юре. Но как долго он не идет! Наконец-то. Принесли чай, капли и сигарету.

Юра выпил капли. Потом затянулся сигаретой и хлебнул чайку.

— Ну вот, молодец! — хвалили Юру соседи.

Один из них был препротивным. Он целый день зло бубнил, а сейчас совсем разворчался:

— Может быть, мне хуже, чем ему, а никому ни х... нет дела до меня. Никто мне ни х.. чаю не предложит.

— А потому, что ты — чайник, как чайнику чай предлагать? — засмеялся один из соседей.

Вагон оживился, и Юрочка тоже, слава богу, засмеялся.

«Мы едем-едем-едем в далекие края», едем вот уже вторые сутки. Утомительно. Болит все тело: лежак голый, пол грязный, стены черные. Душно. Хочется есть и пить. Хочется выйти из этой отвратительной клетки. Только «братва» иногда веселит. Прав Достоевский, что арестанты во многом совершенные дети. И еще у Федора Михайловича: «Ведь этот народ — необыкновенный народ. Ведь это, может быть, и есть самый даровитый, самый сильный народ из всего народа нашего». И дальше: «Но погибали даром могучие силы, погибали ненормально, незаконно, безвозвратно». Что тут добавишь?

Через некоторое время пришли два солдатика с пушками, открывают меня:

— Выходи! С тебя начнем.

Но мне не надо «с меня». Если с меня, Дмитрий не будет готов к моему проходу!

— Почему с меня?

Володя улыбается. Определенно — нас с Дмитрием заложили.

Мне пришлось подчиниться. Вышла. Увидела «звездного мальчика».

— Устала? — спросил он.

— Устала. Как ты себя чувствуешь, Юрочка? — стараюсь говорить громко, чтобы Дмитрий услышал.

Но конвоир Володя закричал:

— По коридору — быстро!

Я не послушалась. Наоборот, проходя мимо «купе» Дмитрия, качнулась к решетке. Дмитрий вскочил, но меня тут же увели. На обратном пути Володя заслонил Дмитрия, который прижался к решетке. Грустно стало. До слез.

Пришла. Открыла Марка Аврелия, его сочинение «Наедине с собой», но читать невозможно, плохо виден текст. Стала думать о театре Вахтангова.

Хорошее время нам досталось, театральное. Билетики на спектакль спрашивали по всему Арбату: от ресторана «Прага» с одной стороны и от Смоленского гастронома — с другой. Как теперь в театре? Какой зритель нынче? Какой герой на сцене? Уверена, скоро зрителю нужен будет романтический герой. Люди задохнутся от житейского реализма. Мне посчастливилось знать великих вахтанговцев, работать с ними. Но господин случай сам знает свои права и разлучил меня с любимой сценой...

И еще один день миновал. И еще одна ночь пришла. Сон приснился потрясающий! Иду я полем, нежным от цветов. Иду к склону. Разбегаюсь и... лечу! Высоту набрала быстро, могла бы выше подняться, не стала: не увидела бы земли. Небо золотисто-малиновое, а внизу земля в зеленых кудрях: над лесом вижу перламутровую полоску, вдалеке — река, наверное. Чувственное, визуальное наслаждение, ни с чем не сравнимое, посещает в таких снах. Если бы меня спросили: что вас удивляет в жизни? — я бы ответила: Сон и Явь.

Проснулась.

— Который час? — спрашиваю нового конвоира.

Не ответил.

Захлопали двери вагонов. Засуетились конвоиры. Бегают по вагону туда-сюда. Приближаемся к Воронежу. Резкая остановка. Прапорщик кричит кому-то:

— Подгоните машины поближе!

Вместе с облаком пара вваливаются в вагон охранники. И опять торчат автоматы, и опять зло лают собаки. Начали открывать «купе». Отвратно стучат решетки, выпуская узников. Громко считают «братьев-преступников», наотмашь ударяя каждого в спину...

— Раз! Два! Живее! Живее!.. твою мать... Три! Четыре!

— У вагона на корточки! Садись! Руки за голову!

— Сесть! Кому сказано... твою мать!

— Больно! — кричит кто-то, пробегая по вагону.

Его бьют еще сильнее.

Господи! Неужели и меня заставят бежать конвоиры?

«Звездный мальчик», убегая, крикнул мне:

— Валентина, счастливо!

— Ну вот, только успели привыкнуть к вам, как новых привезли, — сказал прапор, открывая мой загон.

— К тем тоже привыкнете.

— Много вас, очень много, — сказал прапор и хлопнул пушистыми ресницами.

— Всего хорошего, — попрощалась я.

— До свидания, — ответил прапорщик.

— Никаких свиданий, — возразила я. Очень серьезно, почти приказала. И мы рассмеялись.

«Братва» сидела на корточках — руки за головой, лица повернуты в другую сторону. И Дмитрий среди них. И «звездный мальчик». Я разглядела их. Меня запрятали в «воронок» и повезли в тюрьму города Воронежа. Что-то ждет меня впереди?..

...А впереди ждет меня довольно большой и очень холодный бокс с парашей. Не туалет, а просто настоящая параша от прошлых воронежских времен. Очень долго просидела я в этом вонючем боксе. Стояла под лампочкой и смотрела свои записи.

Значит, так: сначала КПЗ, кажется, седьмая милиция г. Москвы. Арестовали меня 1 июня. До 1 июля находилась в 152-й камере Бутырской тюрьмы, с 1 июля по 27 июля в 32-й спецкамере с особым режимом, 27 июля зачитали приговор со сроком заключения на 9 лет, 27 и 28 июля — 119-я камера, с 28 июля по 9 сентября — «рабочка» в Бутырке. Дальше... этап и пересылка — тюрьма на Красной Пресне, в которой я задержалась до 23 января, и снова утомительный этап к Воронежу. 29 января прибыла в Воронежскую тюрьму... И вот стою я в огромном, омерзительном боксе (здесь его называют «отстойником») и жду, когда меня выведут...

Боже, помоги не позабыть мою «двумирную сущность», не потерять чувство ТОЙ реальности, любимой, подлинной, отнятой!.. Рука сама лихорадочно перебирает содержимое драгоценного мешка и... Господи, это же и впрямь чудо, ответ на мою безмолвную мольбу!

В моих руках давнее-предавнее письмо, писанное еще в ТОЙ жизни мне — Сашенькой Кайдановским, тайком переданное мне по его же просьбе во время свидания с сестрой Танюшей... Боже мой, Саша! Саша Кайдановский...

Мне казалось, что в первой своей книге я сказала о нас с Сашей все. Но пройдет много лет, и в день, когда Россия помянет в очередной раз своего вечного Сталкера, уже пять лет, как покинувшего наш мир, Вера Шур вдруг скажет о нас с ним недостающее — в интервью журналисту «МК»:

«...Передать их отношения с Валентиной словами нельзя. Ни с одной женщиной у Саши такого не было. Как-то вошла я на свою кухню, а они сидят за столом и носами тычутся. Какой секс, какие кувыркания в постели?! Если бы кино могло передать ту плотность, ту материю, которая искрилась в тот момент между ними!..

Он катался по полу, умоляя жену Ирину не считать его предателем. Черная, невозможная, почти животная страсть, обрушившаяся на него, не отпускала.

Иные считают актрису Валентину Малявину ангелом, другие — пушкинской русалкой, обманом увлакивающей в омут. Сходятся на одном: она чудовищно красива... Была... И был случай, во время их очередной, жуткой какой-то ссоры она вскрыла себе вены. Он хохотал — не поверил. В больницу отвез, когда уже вся комната была в крови... Шесть лет длился этот их рваный, преисполненный непередаваемого надрыва роман, завершившийся не точкой, не восклицанием, не паузой даже — вопросительным знаком... В 83-м, когда Малявину обвинили в том, что она зарезала своего молодого возлюбленного Стаса Жданько, Кайдановский выступил на суде свидетелем: «Она не виновата! Они просто Достоевского начитались».

Малявину все равно посадили. Приговор был — девять лет... Когда она вышла, в числе первых, кто ее встретил, был Саша Кайдановский... Друзьям он говорил после их разрыва страшные, почти пророческие слова: «Меня бы уже не было, если бы я остался с Валентиной...»

Я знаю, что она всю жизнь хранит подаренный им когда-то Ветхий Завет. А Новый Завет — Валя сама это говорила — тоже ей подарен. Стасом Жданько, тем самым...»

«Валюша!

Ужасно соскучился по тебе, приезжай скорее! Жду тебя как ненормальный! Как ты там?

У меня все в порядке. Волнуюсь о тебе. Снимаюсь. Стараюсь не пить. Уже почти получается... Еще мы здесь выдумали игру — наложили запрет на мат. Написали на бумаге список ругательств, которые нельзя произносить в семье (моя семья съехалась в полном составе). Кто выругается — платит. На каждое ругательство поставили расценки. Вообрази: после двух дней игры у нас уже полная коробка денег.

Больше всех платит Шакуров. Плачет, платит, а не ругаться не может, бедняга. Свой финал я снял вроде неплохо — рыдал в кадре, как белуга. Посмотрим, что покажет экран.

Ты здесь произвела неотразимое впечатление. Шофера даже поссорились чуть ли не до драки, решая, кто ты мне: жена или «просто так». Пришли ко мне выяснять, я сказал — жена. Я очень хочу, чтобы ты была моей женой. Я влюблен в тебя смертельно. Опять ревную тебя. Потому что мне трудно без тебя и неспокойно.

Стараюсь в свободное время заняться делом. Но что-то слабо выходит... Может быть, от самолюбия, размеры которого ты знаешь... Нормальным я могу быть, только когда ты со мной, когда я спокоен за тебя. Я в тысячный раз повторяю, что роднее тебя у меня нет человека...

Валечка! Жду тебя! Приезжай! Очень люблю тебя. Целую! Целую!! Целую!!!»

Господи, и это все — о нас. Обо мне. О нем... Сейчас я думаю, как это замечательно — не ведать будущего, не знать, что родному и близкому человеку суждено вначале расстаться с тобой, тоже родным и близким, возможно, мучительно-единственным, а после и вовсе покинуть этот мир, оставив после себя ничем не заполнимую пустоту. И в этом смысле я была по-настоящему счастлива тогда своим незнанием, сжимая ярчайший кусочек своего прошлого — его уже начинавшие потихонечку желтеть страницы — посреди мерзкого бокса Воронежской тюрьмы. В ожидании, когда же меня наконец выведут отсюда и время потечет дальше с той неспешностью, с которой оно всегда течет в лихие годы...

— Выходи!

— А что вы на меня кричите? — спросила я.

— Ну ты чего? В тюрьме ведь, вот и кричу.

— Я все понимаю без крика.

Конвоир почему-то обиделся:

— Да ну тебя. Иди к врачу.

Врач спрашивает:

— Вши есть?

— А у вас?

Врач замер.

А я продолжаю:

— Рассказывают, что у вас и вши, и клопы есть.

Ничего не ответил.

Привели в камеру 67.

Нет! Ни один художник не смог бы сделать такой павильон или так оформить сцену. Помещение метров 16, шконки без матрасов или с оными, но не «зафактурить» художнику так матрасы, никогда-никогда: грязные, вата черная сыплется из них, ни простыней, ни подушек, слева — параша — огромные подмостки, потолок весь протек, на окнах — решетки, решетки и еще раз решетки, пол сальный. Все стены исписаны: «ЛЮБЛЮ!» А дальше — к/с л/т к/д, что означает: к/с — к сказанному — л/т — любящий тебя, к/д — как друга. Везде — ЛЮБОВЬ.

В камере 32 преступницы на 16 метрах. Есть ходки по 5, 6 раз и т. д. Девять малолеток — очаровательных девочек. Все они наркоманки. Как они говорят о маке!.. Я читала «Плаху» Чингиза Айтматова, там тоже о маке и конопле. Боже ты мой, как страшно!..

И вдруг — мужской голос, прекрасный баритон. Наркоманка Эллочка садится к параше, снимает умывальник и говорит через водопроводную трубу:

— Рома, я рада слышать тебя.

А голос Ромы звучит бархатно и совсем рядом. Сейчас в окно слышно сразу трех ребят и трех девочек. Рассказывают друг другу о себе, размышляют о жизни. А главные слова — «Люблю!», «Навсегда!».

Вот уже неделя, как я здесь.

Сегодня пришли новенькие. У одной из них 8 краж. Другая сидит 12 лет. Статная пожилая женщина, отбывавшая срок за попытку пересечь границу с Польшей, очень внимательно посмотрела на меня и спросила:

— Вы сегодня свободны?

Я легко засмеялась:

— Да, свободна.

— Мне с вами поговорить надо, — сказала она.

Дверь открыли и приказали собираться в баню. Пошли. Очень симпатичный дежурный пропускает нас, голеньких, а у меня одна задача: чтобы солдатик далеко от двери не отходил — вдруг душно будет. Я совершенно раздетая, а ридикюль с банными принадлежностями под мышкой. Я официально говорю солдатику:

— Пожалуйста, не уходите далеко от двери, вдруг у меня кровь носом пойдет из-за духоты, — а ридикюль все под мышкой держу, волосы красиво расчесаны, и воображаю, что я по крайней мере в вечернем платье, а сама ну совершенно раздетая. Он смотрит на меня и только произносит:

— А... ага... ага...

Девочки «упали». Смеются:

— Было ощущение, что на тебе бриллиантовое колье.

Но я была занята одним — только бы солдатик не отходил от двери во время нашего купания. Дверь железная «на сто замков запирается». Дежурный, конечно, не ожидал такого официального, без комплексов, обращения к нему и такой светской речи: «Простите, пожалуйста, не отходите по возможности от двери и т. д.». Он хотел что-то сказать, но был сражен моею невозмутимостью. Хохотали, придя в камеру, до слез. Девочки показывали меня. Очень смешно, конечно.

А когда поднимались из бани по лестнице, мальчик-дежурный шел подле меня, ни на шаг от меня не отставая, и очень серьезный был. Когда закрывал камеру, тихо сказал:

— Всего хорошего.

Девочки остолбенели от наших светских отношений. Присела я на постель. Смотрю на лица: много «многократок», очень много, и страшно становится.

Смотрю на детей — малолеток, — сердце сжимается. Они ли преступники, эти дети? Как не стыдно! Разве можно бросать их в тюрьму вместе с бывалыми, видевшими все и вся настоящими преступницами? Как же так?

В камере и «тубики», и послеоперационные, и раковые, тут же дети-малолетки со своей болезнью — наркоманией. Как же так?..

На зоне я, видимо, успела отвыкнуть от ТАКОГО пренебрежения к людям — к их здоровью, жизням, судьбам... Получается, что и в этой реальности у меня есть свое прошлое, настоящее и — будущее. Будущее?..

Я снова оказываюсь в тесной и душной камере. Место мне уступают, и я засыпаю почти мгновенно. И вижу сон, словно в ответ на мою печальную мысль о будущем.

Как будто лечу я над темно-фиолетовыми цветами к хижине. Из нее выходит красивый японец со свитками в руках и предлагает мне выбрать один из них. Я выбираю. Он отдает мне свиток, я разворачиваю его, а там Солнце нарисовано, и оно играет яркими красками, как настоящее! Японец смотрит на меня и улыбается, и я просыпаюсь со словами, произношу которые вслух, громко: «Мне сон приснился, я с Солнцем говорила!»

И еще какое-то время радостно улыбаюсь, и смотрю на обращенные ко мне лица, и не понимаю, где я и что я... А потом вспоминаю и осознаю все сразу. Но все равно улыбаюсь...

4

По сравнению с зоной время в тюрьме тянется невыносимо медленно — и это вопреки отлаженному по минутам распорядку дня. Может быть, именно поэтому каждая мелочь воспринимается как важное событие, а позднее, годы спустя, станет ясно, что память сохранила все. Едва ли не каждое слово разговоров, которые человеку вольному, со стороны, показались бы пустыми... Мне они пустыми не кажутся и теперь.

Для разговора спустилась ко мне со своей шконки та самая пожилая женщина — статная, с крючковатым носом, которая все время пытается перейти польскую границу. Это она интересовалась наличием у меня свободного времени. Вот и теперь первым делом спрашивает:

— Так вы свободны для разговора?

— Да, — отвечаю.

— Позвольте присесть.

— Пожалуйста.

— Вот что я должна вам сказать: вы заколдованы, и очень. Я сама колдунья. Занималась и черной, и белой магией. Так вот: по приезде на поселение найдите черную курочку, возьмите от нее яичко и носите его при себе двадцать два дня. Ни в коем случае не расставайтесь с ним и не разбейте его. Сшейте мешочек для него, носите на бечевочке на шее. Ночью положите его рядом с собой. Через двадцать два дня надо выйти на пересечение двух дорожек или тропинок. Положите яичко прямо на пересечение, как бы в центр креста и, не оборачиваясь, уходите.

— И что?

— То, что с ним, с яичком, случится, то и произойдет с вашим врагом.

— Я верующая. Я Христа люблю. Нельзя мне так защищаться.

— Уважаю вашу веру. Значит, по приезде домой придите к тому, кого вы подозреваете в проклятиях на вас, и скажите: «Зачем ты колдовала?» И все — больше ничего не надо говорить. Ответа не ждите: не будет. Иначе этот человек потеряет силу воздействия на других людей. И еще вопрос к вам: в чем вы были одеты в тот печальный день, когда погиб ваш муж?

— Я была одета в его свитер.

— Вот этот свитер вас и защитил. Вы должны были погибнуть, но его вещи вас защитили.

— О господи, я мистична, но не настолько, чтобы понять все это.

— Так и должно быть. Это как бы чудеса, но все это существует: и наговор, и сглаз, и проклятие.

И продолжила моя колдунья:

— Вы на поселении будете меньше года. Уедете в Москву. Выйдете замуж. Через какое-то время разойдетесь по странным, опять же мистическим причинам. Будете много работать.

— На сцене?

— Да. Но не только по своей профессии. У вас должно быть все замечательно, хотя будут посещать душевные недуги, и беды будут посещать. Только знайте, что есть противоядие всем неприятностям — ваша вера.

— Вы знаете, я не верила в хиромантию, но жизнь обернулась так... оказывается, все написанное на руке — верно... — вздохнула я.

— Не только по руке можно предсказать будущее. И взгляд говорит о будущем, и пластика, и голос. Если вы захотите, мы будем дружить. Я буду всегда рядом, если с вами плохо станет. Я запишу вам свой адрес.

Вот такой разговор посетил меня в Воронежской тюрьме.

Вижу, чувствую, что ко мне все эти женщины относятся замечательно, а когда меня вызвали на этап, все поднялись со своих мест. Провожали. А бабушка Шура — совсем старенькая, совсем беззубая, спала. Вдруг просыпается и видит, что я ухожу. Заплакала:

— Почему не разбудили меня? Наша Валюшка уезжает, а вы меня не разбудили, — и тянет ко мне свои худенькие, старенькие руки.

Я подошла к ней и поцеловала ее в беззубый рот.

Колдунья пожала мне крепко руку и широко улыбнулась, а беззубая бабушка все крестила меня вослед, остальные как-то притихли.

Вышла из камеры и тоже заплакала. Провожал меня тот солдатик, Сережа, с которым я в бане разговаривала.

— Ты чего плачешь-то? Валентина, ты чего?

— Они божественны.

— Перестань. Сплошные воровки и наркоманки. Бездельницы они.

— Не ругайся, Сережа, так у них получилось, может быть, от горя.

— Да ну их. Береги себя. Особенный, трудный режим в Ростовской тюрьме: там другие условия, там другие законы.

— Спасибо, Сережа. И тебе желаю всего наилучшего. И оставайся добрым. Старайся прощать. Пожалуйста, Сережа, не борзей.

— Ладно. Постараюсь. Ну пока, Валентина. — И ввел меня в тот же бокс, большой и очень холодный, с парашей из прошлого века.

Здесь мне предстоит ждать, неведомо сколько, продолжения этапа в Садки.

Кое-как пристраиваюсь на грязнущей лавке, не мытой, вероятно, тоже с прошлого века. Свой мешок прижимаю к себе крепко-крепко, но ни писем, ни своих тетрадок не достаю. Не то настроение. Перед глазами все еще мелькают лица моих последних сокамерниц. Как сказал солдатик? Сплошные воровки и наркоманки? О нет!..

В памяти моей, наверное, навсегда останется бледное, худое, словно у узницы концлагеря, лицо той женщины, которую при мне едва не побили, которой никто ни разу не позволил ни одной ночи провести на шконке... Страшные я услышала слова, когда попыталась за нее вступиться.

— Ты что?! — прошипела одна из девчонок. — Не знаешь, что ли? Она ж мать-убийца!..

— Боже, — пробормотала я и... умолкла. Сердце невольно сжималось при взгляде на эту женщину. На ее жуткую худобу, затравленный, исподлобья взгляд. «Мать-убийца» здесь, в женской тюрьме, — это клеймо хуже СПИДа...

Поздно ночью, когда все уснули, я заговорила с ней:

— Как тебя зовут?

Она вся как-то вздрогнула, сжалась от страха: видимо, решила, что я тоже хочу ее ударить... Но разве можно захотеть ударить такое убогое, уже наполовину мертвое существо?! Господи, преступление-то какое страшное на ней, невозможно представить, как подобное вообще может случиться, как?!

По-видимому, я что-то похожее и вслух пробормотала. Потому что она вдруг сразу успокоилась, почувствовала, может быть, вопрос, пропитанный ужасом, исходивший от меня. И я вдруг поймала ее взгляд — совсем не такой, как ожидала, а взгляд, горящий страстью... Самой настоящей страстью!

— Лена... — пролепетала она, — меня Леной зовут...

И вдруг заговорила — торопливо, захлебывающимся, свистящим каким-то шепотом, которого я тоже, наверное, никогда не забуду. И все, что она тогда говорила, не просто запомнилось, а мучило меня долго-долго, пока спустя несколько месяцев я не решилась записать ее ужасную исповедь. Записала прямиком в свою тетрадку-дневник, а потом, когда перечла, поняла, что получился у меня — впервые в жизни поневоле! — самый настоящий рассказ, почувствовала, что наконец-то освободилась от этого самого трудного, почти невыносимого воспоминания о Воронежской пересылке.

Из дневника 1987 года. Садки

«Опять не спится — не спится как-то по-особому мучительно. Отчего-то опять вспомнила Лену из Воронежской тюрьмы и поняла, что даже не знаю, какой срок ей определил суд. Сейчас половина второго ночи, до подъема еще далеко. Я решилась записать исповедь этой несчастной женщины так, как смогу. Точнее — как она отпечаталась в моей памяти, актерской памяти, где каждое событие — либо пьеса, либо фильм — со своими мизансценами, диалогами, значимыми паузами. Итак...

То сентябрьское утро было хмурое и темное. Впрочем, уверенно судить о нем было рано, потому что солнышко еще не встало. Тень женщины, выбежавшей из подъезда одного из домов на Ленинском проспекте, была почти неразличима, она сливалась с хмурыми, темными «сталинками». Как и сверток в ее руках, почти невыносимо тяжелый для нее — хрупкой, слабой, вымотанной за последние месяцы до последнего возможного для человека предела.

Далеко она не ушла. Канализационный люк был приоткрыт уже целую неделю, он находился сразу за углом дома. Она знала, что крышка качается, проверила еще вечером, — следовательно, и сдвигаться должна легко. Должна, да не обязана! Ей пришлось провозиться не менее четверти часа, прежде чем щель сделалась нужного размера и объемистый сверток черного целлофана, прочно заклеенный клеем «Момент», пролез в нее и с глухим плеском упал во тьму. Как ей ни с того ни с сего подумалось — к центру Земли... Зато назад металлический тяжелый диск скользнул неожиданно легко, прочно закрыв люк. И Лена, с трудом распрямившись, не пережидая, когда отпустит острая боль в спине, мгновенно метнулась назад — к подъезду. Дом по-прежнему спал. Ни одно окно в нем не светилось, ни одна душа ее в то утро не видела.

Елена Петровна С., преподаватель фортепиано одной из ближайших к ее дому музыкальных школ, не могла предположить, что спустя всего несколько часов люк вновь будет открыт — до того, как черный сверток исчезнет в потоках канализационной жижи. И мучающийся с похмелья бригадир, наткнувшийся на него, вспорет плотный целлофан прямо руками, обнажив страшное содержимое — труп двухмесячного мальчика со следами удушения...

Все остальное для следственной бригады прокуратуры станет делом техники: не так уж и много младенцев с признаками болезни Дауна находились на учете в детских поликлиниках этого престижного микрорайона...

На вечеринку, которой суждено было стать для нее роковой, Лену затащила подружка. Ей самой идти в тот день не хотелось никуда, но, как известно, дружба — понятие круглосуточное. И, отложив на следующие выходные вожделенную поездку на дачу, она смирилась. У Зои, преподавательницы сольфеджио, были какие-то сложные и запутанные отношения с ее бойфрендом, который и устраивал это сборище в честь собственных именин. Пришлось пойти, дабы придать подруге уверенности.

Валентина она увидела сразу — едва переступив порог комнаты и бросив взгляд на довольно тесное и разношерстное застолье с огромным количеством бутылок и незатейливым выбором закусок. Так уж вышло, что взгляды их встретились в первое же мгновение, и, как выяснилось позднее, обоим все стало ясно — тоже в первое мгновение.

Вечеринка развивалась по традиционной схеме: пьянка вперемежку с танцами в полутьме. Почему-то Валентин не пригласил ее танцевать сразу, а просто сидел за столом, о чем-то глубоко задумавшись. Так что когда кто-то выкрикнул полупьяненьким голосом: «А теперь белый танец! Дамы приглашают кавалеров!» — она — вопреки своему стыдливому и совсем не смелому характеру, сама не зная как, встала и посмотрела ему прямо в глаза. И он понял ее сразу, и сразу же, как-то необыкновенно покорно, тоже встал и начал обходить стол. Подойдя к ней, протянул руку, и уже вместе они двинулись на середину комнаты, утопая в волнах тягучей, медлительной музыки, напоминающей танго, а больше того — в ощущении друг друга... Так, белым танцем, это все и началось. И скажи прежде кто Лене, что она, скромница и отнюдь не красавица, воспитанная в строгих старомодных правилах покойной бабушкой, суровой праведницей, она, даже толком ни разу в жизни не целовавшаяся в свои 25 лет, способна в первый же вечер знакомства очутиться в постели с малознакомым мужчиной, девушка не просто возмутилась бы — оскорбилась... Но она это сделала, хотя за весь вечер между ней и Валентином едва ли было сказано более двух десятков слов.

Собственно говоря, в словах они и после, в течение полугода, пока длился беспрерывно их роман, их совершенно безумная какая-то страсть, почти не нуждались. Больше всего они говорили перед самым его отъездом на Курилы, хотя к тому моменту все главные вопросы, как-то между делом, и без того были решены. И она даже успела смириться с предстоящей длительной разлукой, хотя без слез не обошлось. Но смирилась, поскольку конечно же Валентин был прав и мыслил как настоящий мужчина: считал себя обязанным заработать деньги, много денег, прежде чем обзаводиться семьей. На Курилах жил его друг, сделавший там отличную карьеру и дававший Валентину должность, соответствующую Валиному инженерно-техническому образованию, и обещание стремительного карьерного роста. Толком про должность, вообще про эту работу, она ничего не знала, потому что было там что-то чуть ли не засекреченное, военное. Слезы текли от одной мысли о разлуке, но она смирилась с предстоящим испытанием беспрекословно, как и следовало будущей жене — идеально преданной и верной. О своей беременности Лена узнала спустя три месяца после его отъезда: такой хитрый у нее оказался организм, что никаких особых и даже традиционных признаков, помимо легкой тошноты время от времени по утрам, не демонстрировал. А когда наступила ясность и доктор, к которому Лена обратилась по поводу неожиданной «дисфункции», поставил беременность сроком в 13 недель, предпринимать что-либо было уже поздно.

Впрочем, она и не намеревалась ничего предпринимать — ведь это был Валечкин ребенок. Их с Валечкой будущая семья!

Ее тогда куда больше огорчало, что письма он пишет редко, краткие, как записки, что идут они плохо и даже эти немногие «записки» порой исчезают в дороге бесследно... А ребенку Лена обрадовалась: какой же это будет сюрприз для Валечки! Какой сюрприз!.. И написала ему о мальчике (она отчего-то знала, что это будет мальчик!) подряд в трех письмах — на всякий случай, чтобы известие точно до него дошло.

И вначале его молчание Лену совсем не тревожило — уже привыкла к фокусам почты. Но время шло, роды приближались, а известий от Валентина все не было. И Лена уже совсем было собралась отправлять телеграмму, представляя по ночам всевозможные несчастья, которые могли там с ним произойти, как письмо, наконец, пришло, в мгновение ока пошатнув мир ее радости и счастья...

Валечка получил все ее послания, все три, с опозданием на несколько месяцев, хотя почта была ни при чем: его самого, когда они начали приходить, на месте не было, какая-то командировка на какой-то неведомый ей остров Шикотан... Первое огромное письмо от

Валечки стало ужасом, шоком, ударом: детей ему было иметь нельзя, приговор врачей из-за какой-то болезни, последовавшей после его службы в армии. Оказывается, Валечка в армии был шофером и однажды, перевозя что-то радиоактивное, облучился — и он, и все, кто этот секретный груз сопровождал. Болели потом недолго и не слишком тяжело, но, как предупредили врачи, детей ни тому, ни другому иметь было нельзя...

Она, наверное, тысячу раз перечла это ужасное письмо, а дословно запомнила всего одну фразу, коротенькую, как выдох: «Знай: либо я — либо ребенок!» Этой фразой и кончалось письмо. А с ним вместе — и вся ее жизнь, жестоко ухмыльнувшаяся адским поворотом судьбы.

Поначалу еще была надежда, один шанс, вероятно, из тысячи, что ребенок вопреки врачебным прогнозам родится здоровым, нормальным. И когда стало ясно, что этого не произошло, она возненавидела себя, свою проклятую судьбу и само это существо, порожденное ею на свет и одним своим появлением разбившее все счастливое, светлое, что могло быть, а теперь никогда уже не будет.

Следствие по делу Лены вела женщина-майор и однажды во время допроса не выдержала, спросила обвиняемую совершенно по-женски, как у нее поднялась рука — у нее, матери! Отчего просто не взяла и не отдала в дом младенца?..

Там, в ночной тишине камеры, завершая свою жуткую исповедь, Лена вся как-то нервно передернулась, вспомнив про этот вопрос. Наверное, почувствовала, что и у меня он вертелся на языке...

— Мой Валечка, — прошептала она, — позвонил мне за месяц до... до ЭТОГО. Я не призналась, что родила, а он еще раз повторил мне «на будущее», что либо — он, либо... Как же я могла оставить в роддоме или сдать куда-то этого выродка, как?! Валентин все равно бы, рано или поздно, узнал! Да меня бы на работе и учителя, и директриса заживо слопали!.. Вот они бы и постарались — донесли ему... А следователю я ни звука не сказала. Зачем? Она-то сама в мужском коллективе работает и представления не имеет, что это такое — бабский коллектив-гадюшник... Боже, как я их всех ненавижу!

— И что бы вы сказали этим, которых ненавидите, — спросила я, — если бы вам все... ну сошло с рук?..

— Что? — Она посмотрела на меня странным, совершенно помешанным взглядом и вдруг сипло рассмеялась, позабыв о страхе разбудить сокамерниц. — Да что угодно! К тетке отвезла, в больницу положила, а он там... А он там сдох... Сдох!..

Последние слова она выкрикнула и мгновенно бурно и страшно разрыдалась, не обратив внимания на ужас, с которым я отшатнулась от нее. И хотя проснулась только моя «гадалка», я все равно вскочила и кинулась в противоположный от Лены угол — будто меня застали на чем-то ужасном и постыдном...

Такая вот страшная история, мучительная, ненормальная, но и она, как это ни горько сознавать, тоже часть жизни. Не только здешней — жизни в принципе.

Нет, виновна вовсе не любовь. Теперь, когда прошло время, я поняла это наконец очень ясно! То есть поняла разницу между ЛЮБОВЬЮ и страстью так, как писали когда-то апостолы. Любовь не может убить никого и никогда, настоящая любовь все прощает, все принимает, она не ревнует и никогда не завидует... Следовательно, она безгрешна.

Страсть же — это всегда грех. Оттого и терзает, и мучает, и — вот — даже убивает... У Лены с ее Вальком была не любовь, там была страсть, исказившая в результате в них обоих (наверняка в обоих!) Образ Божий, все человеческое, светлое, изначально заложенное в душу каждого человека... Отчего-то не могу писать дальше. Хотя понимаю все ясно и четко, как никогда прежде...»

Когда-нибудь кончается все. Кончилось и мое ожидание в помоечном боксе. Грубоватый охранник, совсем не похожий на доброго солдатика-«банщика», выводит меня наружу и сопровождает к машине. Впереди — еще один кусок дороги к светлой мечте под названием «Садки» и, судя по тому, что я о ней слышала, одна из самых ужасных тюрем России — Ростовская.

5

Я вновь в «столыпине». Но теперь со мною в «купе» пятеро женщин. Наш загончик рядом с туалетом. Удивительно, что дверь в тамбуре перед ним — с прозрачным стеклом, что вообще в вагоне чистенько.

— Как тебя зовут? — спрашивает меня молоденькая кудрявая-прекудрявая женщина.

— Валентина. А тебя?

— Анжела.

Я улыбнулась: вспомнила свою Анжелу из фильма «Король-Олень».

Анжела подошла ко мне и тихо сказала:

— Я сейчас «второй этаж» устрою. Их троих положим наверх, а мы с тобой вдвоем внизу останемся.

«Второй этаж» — это две верхние полки. Они отстегиваются от стены и намертво скрепляются друг с другом. Многие там любят лежать, но душно на «втором этаже». Залезть туда можно по узенькой лестнице.

— Не думаю, что пожилая женщина согласится лезть туда, — говорю я Анжеле.

— Я их уговорю, — уверенно отвечает она.

Встала на нижнюю полку и начала отстегивать верхнюю от стены, потом повторила то же на другой стороне. Полки соединились.

Анжела, весело подмигнув мне, полезла наверх и легла. Другие женщины молча наблюдали за Анжелой. Вдруг Анжела запела английскую песенку в стиле кантри. Очень хорошо запела. Я спросила:

— Ты английский знаешь?

— My English is very poor.

— Что-что? — переспросила пожилая женщина.

— Это означает, что мой английский бедный. Учила по необходимости: любовник был англичанин.

— Старый? — поинтересовалась пожилая женщина.

— Нет, не очень, — ответила Анжела.

— За валюту посадили? — спросила другая, помоложе ее.

— Да.

— А куда движешься? — опять поинтересовалась пожилая.

— Это не обязательно тебе знать, — довольно резко ответила Анжела и снова запела, теперь уже — блюз.

А по проходу от «купе» к «купе» ходит солдатик и все посматривает на Анжелу. Потом подошел вплотную к решетке-двери, улыбаясь, спросил:

— Чего распелась-то?

— Захотелось, — томно ответила Анжела.

Солдатик подошел к ней совсем близко. Его лицо было выше «второго этажа».

И совсем тихо спросил:

— А еще чего-нибудь тебе хочется?

Анжела наклонилась к нему и поцеловала, потом тихо сказала:

— Хочу есть, хочу покурить и хочу выпить.

Они говорили тихо, но все было слышно. И пожилая ворчливо сказала:

— Вот дура. Вот б...! А ну-ка слезай оттудова. Разлеглась! — И полезла наверх.

Анжела хохотала:

— Ты меня б... называешь, как же нам вдвоем здесь находиться?

— А никак. Слазь. А девки пусть прилягут.

Анжела спустилась вниз, опять весело подмигивая мне.

— Ну, девочки, влезайте! Там хорошо. А меня изгнали, — громко вздохнула Анжела.

Девочки полезли. И остались мы с Анжелой внизу вдвоем.

— Ну вот! Видишь, как все замечательно получилось? Валентина, я записку от этого солдатика-часового получила. Пишет, что скоро пересменка и что даст покушать и даже выпить, и сигареты даст... Ты куришь?

— Нет.

— Счастливая. Только от бутербродов не вздумай отказаться.

— Не откажусь.

— Да... еще написал, что Саша — это его сменщик — тебя знает. Очень хочет с тобой поговорить. Валентина, поговори с ним, а? А мой как бы в туалет меня будет выводить. Ведь он не мент. Он нас охраняет. Ведь с ним можно целоваться? А?

— Тебе хочется?

— Очень!

— Ну и целуйся. Только не в туалете.

Вскоре пришел солдатик, стал открывать нашу дверь-решетку, и женщины сверху мигом спустились и выстроились для выхода в туалет.

Анжела вздохнула:

— Вот суки — тут как тут.

Солдатик терпеливо выводил этих трех женщин. Все! Возвратились и опять влезли на «второй этаж».

Он снова открыл нашу дверь-решетку, и Анжела

вышла. Стеклянную дверь между туалетом и проходом они не закрыли.

Стали целоваться.

И так получилось, что я видела их отражение из-за открытой двери как на экране. Неловко, но глаз не оторвать. Красиво! Потом быстрым движением Анжела сняла трусики и расстегнула его солдатские брюки, а мне стало совсем неловко, потому что я все вижу, и еще хуже оттого, что мне все это интересно.

Я встала и подошла к решетке, чтобы не видеть стеклянную дверь. В конце коридора показался сменщик. Подошел ко мне. Поздоровался. Совсем мальчик!

— Я знаю вас. Я видел вас в кино и один раз в театре.

Продолжает:

— Вы очень хорошая актриса и красивая женщина. Да-да, и сейчас тоже красивая.

— Спасибо, Саша. Вас Сашей зовут?

— Да. Возьмите, пожалуйста.

И протянул мне целлофановый пакетик. Я взяла и поблагодарила. Саша сказал:

— Мне сейчас надо посмотреть все камеры, а потом я вернусь к вам. Можно?

— Да.

Он повернулся к Анжеле и ее солдатику, кивнул головой: мол, разбегайтесь — и пошел по проходу вперед.

Анжеле открыли решетку, и она вошла: тихая такая и улыбается. Она достала из-под свитера такой же целлофановый пакетик и положила его на полку, а я положила свой, тот, что мне принес Саша.

— Ой, как здорово! — радовалась Анжела.

— Да... хорошо, — улыбнулась я.

Открыли пакетики, а там бутерброды с колбасой и сыром, вареная картошка, соленые огурчики, рыбка, чеснок, чай и мед. Замечательно!

Анжела показывает жестами и мимикой: не надо их — верхних. И достает из лифчика плоскую бутылочку — в ней самогон. Анжела подмигнула, и мы стали трапезничать.

Пожилая женщина ворчит:

— Ну что, б..., заработала? Колбасой развонялась.

— Главное — ты не воняй, идиотка.

И, согласовав со мной, предложила двум другим женщинам по бутерброду.

Они радостно благодарили.

Около решетки появился Саша:

— Приятного аппетита.

— Спасибо, Саша, — благодарю и спрашиваю: — Как у тебя в «нумерах»?

— Слава богу, тихо. Малолетки заснули. Двое жутких преступников сидят в наручниках. Злые — ужас!

И снова пошел по коридору.

— Анжела, как ты думаешь, Саша отправит мои письма в Москву?

— Обязательно. Пиши. О тебе рассказывал «мой», но не в том дело, что ты актриса, а в том, что ты — человек. Я же вижу!..

Саша отправил мои письма в Москву.

А мы приближаемся к Ростову.

И «столыпин», что двигался к Ростову, и «воронок», где я сидела рядом с охранником, а не в боксе — все было неплохо. А возможно, мне только кажется, что все неплохо, — оттого что приближаются Садки, эта такая важная ступень на пути к свободе... В любом случае внезапно понимаю, что мысль о ТОЙ жизни, о ТОЙ моей реальности перестала вызывать нестерпимую боль. Боль, из-за которой я так редко перечитываю письма моих друзей, насыщенные их восхитительными хлопотами и перемещениями в пространстве, кажущимися отсюда чем-то сказочным, фантастическим...

И чтобы убедиться в этом, наугад, на ощупь извлекаю на белый свет письма от Быковых, Ролана и Леночки. И прямо тут, в «воронке», пробегаю глазами одно из них... Как же я их люблю, как благодарна им за все, начиная с показаний на суде и продолжая вот этими, как правило, длиннющими, подробнейшими посланиями, почти отчетами о нелегкой их жизни!..

Я прекрасно знаю, как трудно Леночке Санаевой оторвать время от мужа, вообще от семьи, не говоря о бесконечных съемках и гастролях, чтобы просто сесть и написать мне письмо. Лена — невероятно заботливая, нежнейшая жена и мать... Она и Ролана опекала всегда так, словно он не муж ей был, а еще один сын...

«Валюнька! Здравствуй, дорогая!

Долго тебе не писала, так как были в отъезде, в гостевой поездке во Франции. Поездка была очень насыщенная, не во всем так, как хотелось бы, она сложилась, поскольку неделю мы потеряли из-за дождя. Такого, что и носу высунуть нельзя было, да и Ролан себя плохо чувствовал, но зато были и подарки, на которые мы не рассчитывали. Удалось попасть на Каннский фестиваль, подружились с нашими журналистами, у них была машина, и они нас повозили вдоль Лазурного Берега. Были в Воларисе — город, славящийся своей керамикой, славу которого преумножил Пикассо, 10—12 лет увлеченно проработавший там. Там и сейчас работает гончарная мастерская, при ней магазин, где продаются его глиняные работы, он оставил как бы образцы, по которым делаются копии, но не более 100 или 50. Так что, если образец последний, то цена очень высокая, но и работы, надо сказать, дивные. Там же, в Воларисе, небольшая церковка, им расписанная в духе «Герники», но только с одной стороны «Война», а с другой «Мир». Эта живопись идет по обе стороны здания, соединяясь вверху, выполнена на картонах и шурупами привинчена к камню. Там же на площади его скульптура из бронзы «Мальчик с барашком». Пикассо сказал: «Я хочу сделать памятник, на который могли бы писать дети». Это сильно сказано, но действительно фигурка мальчика такая наивная и трогательная, а барашек такой милый на руках у малыша, что и впрямь по своему демократизму скульптура — одушевленная часть этого небольшого города.

Попили кофе у знаменитого казино «Монте-Карло», зашли внутрь, был день, поэтому никто не играл в рулетку, а старушки терзали многочисленные игровые автоматы. У них есть система, и они, проиграв

100 франков, — 200 выигрывают... Ролан 45 франков проиграл.

Фестиваль был, в отличие от прошлогоднего, как говорят, интересного, довольно убогий — мещанский вполне, хотя все высокопрофессионально. Но самые интересные фильмы, как сказали наши журналисты, были на кинорынке. Но мы туда не попали, так как не ставили себе задачу посмотреть как можно больше, а скорее хотели посмотреть что это такое — Каннский фестиваль. Ощущение, не покидавшее нас, — провинциальность. Может быть, он выродился, хотя радует уже то, что, очевидно, надоело насилие и эротика, которые заполонили западные экраны, — здесь они не присутствовали. Приз получил американский фильм, очень хорошо снятый, очень профессиональный, два очень хороших актера, но в результате — «пирожок ни с чем». Был фильм Кончаловского «Любовь Марии» по Платонову — этот фильм будет на конкурсе в Венеции от США. К Платонову никакого, никакого отношения не имеет, актеры играют очень хорошо. Героиня Настасьи Кински — француженка польского происхождения. Есть несколько хороших сцен — режиссерских, но, боже, зачем все это, ради чего, когда сидишь и видишь, что эта сцена — для того, эта — чтобы это сказали, чтобы то сказали — эта сцена. Синтетика какая-то. Обидно за эту высокую профессию. Нет, талант — вещь неразменная и... ладно, не продолжаю. Так как Ролан был утвержден на роль, то мы должны были уехать раньше на две недели, — таким образом, не досмотрели очень известные исторические памятники

Парижа, но нельзя объять необъятное, и то, что удалось увидеть, — интересно и надолго останется в памяти. Кроме того, то, что недосмотрели, как бы компенсировалось тем, что обратно нам удалось домой плыть морем, через Барселону, Мальту, Стамбул и по дню, не целому, конечно, но часов по 6—8 мы стояли в портах. Это очень интересно. Но это отдельный рассказ. Скажу только, что в Барселоне музей раннего Пикассо, он ведь оттуда, там собраны ранние его работы, вплоть до рисунков на бумажках. Он гений — это очевидно. Он за свою долгую жизнь в искусстве прошел гигантский путь от дивного реалиста к импрессионизму, к сюру и к тому, что не назовешь иначе как «стилем Пикассо».

От роли же, как ни спешили, Ролану пришлось отказаться, так как режиссер абсолютно несостоятелен. А взвалить на себя огромную роль, да еще везти на себе воз организационный — не по силам, да и партнеры не те. А жаль, всю жизнь мечтал эту роль сыграть, и от своего «кровного» пришлось отказаться, так как нельзя рисковать. В таких ролях не проваливаются.

Как только вернулись домой, болезни насели. Пашенька дизентерию подцепил, у Ролана бронхит, а у меня тонзиллит тоже закончился бронхитом. Возможно, сказалось то, что после такой напряженной работы над «Чучелом» и всей работой вокруг картины поездка была нужна в санаторий, но ладно. Даст Бог, выйдет картина в сентябре, в октябре отправлю Роланчика.

Вот все наши новости. Валюша, мама говорит, что ты держишься хорошо, но внутри растет огненный шар. Девочка моя, как ни трудно, давай его доведем до орешка. Нельзя ему расти, нельзя жечь. Нельзя этого допустить, впереди жизнь, и, хоть бóльшая часть прожита, впереди еще нечаянные радости будут и будут, еще будут нежные утра, яркие дни и добрые ночи. Еще будет ласкать тебя солнышко, оседать снег на ресницах, греть улыбки друзей. Если человек никому не дорог, не любим, считай — жизнь проиграна. Ты, несмотря на всю трагичность своей ситуации, жизнь не проиграла. Ты дорога, любима родными и друзьями. Погасим шар, ладно?! И укрепим Надежду. Другого нет пути, ведь ясно! Ведется большая, кропотливая работа во имя справедливости. К сожалению, все не так быстро, как хотелось бы. В этой ситуации ждать мучительно, и все же, и все же — верь, что, несмотря на то что мы заняты своей жизнью, радостями, горестями, спим в своих постелях да, как говорится, чужая беда глаза не ест, но все же, но все же очень многими нитями связаны с тобой, не упускаем тебя из души, из головы и держим руки на пульсе. У С. Л. настроение хорошее, он не мальчик, а высокий профессионал. Дальше все пойдет по инстанциям. Городской суд? Не думаю. Выше. А это время. Будем ждать, но не пассивно, а делая все возможное, чтобы правда была услышана. Верь, Валюша, надейся. Услышь меня, услышь родная, я правду говорю.

Обнимаю тебя. Ролан тебя обнимает, но он, кроме эмоций, человек дела, и со вторника, т. е. с 24-го, он, кроме своих дел по картине, не будет общаться с С. Л. и держать руку на пульсе.

Еще раз обнимаем, твои Лена и Ролан.

От Норы и Вали сердечный привет.

В следующем письме пришлю тебе фото из нашего кино...»

...Вот мы и подъехали к Ростовской тюрьме. Два здания терракотового цвета. Большие, яркие окна. Почему-то много блестящего металла у входа — прямо-таки парадный подъезд. Словно это не тюрьма, а казино: много света и все блестит.

Дверь за нами захлопнулась, и дежурный кричит: «Руки за спину!»

Пришлось подчиниться. Уж очень суровый был крик. А тот, кто мешкал со своими баулами, получал сильный удар дубинкой по голени.

Сразу посадили в душный бокс. Он очень маленький, этот боксик, но лампочка яркая, читать можно, записывать можно... Но невозможно ни читать, ни писать в такой духоте.

Рядом женщина кричит:

— Гражданин начальник, задыхаюсь. Я уже часа два сижу! Открой дверь на несколько минут!

Молчание.

— Правда, командир, с сердцем плохо.

— Кукла, молчи! — приказал начальник.

Я спрашиваю:

— Почему он тебя куклой назвал?

— Это моя кликуха. А ты знаешь, я в тюрьме родилась, здесь, в Ростовской. Сейчас сидела в карцере, переводят в камеру. А ты чего оказалась здесь?

— Я еду на поселение в Садки.

— А... Значит, будешь сидеть в камере для пересыльных. Там совсем плохо.

Снова привели осужденных и стали вталкивать в боксы.

Кукла радуется:

— Сейчас мы выйдем отсюда. Преступников привели похлеще нас с тобой.

И правда, дверь моего бокса открыли.

— Выходи! Быстро! Руки за спину!

Ослушаться невозможно.

Стараюсь не нервничать.

Куда он меня поведет? Открывает дверь «отстойника» с вонючей парашей и выбитым вверху стеклом. Молча закрывает дверь, но я успела спросить:

— Еще кого-нибудь приведут? Одной здесь невозможно.

Ничего не ответил...

Просидела я в этом отстойнике четыре часа. Потом открыли дверь и повели в баню. В бане парень с «рабочки» дал мне хлеб, селедку и подарил соленый помидор. Дал и чайку.

Я стала есть, а парень заботливо так говорит:

— Ты чуть-чуть поешь, а то может плохо стать в душе. А когда искупаешься, я тебе еще чайку подолью.

Я его поблагодарила и пошла к маленькой душевой. Прошу:

— Ты двери-то не закрывай, а то тесно здесь и душно.

— Не имею права. Тут окошечко открывается для воздуха. Я его сразу и открою. А ты не торопись. Вон табурет — сядь на него и медленно мойся. Никто тебя подгонять не будет. Я сообщу, когда можно тебя в камеру уводить.

Открыл окошечко. И правда стало легче. Душ хороший, струя сильная. Пол чистый, что неожиданно и приятно.

Надела я свои небывалой красоты тапочки, связанные из разноцветных целлофановых пакетов, достала огромную яркую мочалку, тоже целлофановую, из сумки взяла мыло французское. Только шампуня нет. А парень-банщик как бы почувствовал мои заботы:

— На! Очень хороший шампунь. Одна девчонка забыла.

— Спасибо.

А банщик не уходит. Стоит и смотрит в окошечко.

— Ну чего ты смотришь-то?

— Хочу...

Потом спрашивает:

— Ты в Садки едешь?

— Да.

— Там хорошо. Я хочу с тобой в Садки поехать!

Наконец отошел от окна и включил магнитофон. Пела Алла Борисовна.

Спрашиваю:

— Любишь ее?

— Очень. А ты?

— Тоже.

Вошел старший, спросил:

— Сколько народу моется?

— Пока одна.

Старший тоже заглянул в окошечко.

— А ничего! А? Можно сказать, красавица.

Банщик подскочил к окошечку, улыбается и спрашивает:

— Сколько тебе лет?

Сказала.

Старший побежал карточку смотреть. Прибежал и тоскливо так говорит:

— Все правильно она сказала насчет своих лет...

Банщик очень расстроился. Разочарование на мордочке. Ох уж эти мальчики! Не дают они мне покоя... Со вниманием относятся. Иным все равно сколько лет — главное, как выгляжу, а вот мой банщик совсем скис.

Очень хорошо после душа. Парень мне чай принес — горячий, крепкий и сладкий.

Говорит:

— Ты волосы просуши, а потом отведут тебя в камеру. Только ни с кем там особо не разговаривай, — посоветовал озабоченно, — разберись сначала «кто есть кто» и учти: народец там так себе и клопов много...

Я не отвечаю, молча допивая свой чай. Не потому, что неблагодарна, а потому что слова его вновь напоминают мне все то плохое, темное и тяжелое, что доводилось слышать о здешнем остроге.

6

«Милая моя мамулечка-Мурзиленочек!

Пишу тебе из Ростовской пересылки, ожидая продолжения этапа в Садки. Слава Богу, это уже последняя остановка. Твое письмо я получила перед самым этапом, оттого и отвечаю только сейчас — с дороги.

Я тоже очень соскучились! Очень! Подробнее мои настроения ты можешь узнать из писем к ребяткам, Танюшке с Сережей. Я только молю Бога, чтобы у вас все получилось с ближайшим свиданием и чтобы у вас не было никаких сомнений, раздумий по поводу ехать — не ехать. Любым путем нужно — ехать! Нельзя больше! Не могу!

О своей болезни я тебе действительно не писала, только ребяткам проговорилась. Не хотела тебя тревожить. Причина ее — истощение нервной системы. «Караул!», «Мрак!», как говорим мы тут...

Действительно мрак, потому что у нас здесь стало агрессивнее и хуже, настоящий крысятник стал здесь. Народ злой, потому что просвета не видит. Раньше был стимул у многих — уход домой раньше срока, теперь он отнят, оттого и мрак в настроениях. Я за все очень переживаю, просто сердце рвется на части. Не только за то, что происходит у нас, но вообше ЗА ВСЕХ. Вот как подумаю о том, что случилось с «Адмиралом Нахимовым», — сразу выть хочется на луну... Я хорошо знала этот комфортабельный корабль, несколько раз плавала на нем. В первый раз еше с Сашей Збруевым, когда бежали из Алушты через Ялту в Евпаторию... Как страшно! Как жалко всех!.. И здешних тоже жалею... Рассказывать сейчас не буду ничего. Всего не опишёшь, а начну пересказывать лично, покажется все-таки веселее.

Мурзиленок, с чего это ты взяла, что на поселении

может быть хуже?! Мурзиленок, хуже быть не может, может быть только лучше. Зона — уже целая жизнь по сравнению с тюрьмой. Деревня по сравнению с зоной — сказка! О поселении мечтают, оно снится всем во сне... Я точно знаю, что в Садках очень хорошие условия, голова на плечах и цель впереди — вот все, что нужно для Садков, и то, и другое у меня есть! В этом-то ты хоть не сомневаешься?..

Я уже писала ребяткам, что безнадежно больных всех отправляют этим же этапом в Ростов, т. к. только в Ростове и Ленинграде есть серьезные больницы для осужденных. Мурзик, ты только подумай, какой здесь климат! Сколько овощей, арбузов, цветов!!! Господи, почему вообще возникает эта проблема, кто там вас дезориентирует?.. Никому не верь. Скоро ты (только представь!) тихонько садишься в поезд и едешь ко мне. И мы с тобой живем вместе хоть всю зиму, а лучше — весну и лето! Потом, к зиме (другой) ты поедешь домой, а я еще чуть-чуть побуду и... в Москву! Ты поняла меня, Мурзик? С питанием в Садках лучше, чем на Арбате. Поверь мне. Настрой должен быть одинаковый, а то я нервничаю...»

— Сережа! Не могу без тебя!..

Я вздрагиваю от этого крика, и карандаш вылетает у меня из рук, падает вниз. Недописанное письмо едва успеваю подхватить. К реальности меня вернул крик девчонки, вопящей своему неведомому Сереже это признание в окно... Как потом выяснилось, виделись они с ним мельком, один раз и — вот так влюбились друг в друга...

У меня ком к горлу подступил, когда она снова, очень громко, крикнула: «Се-ре-жа! — и сказала тихо, совсем тихо, уткнувшись лицом в пыльную, грязную решетку: — Я не могу без тебя».

Никогда так не сыграть ни в кино, ни на сцене.

В камере, куда меня привели несколько часов назад, шконки в три этажа. Пришлось влезать на самую верхотуру... Слава Богу, постель чистая и в самой камере чисто, хотя народу много. Окна забиты решеткой — железными «жалюзи».

Вдруг вспрыгивает ко мне высокая девчонка, она очень на мальчика похожа, и торс открыт, груди только намечены, и плечи широкие.

Спрашивает:

— У тебя мыло хорошее есть?

— Есть, а что?

— Дай!

— Ты чего это требуешь? — разозлилась я.

— Я пока прошу.

— Попросишь по-хорошему, может быть, и подарю.

Она спрыгнула вниз с третьего яруса и упала на цыганку.

Много цыган в камере.

Цыганка ее стукнула, и завязалась драка.

Остальные цыганки мгновенно повскакали со своих мест и стали защищать от Иры (так зовут это драчливое существо) свою товарку.

Почему они устраивают ад из жизни и без того страшной? Ведь он им и так обеспечен там, в другой жизни, где у них душа будет мучиться! Почему они так истеричны? Почему постоянно стремятся подчинить себе других? Почему? Ответов у меня нет. Больные, что ли? Конечно, больные, как больны все мы, не умеющие прощать. Грешны все, все до единого, калечащие и уничтожающие свои и чужие тела и души...

...Все вспоминаю ту, воронежскую камеру 67. Это в ней во мне звучало: «Какие люди божественные!» Старушку Шурочку беззубую вспоминаю, как она ручки свои худенькие протягивала ко мне, плакала, что я ухожу, и желала счастья и пути легкого.

Здесь же, в этой ростовской камере, я не вижу ни одного лица, которое было бы мне приятно. И хочется сказать: «Как люди страшны, Боже ты мой, как страшны!»

«...Продолжаю свое послание тебе, миленький Мурзичек. Прерывалась на некоторое время и едва не забыла, о чем писала. Но с проблемой Садков, я считаю, мы все решили и с ней расстались.

Счастлива была прочитать о Митеньке Фусу! Неистовый Митя Фусу! Беспредельно талантливый Фусу! Мне порою кажется, что он из XXI века или, наоборот, из Возрождения.

Мурзик, теперь представь себе Митенькино лицо и позу, когда я все это говорю! Представила? А я добавляю: «Только, пожалуйста, не воображай, Митенька!» И мы (ты, он и я) весело засмеемся.

Мурзик, ну как же мне не говорить судьбе своей — спасибо! В моей жизни есть совершенный друг — Митя Фусу, и он навсегда! Это неважно, что ты была с ним строга, он никогда не обижается, ведь ты знаешь об этом. Все плохое пройдет... А останется золотое море из свежескошенной травы и заходящее солнце, и мы за руку бежим к солнцу, догоняем его, а оно как бы играет с нами и прячется от нас за горизонт, а мы все бежим, бежим... (И лет-то нам было уже немало!) А потом Митя учил меня не бояться Луны. В полнолуние мы выходили и играли со светлячками (или как Митенька их зовет — «светлучками»).

Он рисовал меня без меня. Вдруг прибегает на озвучивание: «Валенька! Все! Нарисовал!» Дом его был рядом со студией, и мы побежали смотреть. Нарисовал! Рассказал! Интересно! Кажется, эта его работа находится у эстонского актера Мерзина. Ты его видела в фильме «Король Лир» (он исполнял Эдгара) — интересный человек этот Мерзин, с замечательным лицом. К сожалению, я с ним не знакома.

И я стала рисовать. Вдруг! Неожиданно! Митеньку это восхищало, и тебе нравилось. Он учитель! Постоянно ругал меня, что я не берегу свои работы. И правда... Очень жаль, что в таком виде портрет Каина, что моего портрета, который так любил Стас (в бархатном берете), больше нет... Надеюсь, что Коля Степанов (тоже мой чудесный и вечный друг) сохранил одну небольшую мою работу: я с золотым крестиком (когда мне было 14 лет) и лошадка под Луною. Помнишь? Смогу ли я снова рисовать? Не знаю. Жаль.

Мурзиленочек, вспомни! Ты была в «закутке», я на тахте, Митенька у зеркала. Я говорю Митеньке: «Спой мамульке балладу!» Мгновения не прошло: Митенька запел! Ты вспомни, Мурзик! Ты вспомни, Мурзик, как ты вся сжалась и слушала! Необыкновенно! Правда? Никогда не забуду, как мне Митенька показал свой спектакль «Век человеческий» Шекспира. Мы были в саду! Вишни цвели! По небу — яркому, голубому — несутся «белогривые лошадки»! А Митенька — Меркуцио, Гамлет!..

А еще Митенька — колдун! Однажды он приехал ко мне в Одессу и не захотел, чтобы я уезжала на съемки. И съемка отменилась. Когда мы ехали на студию, Митя нагнал тучи, засверкали сумасшедшие молнии, небо затрещало... И наша «Волга», не доезжая студии, ни с того ни с сего развернулась обратно в отель — прямо на ходу. Было довольно страшно. Саша Михайлов и Марк Евс. Орлов жутко испугались. Марк Евс., будучи суеверным, отменил съемку. Я возвратилась в номер и говорю Митеньке: «Нет, я все понимаю: и про тучи, которые ты нагнал, и про молнии, и про ливень... Но зачем ты развернул машину?» Он смеялся своим неповторимым смехом. А потом мы притихли и слушали записи оперы «Иисус Христос — суперзвезда».

Убедила я Митеньку, как и Сашу Кайдановского, что надо закончить высшие реж. курсы. Два года интереснейших уроков и просмотр фильмов! Митеньке говорила (нарочно) — «поступить туда невозможно!» (действительно почти невозможно). Но ведь для Митеньки нет невозможного и — поступил! А Саше К. говорила наоборот: «Как так? Ты — и не поступишь?» Тоже поступил!

Вот что я часто вспоминаю. Мы шли вечером к морю (в Аркадии), и я горячо заговорила о Надежде Степановне, Митиной жене, с которой они прожили 12 лет. Ты слышала, что Надежда Степановна — талантливый человек, талантливая женщина, талантливый режиссер. Она старше Митеньки почти на двадцать лет. Я все не понимала их отношений из-за разницы в возрасте. Я все гневалась на Митю, не понимая его. Н. С. я могла понять. Митя сказал: «Валенька, поверь — я ее очень люблю и всегда буду любить. Это она не захотела больше меня видеть и прогнала. Но, Валенька, ведь у тебя тоже будет подобное». Я не верила этому. А потом... Митя и Стас познакомились, и Митя сказал: «Это твой рок». А Стас после встречи с Митей вышел в переднюю (у нас на Арбате, а я была на костылях со сломанной ногой) и сказал: «Я больше никогда к тебе не приду. Он интереснее меня», — и слезы у Стасика навернулись на ясных глазенках его. Как сейчас все вижу (и у самой комок сжимает горло и слезы рвутся). А потом они подружились.

Ох, Мурзик, и трудна до невозможности моя жизнь, и прекрасна! Надеюсь, что перед прощанием я скажу своей судьбе — спасибо! Что-то я философствовать начала. И вот еще что... Я рассказывала Мите об Анне Карениной. Мы ехали в Переделкино, и у меня сложилась концепция: Анна — гений любви — от этого и гибнет — нет у нее партнера... Она уходит. И мы подумали: я — Анна, Митя — Каренин. Интересно, правда?

Мурзиленка, много-много хочется рассказать... ну... потом...»

Меня вновь прерывают, и опять это несносное существо под названием Ира: взгромоздилась ко мне на шконку. А мне на нее даже смотреть противно, сунула ей мыло — лишь бы отвязалась...

— Ты видела? Как я их! — победоносно говорила Ира.

— Видела, и стало очень тошно.

— Я их ненавижу.

Не хотелось мне с ней говорить. Дала ей мыло «Яблоневый цвет».

— О! Я думала, что у артисток французское мыло.

Узнала, дура.

Я стала укладывать «Яблоневый цвет» обратно в сумку и говорю:

— Французское мыло у меня есть, но оно для меня. Тебе понятно?

— Понятно. Ну тогда хотя бы «Яблоневый цвет» дай.

Даю.

— А еще, — спрашивает, — еще кусочек?

— На.

— А крем у тебя есть?

— Есть.

— Дай.

— Не дам.

Она спрыгнула вниз, сунула кулак в лицо цыганке и стала возиться у своей шконки.

Через какое-то время опять влетела ко мне:

— Знаешь что — бери свою постель и устраивайся внизу, а я буду спать здесь.

Я удивилась. Даже не верится, что она может быть великодушной. Подумала и сказала:

— Хорошо. Только ничего больше у меня не выпрашивай.

— Не буду, — пообещало Существо.

Я спустилась вниз. Легла на ее шконку. Она осталась со своим бельем на моей.

Вдруг среди ночи подошла и тихо просит:

— Подвинься, пожалуйста.

— Зачем? Здесь и так тесно.

— Там клопы с потолка падают.

Я подвинулась и отвернулась. Она лежала напряженно, потом стала обнимать меня и целовать.

Я тихо сказала:

— Ты что, сдурела? Отстань немедленно.

— А что, в зоне тебя никто не трахал?

— Я мальчика любила — Володю.

— Я лучше мальчик!

И опять лезет целоваться. Я вскочила, толкнула ее ногой, она упала со шконки на пол, а я пошла к столу. Села за стол и стала читать, а пожилая цыганка (как выяснилось, ее звали Ольгой Ивановной) сказала:

— Молодец, Валентина! Тебя здесь многие знают. Не бойся никого и ничего.

— Я и не боюсь.

И дала мне Ольга Ивановна чашечку вкусного сока и мягкую булочку.

— Если устанешь, приляг ко мне, — предложила Ольга Ивановна.

На втором ярусе женщина не спала, встала и говорит:

— У меня завтра этап, давай сюда свои вещи, я слезу, а ты сразу ложись. Поняла?

— Да. Спасибо.

Место было хорошее — много пространства, а внизу деревянный стол со скамейками. В нескольких местах разорвала большой целлофановый мешок, перекинула полотенце через пустой третий ярус — и моя шконка превратилась в уютную кибитку.

Цыганка Ольга Ивановна посмотрела на мое изобретение и грустно сказала:

— Придется тебе снять свое укрытие. Сегодня к нам придет начальник режимной части, он очень строгий, будет ругаться. И когда нас вызовут на поверку, дежурные обязательно сделают тебе замечание, а то и наорут.

— Ольга Ивановна, вы сами сказали — никого и ничего не бойся. Вот я и не буду бояться. Что будет, то и будет. Но мне очень хорошо в моей «кибитке», — ответила я.

Идем умываться, а там очередь: скандальная Ира ее расталкивает и начинает заниматься собой. Долго. Но все молча ждут...

Я встаю раньше подъема, как и в Бутырке, чтобы не стоять в такой очереди.

Началась поверка. И почему надо из камеры в коридор бежать, а не идти? Руки обязательно за спину.

Кто ослушается — получает дубинкой по мягкому месту... У иных вся попка в синяках. Ну не могут бежать пожилые, больные женщины. Но это никого не касается...

Боже, как унизительно бежать трусцой на поверку в коридор, с руками за спиной и смирно встать на свое место, почти навытяжку! Орут дежурные, орут авторитеты, цыгане орут, а самое противное, что отвратительная Ира орет сильнее всех.

Дежурная выкрикивает твою фамилию, как конферансье, который «подает» со сцены актера, чтобы зритель его хорошо принял. Дежурная громко и торжественно произносит:

— Малявина!

— Валентина Александровна, тысяча девятьсот сорок первый год, — отвечаю, и тоже громко и торжественно, подражая дежурной.

Дежурная слегка улыбнулась — поняла, что я дурачусь.

Кончилась поверка, начинаем завтракать. Еда здесь лучше, чем в других тюрьмах, а главное — все чистенько: и миски, и кружки.

Да, интересно посмотреть на начальника режимной части. Ведь это результат его заботы, что вокруг чисто.

После завтрака «кормушка» открывается, и меня вызывает дежурная:

— Малявина, без вещей.

Ой, для чего она меня тревожит?

Вышла. Дежурная говорит:

— Сейчас будет обход, придет начальник режимной части. Будет сильно ругаться из-за твоего целлофанового укрытия. Сними!

— Я попробую объяснить ему о клопах и о прочем, — ответила я.

— Ну смотри-смотри... Нам тоже может попасть из-за твоего «домика».

— Не волнуйтесь. Я скажу ему, что вы делали мне замечание, но я не послушалась.

И вдруг дежурная совершенно другим тоном, добрым и хорошим, говорит мне:

— Валентина, подпиши мне, пожалуйста, открыточку с кадром из фильма «Это сильнее меня».

— Хорошо.

Она достала из своего столика открыточку, на которой мы с Ваней Гаврилюком улыбаемся друг другу, я раньше не видела такую открытку, оказалась очень симпатичной. Мы с Ваней на ней хорошие. Подписала я ее. Дежурная обрадовалась и запела песенку из этого фильма: «Такие старые слова, а так кружится голова...» А потом: «Три слова — я тебя люблю...»

Мне было очень приятно. Она мне сыру отрезала и конфет шоколадных дала. Я очень благодарила ее.

Вернулась в камеру. Все смотрят на меня. Я молча взбираюсь к себе в «кибитку».

Вдруг Существо Ира заорало:

— Сними целлофан-то, сними! Сейчас увидишь, что будет.

— Чего ты орешь? Со мною будет, не с тобой же. И

больше не смей орать ни на меня, ни на кого, — очень строго сказала я.

— Ишь ты! Нашлась! Командир какой! Артистка говенная.

Я засмеялась:

— Дура ты, и совсем не страшная, и совсем не сильная. Противная дура!

— Я тебе покажу дуру!

— Покажи.

— Не сейчас, позже. Сейчас невозможно с тобой расправиться. «Режимник» идет.

Цыганка Ольга Ивановна глубоко вздохнула:

— Валентина, не связывайся ты с ней.

— Пусть не орет, не дерется и не толкает очередь, чтобы первой умыться!

Дверь открылась, и в камеру вошел начальник режимной части. Подтянутый, прямой как струна, шаг — широкий, легкий.

Все встали навытяжку со своих мест.

Он мигом прошел к окну и увидел веревку, на которой сушилось женское бельишко.

— Кто дежурный?

Толстая женщина доложила свою фамилию и год рождения, сказала, что дежурная она.

— Немедленно убрать!

Толстая промямлила:

— А где бельишко-то сушить, гражданин начальник?

— Снять! — рявкнул начальник режимной части.

Тогда Ира пластмассовым ножом, сделанным из расчески, обрезала веревку.

— Собрать белье! — приказал начальник.

Женщины бросились было собирать свое белье, но «режимник» крикнул:

— По местам. Она все уберет сама, — и показал на Иру.

— Я? — переспросила та, не поверив своим ушам.

— Да, — заорал «гражданин начальник». — Зачем срезала веревку, бросила на пол чистое белье? Соберешь и выстираешь, отдашь дежурным, они просушат!

Очень строго сказал!

Мне он почему-то понравился. Я ведь жила подолгу в военных городках, где служил папа, и видела и слышала подобных «граждан начальников». Он для меня оказался узнаваем.

Но вот он легко идет в мою сторону. Смотрит на мой целлофан. Я молчу. Он тоже молчит, чуть покачиваясь с пятки на носок и обратно. Руки у него тоже за спиной.

Я спокойно смотрю на него.

Он строго всматривается в меня.

После довольно долгой паузы спрашивает:

— Для чего этот дом?

— От клопов, гражданин начальник. Падают сверху. Я их боюсь. Мне дежурные делали замечание, но я не послушалась. Так ведь уютнее, правда?

— Ведь вы в тюрьме, о каком же уюте вы заботитесь?

— Надо вам сказать, что здесь хоть и есть клопы,

хоть они и наглые, падают прямо на лицо, но в камере довольно уютно, а главное — чисто.

— Понимаю вас: хотите, чтобы я оставил ваш целлофан в покое.

— Да!

Я так сказала «Да!», что самой стало удивительно. В этом «Да!» звучало: «Быть или не быть?»

Он качнулся с пятки на носок еще раза два, повернулся и ушел.

В камере — тишина.

Цыганка Ольга Ивановна улыбается, зовет меня к столу — чаек с вареньем попить. Я взяла сыр, который мне подарила дежурная, и мы с Ольгой Ивановной пили горячий чай и улыбались.

Опять вызывают:

— Малявина, без вещей.

Существо Ира нагло захохотало:

— Сейчас он тебе покажет, что такое Ростовская тюрьма, где он — начальник режимной части.

— Ты лучше белье постирай и отдай дежурной просушить. Это был приказ, — разгневалась я.

Кто-то пробурчал:

— Подбежала, срезала веревку. Подлиза и нахалка!

— Кто там еще разговаривает?! — завопила та и направилась прямо к женщине, назвавшей ее подлизой.

Я очень громко предупредила:

— Не смей бить!

— А что будет? — юродствовала ужасная девка.

— Посмотрим, что будет. Не смей, говорю! — заорала я.

— Слушай, я ночью тебя зарежу.

— Ты только лежащих да спящих можешь замочить. Замолкни, идиотка!

Дверь открыли, я вышла. Та дежурная, которой я открытку подписала, неожиданно говорит:

— Молодец! Надо ее проучить. Если что, мы на чеку. Сейчас тебя поведут к врачу.

— Зачем?

— Он хочет тебя видеть. Давление померит. А ты тюрьму посмотришь.

— Милая ты моя, не очень-то хочется мне ее осматривать, но к врачу пойду.

Повела меня другая дежурная, скромная и молчаливая.

Врач улыбается. Измеряет мне давление и — о ужас! — давление 180 на 90. Я ведь гипотоник, поэтому 180 на 90 — это очень плохо. Он сделал мне укол. Дал лекарство, налил валерьянки и усадил — поговорить.

— Вы в Садки едете?

— Да.

— Я жил там. Замечательная станица. И город Веселовск, что в тридцати километрах от Садков, тоже хорош.

Спрашиваю:

— И когда же у меня этап будет?

— Там, в степи, после бури снежные заносы. Сейчас по степи не проехать. Придется подождать. Вам здесь плохо?

— Нет. Нет-нет.

Вхожу в камеру и вижу за столом новенькую, довольно красивую женщину.

— Привет, — обращается она ко мне, я Кукла, ты меня помнишь?

— Кукла? — обрадовалась я.

— Как ты себя здесь чувствуешь?

— Нормально. Но вот давление вдруг повысилось, доктор сделал мне укол.

Ольга Ивановна спросила:

— Так ты к врачу ходила?

— Да.

— А эта, Ирка, говорит, что «режимник» тебя вызвал.

— Я не хочу о ней слышать. Она белье выстирала?

— Пока нет.

— Какое белье? — поинтересовалась Кукла.

Ольга Ивановна ей все рассказала. Кукла направилась к Существу, а Существо ржет:

— В их полку прибыло.

— Здесь война, да? — заорала Кукла. — Сейчас врежу тебе.

— Так я и испугалась, — хохотало Существо.

Кукла врезала ей наотмашь, больно.

— Суки! Сучары! Погодите! Я вам покажу! — скулило Существо.

Кукла снова села за стол и решительно сказала:

— Сейчас я ее, эту гадину, наверх загоню. Женщину, которая рядом с тобой, переведу на Иркину шконку, а сама расположусь рядом с тобой.

7

Кукла и впрямь поговорила с моей соседкой, а та согласилась идти вниз. Кукла решительно направилась к шконке Иры, сама девица находилась в это момент у окна.

Кукла стала складывать постель. Одеяло и подушку сразу же забросила на третий ярус.

Существо повернулось от окна и увидело, что Кукла аккуратно складывает ее постель.

— Ты что делаешь?!

— Будешь спать наверху, а я здесь, — обманула Кукла.

— Чего-о-о?

— Ни-че-го. Будешь спать наверху. Белье постирала? — строго спросила Кукла.

Толстая женщина, дежурная, сказала:

— Конечно нет!

Существо бросилось с кулаками на толстую женщину.

И тут началось... Кукла больно ударила Иру, цыганки вскочили со своих мест и тоже стали ее колошматить.

— Влезай наверх! — командовала Кукла. — Быстро!

Цыганки толкали ее на третий ярус. Она полезла. Кукла бросила простыни прямо в избитое ее лицо...

— Сволочи! — почти плакала девица. Потом замолчала, накрыв лицо полотенцем.

Моя соседка спустилась вниз, Кукла и я помогли перенести ее вещи, застелили постель, и она, поблагодарив, прилегла отдохнуть.

Существо почувствовало, что что-то не так. Сняла полотенце с лица и увидела, что на ее шконке устроилась не Кукла, а другая женщина.

— Врунья! — орала она Кукле. — Нахалка! Ты же сказала, что для себя берешь мое место!

Кукла никак не реагировала на нее, и вообще никто даже не посмотрел в ее сторону.

Кукла оказалась рядом со мной. Шконки наши были расположены вроде буквы «Г» — углом.

Кукла тихо сказала:

— Давай поговорим?

— Давай.

— Я хочу рассказать тебе о себе. Ты помнишь, я говорила, что я родилась здесь, в Ростовской тюрьме. Ну вот... Я «крадунка» — воровка, попросту говоря. Кликуху — Кукла — мне дал вор в законе — Эдик Краснов. Дежурные сказали, что скоро он окажется здесь. Начальство тюрьмы к нему с уважением относится и осужденные — тоже. На свободе я, конечно, бываю, но недолго. Для того чтобы меня не узнавали, я переодевалась. У меня в сумке спортивный костюм был, юбка со свитером и роскошное вечернее платье. Соответственно разная обувь. Два парика и театральный грим. Брови я сбривала и рисовала любую форму, иногда клеем наносила шрам, иногда прикрывала глаз, будто его и вовсе не было... — Кукла вдруг втянула один глаз. Как она это сделала — непонятно.

— Ужас. Кукла, ужас! Не надо! — просила я.

Она улыбнулась и открыла глаз.

Однажды она на Привозе (это одесский рынок) прочитала объявление: «Продается дом». Кукла привела себя в порядок и поехала по указанному адресу. Вела себя «толково». Хозяева поверили, что она купит их дом, тем более она по телефону в Москву телеграмму послала (по вымышленному адресу). Ну и оставили ее у себя на ночь. Кукла же ограбила их и рано утром исчезла...

У Куклы было восемь ходок!

Прежде сидела за убийство: убила свою сожительницу — врача.

Я спросила Куклу:

— Мучат ли тебя воспоминания о враче-любовнице?

— Нет. Мою совесть не тревожат эти воспоминания. Она была виновата передо мной: спала одновременно и со мной, и с одним молодым парнем. Парень ничего не знал обо мне, но я нашла его, когда об этом узнала. Мне рассказали... Ничего не бывает тайным! Я все ему сказала. У него даже слезы навернулись, и он отчаянно так говорит: «Убить ее надо!»

Я поцеловала его и ушла. И в тот же день я ее убила и позвонила в милицию, что совершила убийство...

Она рассказывала о страшном — спокойно, обыденно, без эмоций...

— Из-за нее в «крытку» попала, в закрытую тюрьму. Хуже «крытки» ничего не бывает, — вздохнула Кукла.

Рассказала о своем любимом по имени Вадим. Он наркоман, мучил ее, но у него было много денег. Как-то Вадим совсем «раскумарился». А у Куклы был пояс с карманами вокруг талии. Она набила карманы деньгами, оказался огромный куш.

Тут же улетела в Питер, устроилась в роскошном отеле «Астория». Гуляла по Петергофу, вечерами ходила в рестораны в модных платьях. Познакомилась с финном. И тот все удивлялся:

— Почему вы всегда одна?

— Теперь буду с вами, — обещала Кукла.

Иностранец обрадовался и привел ее к себе в номер, по телефону заказал роскошный ужин, а Кукла приготовила сильное снотворное. Привезли столик, финн налил себе водки и хотел налить Кукле.

— Нет, я не пью водку, — сказала Кукла.

Он пошел к бару за коньяком и вином, а пока возился с бутылками, Кукла сыпанула ему в рюмку сильное снотворное...

Вскоре финн «скис».

Кукла спокойно достала его бумажник с долларами, сняла сапфировый перстень, из шкафа вынула красивые шерстяные свитера и тихо ушла.

Пришла к себе в номер, сложила все в большую кожаную сумку, спустилась вниз, расплатилась с администратором, оставив ей хорошие чаевые, и выехала на такси в аэропорт. Взяла билет на Москву. Самолет вскоре вылетел. Кукла не спала до Москвы, благо лететь совсем недолго, а сторожила свои вещи. Прилетев в Москву, взяла машину и поехала в гостиницу «Центральная»: она уже несколько раз там останавливалась, и ей нравилась эта, как она сказала, «купеческая» гостиница. Номер для нее нашли, но очень дорогой. Она согласилась. Вошла в роскошный номер и тут же заснула...

Вдруг Кукла прервала свое захватывающее повествование и говорит:

— Валентина, давай немножко поспим.

— Давай.

И мы замолкли.

Через какое-то время я вижу, что с третьего яруса спускается Существо и направляется к шконке, где она прежде спала... Я внимательно слежу за ней... Подходит к женщине, которая спит на ее прежнем месте, и срывает с нее одеяло. Женщина вскрикнула.

Я не выдержала, и, несмотря на то что многие уже спали, во весь голос крикнула:

— Ты что делаешь, тварь?

Тварь не унималась, стала выталкивать женщину из постели.

Поднялась Кукла, многие поднялись, а Ира подбежала к моей шконке и стала срывать целлофан — мою «кибитку». Цыганка Ольга Ивановна спала ниже меня и деревянной доской стукнула негодяйку по коленкам. Ира упала на колени, сразу не смогла подняться, потому что Ольга Ивановна и по спине хлобыстнула ее доской.

Мне ее не было жаль. Нисколько. Для меня это удивительно, потому что я всех прощаю. Ее не смогла...

Она кое-как поднялась и крикнула мне:

— Я тебя полюбила, а ты что со мной сделала?

Потом заплакала. Слезы из глаз, прямо-таки как два водопада, и все равно мне не жалко ее!

Существо стало звонить в дверь, звать дежурную.

Открылась «кормушка».

— Что тебе? — спросила дежурная.

— Уведите меня отсюда. Я убью ее, — и показала на меня.

— Почему именно ее? — поинтересовалась дежурная.

— У меня было до нее все хорошо. Она пришла в камеру и поднялась против меня. А тут еще у нее подруги появились... Уведите меня! — заорала она. — Убью ее, хоть спящую, хоть лежащую — мне все равно!..

— Ох и рожа у тебя, — ужаснулась дежурная.

— Это они меня избили, почти всей камерой.

— Собирай вещи, — спокойно сказала дежурная.

— Уже собраны!

Она схватила свой баул, проходя мимо меня, сказала:

— Мыло я тебе не отдам.

— Дура ты. Тебе лечиться надо, и очень долго. Желаю тебе выздоровления. И не забывай нас. Это тебе будет полезно!

Дежурная открыла дверь и строго крикнула:

— Выходи! Одна рука за спиной, другая — держит баул. Бегом!

И побежала наша жуткая девица.

Потом мы узнали, что ее определили в карцер.

Утром в камеру пришла наша начальница, и я спросила:

— Когда этап на Садки?

— Там еще большие заносы, но проехать можно. Этап скоро будет. Потерпи.

Когда начальница ушла, дежурная крикнула в «кормушку»:

— Малявина, без вещей.

Выхожу. Спрашиваю:

— Куда?

— Тебя проводят.

И повел меня дежурный по теплым коридорам... куда-то. Куда — не говорит. Открыл дверь. Комната. На окне стекло не затемнено, только решетка, потому электрическая лампочка не горит. По бокам комнаты — две железные двери. Посреди — большой деревянный стол и две скамейки. На столе копченая рыба, овошной салат, белый хлеб, сливочное масло, пачка чая и пирожное.

Дежурный говорит:

— Садись за стол и спокойно ешь. Я закрою тебя на ключ, потом приду. Ничему не удивляйся.

И кивнул в сторону железной двери. В двери был глазок без стекла. Я села за стол, увидела кипятильник, приготовила себе крепкий чай и с удовольствием принялась за еду. Тут и умывальник был. После еды вымыла руки, аккуратно убрала все со стола и села на скамейку.

Думаю: «Что это значит?»

Вдруг из-за двери с глазком зовут меня:

— Валентина! Подойди, пожалуйста, к двери и посмотри в глазок.

Я подошла, посмотрела в довольно большой глазок и увидела банное отделение, а на скамейке здоровенного парня. Он был голый.

Говорит:

— Если я тебе нравлюсь, дверь откроют, и ты будешь со мной. Если нет, я не обижусь и не рассержусь. Я хочу тебя. Тебе будет хорошо. Я знаю о тебе многое. На пересылках ребята рассказывали, и в кино я тебя видел.

Я смотрю на него. Заинтересовала меня татуировка на руке — круг, а в нем крест. Этот рисунок что-то обозначает. Спросила:

— Что значит твоя татуировка?

Он ответил:

— Три меча и Бог вместе с нами.

Помолчали. Потом он спросил:

— Ну что?

— Тебя как зовут?

— Извини, но это неважно. Ну что ты решила?

— Ты мне нравишься, но я не смогу вот так... вдруг... Уверена, что ни мне, ни тебе не будет хорошо.

Он помолчал, потом подошел к двери и сказал:

— Спасибо за откровенность, но я надеялся, очень надеялся... Теперь вот что: только не обижай меня и не отказывайся. Я приготовил тебе подарок. Кожаное теплое модное пальто и немного денег... Тебе они очень пригодятся на поселении.

Боже мой! Ну как мне поступить? Я знала, что откажусь от его подарков, но как?! Не хочется его обижать. Я молчала. Отошла от двери и села на скамейку за стол. Он сказал:

— Тебе все передаст дежурный, который привел сюда.

Я отрицательно покачала головой и опустила лицо на руки.

Парень тоже молчал.

Я встала и снова подошла к глазку, посмотрела, но парня в бане не оказалось. Он вышел через другую дверь.

Вскоре за мной пришел дежурный и проводил меня в камеру, ни о чем не спрашивая.

Кукле я ничего не стала рассказывать.

Она спросила:

— Что-нибудь случилось?

Я кивнула головой и сказала:

— Не волнуйся, Кукла, случилось, но вполне симпатичное.

— Завтра у тебя этап, — сказала Кукла.

Я вначале даже не поняла, потом не поверила, и, наконец, нахлынула радость: неужели еще немного, еще чуть-чуть... Боже мой!

Я почти не спала ночь, а спустя несколько часов, ранним утром, уже сидела в «воронке», закутанная в огромный тулуп, который мне дал охранник. Канула в прошлое Ростовская тюрьма!

Вокруг — белоснежная степь, целых четыре часа

подряд только она — степь, и мы, трое (вместе с водителем) посреди нее в тесной казенной машине... Ну надо же так долго ехать!..

8

Все когда-нибудь кончается, и в тот момент, когда я уже всерьез опасалась ослепнуть от этой нескончаемой белизны, на горизонте показалась окраина городка с замечательно веселым названием: Веселовск!

Незаметно наш «воронок» оказался на его улицах — очень аккуратных и уютных, вот мы достигли кафе-стекляшки и водитель остановил машину... Я чувствую себя словно во сне. Охранник улыбается:

— Выходи, Валюша, перекусим...

И мы действительно перекусываем в этой стекляшке, которая кажется мне самым очаровательным местом в мире... Дорогу из Веселовска к Садкам я почти не помню — как будто и впрямь ухитрилась ее проспать!

Было 23 февраля — военный праздник. Кстати, и мой день Ангела. Несмотря на длинный путь, который длился четыре часа по заснеженной степи в мерзлом «воронке», настроение мое преотличное.

Первое, что я увидела на въезде, — аллея с фонарями в стиле времен Пушкина, искусно сделанными обитателями Садков. Вдоль аллеи высокие тополя, запурженные снегом. За ними — два ряда аккуратненьких домиков. Все кругом чисто-чисто. Начальство — в праздничной военной форме.

Со мной познакомились, показали, где я буду жить, и наступил час поверки.

Боже мой, да тут одни мужчины живут, хорошо одетые, ухоженные! Женщины выстроились всего в два ряда, а мужчин — несметное количество!

Ласковые собаки бегают. Тишина... Никакого напряжения на лицах, наоборот — умиротворение. Первое впечатление не обмануло меня до самого освобождения.

Несколько женщин были из Можайской зоны. Красавица Оля Г. и не менее красивая Татьяна С. — здесь. Радуются мне.

Прошли в секцию. Тоже чистота, уют. Девочки устроили пир горой в честь праздника. Просят меня к столу, балагурят:

— Валюшка, ты заметила, что женщин мало, а мужчин много? Вот и делай вывод: мы здесь на вес золота! У каждой из нас свой «садковский» муж, иногда два... ребята не обижаются. Только врать нельзя: надо сказать, что, мол, так-то и так... Поняла?

— Пока не очень.

— Все это мы тебе рассказываем потому, что тебе предстоит испытание: вся мужская часть населения будет сверхвнимательна к тебе...

Так оно и случилось. Вечером, когда все вышли погулять, я была окружена исключительным вниманием.

Татьяна С. познакомила меня со своим Эдиком, в которого была искренне влюблена.

Эдик заметил:

— Валентина, одной будет трудно. Тебе надо «мужа» выбрать, и чем быстрее — тем лучше.

Зачем мне все это? Ну посмотрим...

Я не знаю, почему при слове «муж» в моей памяти возникает прежде всего лицо Павлика Арсенова... Ведь первым мужем, первой любовью был Саша Збруев!.. Может быть, все дело во времени: то, что в нем ближе к твоему настоящему, то и помнится ярче... Нет, дело конечно же в любви: как же я любила Пашу! Каким-то чудом у меня остались и сохранились два моих собственных письма к нему, писанные одно в 1970 году, другое — в 73-м. Словно сама Судьба подсунула их, с тем чтобы не сглаживалась эмоциональная память об этом подлинном, полнокровном чувстве...

«Павлик!

Ты знаешь, родной мой, очень мне хочется рассказать тебе, какой у меня сегодня был день.

Солнце было прекрасное! Купола мои купались в нем, и им было очень хорошо.

В это утро я решила поехать на Васильевский остров, но таксист мой рассказал, что в Никольском соборе — служба, и я, конечно, поехала туда. Старушки идут — молятся. Я вошла: полумрак, хор поет тихо, свечки потрескивают, я поставила шесть свечек около Божьей Матери и одну — Христу — на кресте. Долго слушала хор и смотрела на вдохновенные сморщенные личики вокруг меня. Глядела на образа, они вселяют в душу покой. Подошла к распятию Христа; рядом молился человек лет тридцати, в черном новом костюме с холодными серыми глазами, вставал на колени и смотрел на Христа, потом целовал его и смотрел снова, стоя на коленях. Хорошо я чувствую себя в церкви, покойно.

Потом долго гуляла по Васильевскому острову и читала Пушкина. Павличек, я очень благодарна Саше Кайдановскому, что он неистово любит Пушкина и что этим он увлек и меня.

Пересекаю линии Вас. остр. Передо мной — Андреевская церковь. Что в ней? Советские чиновники ругаются при тусклых лампах за огромными столами, заваленными бесконечными кипами бумаг. Дворец Меншикова — весь неухоженный, около коричневых дверей растет трава, двое рабочих восстанавливают дворец... В Ленсправке спрашиваю: где музей Достоевского? «Такого нет». А улица? Слава Богу, есть. Прошу таксиста отвезти меня на ул. Достоевского. Привез. Рынок справа — туда несут бараньи туши, иду по улице, смотрю на дома. Где же? Где?

Нет. Нет. Нет. Вижу — белеет доска на сером доме, бегу — «...жил Ульянов-Ленин...» Нет. Нет. Нет. Нет. Опять белеет доска: «общество металлистов в каком-то году было в этом доме». Дальше — ЖЭК... Где же? Где?

Старик сидит в пенсне.

— Простите, пожалуйста. Вы не скажете, в каком доме по этой улице жил Достоевский?

— Это писатель большой.

— Я знаю.

— А в каком доме он жил?

— Это большой писатель.

Старик в пенсне был очень глухой. Дальше три старушки сидят на лавочке, вокруг них коты носятся и дерутся.

— Простите, пожалуйста. Я вот прошла всю улицу и не вижу доски о Достоевском. Где он жил?

Старушка, у которой один глаз стеклянный, говорит:

— Что? Какой дом? Здесь все дома Достоевские.

Ах, если бы это было так!

Другая:

— Ну что ты, Анна, болтаешь. Это в обратную сторону. Там это.

У этой старушки была маленькая фетровая шляпка с жалким черным пером. А Анна была попроще.

Я пошла обратно. Все то же: «общ. мет.», «Ленин». Где же?

Дом строится.

А дальше, на углу, напротив Кузнечного рынка, дом реставрируется. Это Его дом! Точно!

Иду. Вхожу во двор и черным входом поднимаюсь в квартиру. Спрашиваю рабочих: «Это квартира Достоевского?» — «Да». — «Можно я побуду здесь?» — «Можно».

Так я оказалась в гостях у Федора Михайловича.

Музей скоро откроется. Дай-то Бог!

Целую! Люблю получать твои письма. Я с тобой!»

«Павличек!

Очень хочется видеть тебя. Это невозможно. Хотя бы услышать тебя. Буду звонить дня через два, когда заработает наш телефон. Ах, Боже мой, заботы, которые вокруг нас!.. Я не знала о них так хорошо, как теперь знаю. Нужно ли о них знать — нужно (отвечаю), потому что наказание мое долгое. Почему? Вовремя не оплатила телефон. Почему? Не знала, что нужно уж так вовремя платить за телефон. А теперь... теперь я не слышу тебя... вон сколько дней. Ты звонил на Арбат дважды, а мы съехали с Арбата, там идет медленный ремонт, мамуля — у нас. Грустно и скучно оттого, что нет тебя. Правда. Ей-богу. Написала письмо твоей маме, маме Лизе, приглашаю ее к нам, написала, что хочу встретить Павличка вместе с нею, мамой Лизой.

Пашенуля, я дала согласие сниматься на «Мосфильме» в картине «Испытание». В этом сценарии — треугольник, традиционный, надоедливый. А что делать? «Похожего на льва» — нет. 40 р. обещают. Съемки с 5 марта по 31 июля. Павличек, хочется поговорить с тобой, только не сердясь на тебя, за то, что ты на меня сердишься. Ведь я люблю тебя. Правда. Ей-богу.

Розов Виктор меня поразил, придя на реп. к Мих. Ал. Ульянову. Он хвалил мою «деревенщину» и говорил о «царстве Божием, которое внутри нас». Это потом. Целую. Люблю тебя и... нет, не буду ни о чем писать. Ты и так понимаешь все...»

Вечером на прогулке, когда все поселение выходит, я нахожусь в центре внимания. Тут еще перед 23 февраля «Красную площадь» показали... Естественно, все посмотрели этот хороший фильм с моим участием, еще и от этого такой ажиотаж вокруг моей персоны. А вечерняя прогулка похожа — как будто мы на Невский проспект вышли. Оттого что фонари, оттого что многолюдно. Пересекает мой путь красивый парень (даже слишком красивый) с собачкой на руках. У собачки бант. Я обратила внимание на этот бант и на очень красивого парня. Он знакомится:

— Это Шарик. А я Николай Владимирович. Попросту Микола. Живу в Миргороде. Вы, конечно, знаете о гоголевской луже? Так вот, она до сих пор есть...

Мне стало смешно и симпатично. Мы подружились.

И вот что он мне рассказал:

— У нас на кухне над обеденным столом висит географическая карта... Из бархата я сделал подушечку, ну как бы для иголок, туда натыкал разноцветных флажков. И вот завтракаем мы с мамой... вдруг я закрываю глаза... на ощупь беру флажок... мама — навзрыд, кричит: «Микола!» А я с закрытыми глазами уже воткнул флажок в географическую карту. Мама причитает, я открываю глаза и вижу место, куда он попал. Быстро собираюсь, расцеловываю маму и ухожу из дома. Неважно куда. Неважно, у кого беру машину. Я любую машину могу открыть, даже с сигнализацией. И мчусь туда, где очутился флажок. Именно мчусь. Кто не любит быстрой езды? На Волгу, — значит, на Волгу, на Кавказ, — значит, на Кавказ. В Сибирь — так в Сибирь. Приезжаю в город, нахожу милицию, около нее оставляю угнанную машину и гуляю себе по городу. Возвращаюсь так же. Угоняю машину и мчусь домой. Но не в Миргороде у милиции ставлю машину, а в любом другом селении близ дома. Вот такие дела, Валентина Александровна. В третий раз сижу из-за моих путешествий. Сейчас самолет изучаю и усердно немецкий учу, здесь, в Садках, у русских немцев. Они охотно занимаются со мной. А еще, Валентина Александровна, я строю дельтаплан, опять же здесь, в степи. У меня чертежи есть. Уверен, что получится. Хочу по освобождении на нем улететь домой. Никто не знает, где я его спрятал. Мечта моя...

— Николай Владимирович, ведь это страсть, а не мечта...

— Страсть, Валентина Александровна, а со страстью трудно сладить.

— Страсть всегда несет с собою массу забот, а то и больших неприятностей, дорогой Николай Владимирович...

Мы общались друг с другом по имени-отчеству, хотя ему было тридцать с небольшим.

Я стала замечать его повышенное внимание ко мне и отдалилась.

Совершенно неожиданно налетела пурга. Мою дверь занесло снегом, ее закрыл огромный сугроб.

А на меня навалилась хандра. Сижу на постели в тулупчике, закутанная в длиннющий шарф, и сильно хандрю.

Вдруг слышу — около двери кто-то возится, разгребает мой сугроб. Но вставать не хочется, и я по-прежнему остаюсь в постели.

Кто-то сильно стучит в дверь и кричит:

— Валентина! Открой!

Открываю — на пороге Лелик Вязников, местный сапожник из осужденных. У него утонченное лицо древних греков. Он очень высок — Леня Вязников, около двух метров. Улыбается:

— А я сегодня археолог. Раскопал тебя.

Хохочет — и мне становится веселей.

— Спасибо, что навестил. Давай чай пить?

К чаю было вкусное вишневое варенье, масло и хлеб, — удивительный хлеб! Его пекут «наши», осужденные. Хлеб белый-белый, мягкий-премягкий, кирпичиком, с золотистой корочкой. Я такого хлеба никогда не ела. Вкуснотища необыкновенная.

Молчим. Наслаждаемся чаем. Потом Лелик заботливо и очень серьезно говорит:

— Не хандри никогда больше. Я почувствовал, что тебе плохо. Даже мороз по коже пробежал. Знай, что я рядом, что я с тобой...

Я благодарно посмотрела на него.

— Не молчи. Рассказывай что-нибудь, я с удовольствием буду слушать, — почти приказывает Лелик, — или меня о чем-нибудь спрашивай.

И я спросила:

— Сколько тебе лет, Ленечка?

— Тридцать два, — отвечает он.

Потом я узнала, что ему 22 года, просто он высок и мужествен — тянет на 32.

Днем позже приходит ко мне с лакированными башмачками, которые он сшил для маленькой девочки.

— Ох, какие красивые! — радуюсь я.

Пьем чай, и я замечаю ему:

— Лелик, зачем ты обманул меня?

— В чем?

— Тебе не тридцать два года, а много меньше.

Он вдруг разгневался:

— Неужели ты не понимаешь?!

И ушел.

Я, конечно, понимала, что ему хочется быть поближе к моему почтенному возрасту, а значит, и ко мне.

Он ушел, а мне грустно-грустно стало. Нас с первой секунды общения объединяло что-то очень важное, необходимое и ему, и мне...

«Родная мамулечка Мурзичек!

Вчера говорила с тобой по телефону, а сегодня уже уселась вот за письмо. Это потому, что меня прямо-таки распирает всю от мыслей, чувств, слов! Ты, наверное, не поверишь, но я чувствую себя такой счастливой, что... Нет, передать этого нельзя и невозможно. Люди вокруг — чудесные, милые, добрые... любящие! Да-да, любящие! Отчего-то здесь Любовь является людям в самом ярком и подлинном своем обличье. Наверное, потому, что все здесь даже не «одним миром», а одной бедой «мазаны»... Вот у меня объявился друг, замечательный такой мальчик, красивый-прекрасивый, умный-преумный, зовут Ленечка. Ужасно молод по годам, но стар и мудр душой... Пишет стихи. Послушай:

...Луна лиловая, круглоголовая
лениво катится в ночной тиши.
Храню, как сказку, я твой образ ласковый
в заветной заводи моей души.

Красиво, правда?

Я ему рассказывала о Митеньке Фусу, а тут позвонила тебе и узнала, что Митя вновь у тебя был и что ты на сей раз обошлась с ним поласковее. Но вот известие о Митином театре, что его больше нет, огорчило меня страшно... Ведь как все получилось? Когда Фусу учился в Щукинском и приезжал на каникулы к себе домой, в свое село, он участвовал в веселых и коротких скетчах, которые показывали со сцены сельского Дворца культуры. А потом взял и увлекся Шекспиром, взял из его пьес около двадцати ролей и сцен и положил их в основу собственного моноспектакля «Век человеческий»...

С рюкзаком за спиной Фусу обошел всю свою Молдавию. Стал изучать древний эпос, молдавский фольклор, исполнять народные баллады и даже писать музыку в стиле фолк. И когда он подготовил еще и программу по ранним произведениям Иона Друцэ, вместе с ним в пешее турне от села к селу, от клуба к клубу отправился и сам писатель.

Он впервые увидел свои инсценированные рассказы и остался доволен их талантливым исполнителем. Транспорт они находили попутный, актер сам организовывал спектакль, расклеивал афиши и продавал билеты. Деньги он никогда не считал, сдавая выручку, чем приводил бухгалтеров в неописуемый ужас.

А выручка была солидная, хотя план на выступления ему тогда никто не утверждал. Фусу подготовил шесть программ. Его охотно принимали в школах и в профтехучилищах, в сельских клубах и городских домах культуры. Ему ничего не стоило остановиться в поле, где работали люди, и, дождавшись перерыва, показать им спектакль прямо с кузова автомашины.

Фусу приглашали на литературные встречи и вечера писатели, поэты, к его услугам не раз прибегало общество «Знание». Энергичный, легкий на подъем, он где мог, там и работал, не беспокоясь особенно об условиях. И на отдых частенько располагался тут же, где заставала его ночь после спектакля.

Как получилось, что его театр, такой необходимый людям, перестал существовать? Не год и не два — гораздо больше он провел на свободных хлебах. Вокруг него шли разговоры: непризнанный, дескать, талант. И, согласись, можно было бы легко сломаться, смириться с этим положением. Ведь и на самом деле вроде бы непризнанный. Хотя и стихи, и музыку пишет, и художник — три персональные выставки... А главное — какой актер!

Когда посмотрели один из его спектаклей в Министерстве культуры республики, заместитель министра А. Данилэ воскликнул: «И это золото отдать филармонии!»

И тогда Митеньке наконец повезло — его пригласили в Молдавский академический театр... Что же с ним теперь?..

Ну вот, вчера я рассказала эту историю своему другу Ленечке, а у него чуть ли не слезы на глазах, представь себе, он... приревновал! Меня — к Митеньке!.. Такой вот трогательный и смешной человек... Я ему сказала:

— К Мите ревновать нельзя!

— Почему? — спрашивает.

— Потому что Фусу — это поэзия души! Разве к поэзии ревнуют?..

— Нет, — неохотно так согласился. Но ушел от меня после нашего, ставшего уже традиционным, кажется, чаепития, все равно расстроенный.

Ужасно трогательно!

Милый Мурзик, ребятки (Танечка с Сережей) в письме спрашивают, сколько прислать мне денег и что на них можно купить? Я хохотала до слез. Мы не видим денег уже очень давно, живем как при коммунизме, только самое необходимое у каждого: думаю, что так будут жить в будущем... Скажи им это, а также скажи, что деньги мне были нужны на подписку. Ты уже поняла, Мурзичек, что у меня все хорошо? Правда, все хорошо! Все нормально! Целую моего родного Мурзика...»

9

Время в Садках, во всяком случае по сравнению с прежними годами, не шло — летело.

К Восьмому марта наши мужчины готовили концерт, который я ждала с большим интересом. Усадили меня в первый ряд. Ребята и танцуют, и поют, и стихи читают — в основном свои.

На сцену выходят четыре человека, трое с электрогитарами и ударник. Среди них — Лелик. Они замечательно исполняли незамысловатые песни собственного сочинения.

Потом Лелик стал солировать, и очень хорошо. Держится свободно. Поет и смотрит на меня. Я почувствовала себя совсем молодой — и почему-то покраснела. После концерта Лелик подождал меня и проводил домой.

— Расскажи, как мы выступали?

— Хорошо, очень хорошо.

— Спасибо. Я каждый день сижу в клубе за фоно и гитарой, каждый день занимаюсь.

Засмеялся и добавил:

— И карате, и баскетболом, летом — футболом.

Значительно позже Лелик пришел и пригласил на соревнование по баскетболу.

— У нас сегодня игра с начальниками. Придешь?

— Приду.

— Пойдем ко мне пить чай? — предложил Лелик.

— Пойдем, — согласилась я.

У него была довольно большая комната, разделенная на две половины: в одной сапожная мастерская, в другой половине он спал.

Лелик достал вишневое варенье и засмеялся:

— У тебя ведь тоже вишневое варенье! Музыку хочешь послушать?

— Хочу.

— Какую?

— Нетрудную.

Он включил магнитофон, поставил кассету, на ней Стив Вандер.

— Валёна, а ты любишь танцевать?

— Очень.

— Давай потанцуем?

— Давай.

Он такой высокий, сильный, нежный...

— Мне очень хорошо с тобой, — тихо сказал он.

— И мне.

Поцеловались.

Каждый день мы были вместе.

А потом пришла настоящая весна. Господи, как красиво в степи! Как вольно!

Однажды я шла по степи к другому отделению, в трех километрах от нас. Там проходит большой канал. Много каналов пересекают степь, это для орошения овощей. Их строили зэки. Вода в них чистая, бежит с огромной скоростью. А вокруг — поля с овощами и красавицей кукурузой, и красавцами подсолнухами. И — степь, степь, степь... Ее очень много, и неба много. Травка зеленая, и полно маленьких ярких цветочков. Где-то недалеко — кони, их слышно...

От восторга не знала, что делать.

Легла на теплую землю и стала смотреть на облака. Одни из них серебристо-белые, другие очень-очень белые, и золотые рядом. Они тоже радуются и то принимают причудливые очертания, то соединяются друг с другом в одно огромное, прекрасное облако.

Я гляжу в небо, я лежу на земле, я понимаю, что плыву во Вселенной на удивительном корабле под названием Земля, плыву вокруг Солнца! Господи! Спасибо Тебе! Мне кажется, что никогда я не была так счастлива, как тогда, лежа в степи...

Не знаю, сколько я времени там оставалась. Когда поднялась, почувствовала себя совершенно отдохнувшей и бодрой. Почти бежала по степи и громко читала стихи Пушкина:

Если жизнь тебя обманет,
Не печалься, не сердись,
В день уныния смирись,
День веселья, верь, настанет...

Наконец я добралась до канала. Он очень широкий и, говорят, глубокий, прямо-таки Садковский гранд-канал. Воды несутся в нем с необыкновенной быстротой. Какой-то парень пытался плыть против течения — не получается. Лег на спину, и понесла его вода прямо к мостику, по которому я переходила на другую сторону.

Он увидел меня:

— Привет, Валюшка! Ты к нам идешь?

— Да, хочу посмотреть, как тут у вас.

— Замечательно! Переезжай к нам, — кричит парень уже по другую сторону моста.

В лицо я его знала, а вот как зовут — нет. Хорошо, что вода унесла его далеко от меня.

Перешла мостик и достигла другого отделения нашего поселения. Несколько домиков, все в зелени и цветах. На улице почти никого нет. Наверное, все на работе. Только одна бабушка прогуливается.

Я с ней поздоровалась, но она не услышала. Смотрит на меня и спрашивает:

— Ты откуда?

Я почти кричу, потому что бабушка ушко открыла из-под платка:

— Из главного отделения сюда пришла. Захотелось прогуляться и посмотреть на ваше отделение.

— А кем ты работаешь?

— Я осужденная, и сторожу чемоданы с важными вещами других осужденных.

— Ты из Москвы? — спросила бабушка.

— Да.

— Говор у тебя не наш, совсем по-другому говоришь. Ну дай Бог тебе терпения!

— И вам, бабушка, желаю здоровья и всего самого прекрасного.

Бабушка спросила:

— Угостить тебя яичницей на сале?

— Нет, спасибо. Сейчас возвращаюсь к себе.

Я попрощалась, прогулялась по улочке и вернулась в степь.

Ну до чего здорово! Как просторно! Жить хочется!

Как-то совсем быстро прошла я три километра. Взяла ключ у дежурного от своей квартиры и пошла к себе.

На маленькой скамеечке сидит Лелик, грустно и строго смотрит на меня.

— Я чуть с ума не сошел. Нет и нет тебя... Мне дежурные сказали, что ты ушла на другое отделение, ну почему не сказала мне?

— Лелик, милый мой, мне так хорошо! Не грусти, пожалуйста, не ругайся.

Лелик предложил:

— Давай попьем кофейку и пойдем в клуб, я тебе кое-что из своих сочинений исполню, а потом будем смотреть кино.

— Какое? — спрашиваю.

— Хорошее. «Сотрудник ЧК» называется.

— Правда? Я люблю этот мой фильм.

Он открыл ключом дверь и стал готовить кофе.

Я пошла к себе в комнату.

Вижу — на постели лежит букет цветов. Большой и яркий.

Кричу в кухню:

— Лелик! У меня красивый букет цветов на постели лежит.

Лелик вошел в комнату и широко улыбнулся:

— Нравится?

— Да. Очень.

— Я так скучал без тебя, пошел в один сад и попросил хозяйку нарвать цветов... Она нарвала. Форточка была открыта, я и положил букет на кровать.

Форточка в моем окне большая, а кровать рядом с окном, и Лелик спокойно доставал своей длиннющей рукой до постели. Иногда рано утром, до поверки, он потихоньку через форточку стягивал с меня одеяло и будил.

— На зарядку становись! — смеялся он.

Я открывала дверь, мы завтракали, брали его магнитофон и шли на футбольное поле, где действительно занимались зарядкой. Я еще бегом круга два делала вокруг футбольного поля...

Из дневника 1987 года

«Теперь — 9 мая, День Победы. Кто был счастливее меня во вчерашнем дне? Вряд ли есть на Земле такой человек!

Дважды я была счастлива вчера... А теперь — милое сердцу существо, собака Беби, с переломанной и туго-туго перебинтованной лапкой, нашла меня и спит под моей кроватью...

Есть БЕСКОНЕЧНОЙ ЛЮБВИ ПОТОК, и я благодарна за него Богу всегда! Я рада дню, миру, людям...

10 мая

Я все еще очень счастлива, очень!

11 мая

Боже, как мне тоскливо!..

12 мая

Утро было несносным. Но вчера (ночью) я чувствовала и видела в своем воображении почти явственно... мысленно целовала его волосы... А по радио в этот момент вдруг — мой любимый мотив (колыбельная), и такой свет в душе возник! Такое прояснение всего и вся! Слезы горячие полились сами — и не остановить их...

Посреди дня я задремала, вдруг будят стуком в стенку: к телефону! Звонили друзья: «Приходи скорее, у нас тут статья про тебя в «Советской культуре», такая замечательная!»

Побежала, конечно, прочла! Такое смятение чувств, что, кажется, даже иссякли на какое-то время душевные силы... Даже записывать не стала. Дай Бог О. Г. всех благ! Больше всего я рада за моих — мамулечку и ребяток. За них я рада — бесконечно!..»

Вокруг футбольного поля, куда мы ходим по утрам, очень красивый парк. Особенно мне нравятся кусты с крохотными розовыми цветочками.

Как-то, попив после «разминки» у меня кофейку, пошли мы с Леликом в клуб.

Лелик сел за фортепьяно и стал исполнять свои сочинения, они у него очень милые — мотив можно легко напеть. Видела, что он радуется, потому что мне нравилось слушать его и смотреть на него.

Потом погуляли в парке у стадиона и обнаружили, что мне уже пора идти на работу.

С шести вечера и до восьми я впускала жителей поселения в камеру хранения. Они входили в большую комнату к своим чемоданам, брали из них то, что было им необходимо, а какие-то вещи, ненужные на сегодняшний день, укладывали обратно в чемоданы.

Моя забота заключалась в том, чтобы никто не открыл чужой чемодан или баул. Первое время, с шести до восьми утра и вечером с восемнадцати до двадцати, я не выходила из этой большой комнаты с чемоданами.

Посетителей являлось много. Я была ужасно строгой во время работы.

Народ это заметил и не позволял себе ничего лишнего... Никто никуда не передвигался по этому большому залу, каждый стоял у своего чемодана, занимался им, а потом сразу же уходил. Первое время мужская часть населения пыталась во время работы со мной балагурить, а женщины сплетничали. Мне это все надоело, а посетители оказались понятливые и прекратили ненужные мне разговоры. Два часа я молчала и только строго смотрела на приходящих и уходящих...

Со временем все стали быстро разбираться со своими вещами и, поблагодарив, уходили. Конечно, были срывы и у меня, приходилось кричать на того или другого «прихожанина»: возится и возится у своих вещей, уйдет, снова придет и снова подолгу стоит у чемодана. Или начинает что-то искать на других полках, в других местах. Тогда я не выдерживала, замечания делала резко и выгоняла без разговоров.

Постепенно меня стали слушаться, и отпала необходимость заходить в зал с чемоданами: я начала доверять «прихожанам». Оставалась в своей комнате, изредка посматривая через стеклянную дверь. Чувствовала, что они благодарны мне за доверие.

Лелик однажды попытался пойти со мной на работу.

— Валёна, можно я посмотрю у тебя телевизор?

— Нет, Лелик, приходи позже, и мы пойдем с тобой в кино.

Пошли в клуб. «Сотрудник ЧК» — хороший фильм.

Как замечательно играют артисты: и Саша Демьяненко, и Женя Евстигнеев, и Олег Ефремов, и Влад Заманский, и Ролан Быков, и у меня славная роль получилась: я была Марусей Королевой, сотрудницей ЧК.

Лелик смотрит то на экран, то на меня, и так весь фильм! После фильма зрители, а их был полный зал, захлопали. Я встала и всех поблагодарила.

— Валюшка, а вопрос задать можно?

— Конечно.

И посыпались вопросы, начиная с того, умею ли я и вправду стрелять, и кончая вопросом: «А вы по-настоящему с Шуриком Демьяненко целовались?» и т. д.

Я с удовольствием рассказывала о своих партнерах, о режиссере Борисе Волчеке и о городе Каменец-Подольском, где проходили съемки. Слушали мой рассказ внимательно, часто хлопали... Лелик улыбался и очень трогательно радовался за меня.

Кто-то сказал:

— Валюшка, а мы заказали все твои фильмы. Ты тоже их смотри. После фильмов вот так же рассказывай нам о съемках, ладно?

— Хорошо, — пообещала я.

В дальнейшем все именно так и происходило: всякий раз, как привозили мой фильм, после него начинался «вечер вопросов и ответов». Я не солгу, если скажу, что беседы эти доставляли мне несказанную радость. Я не солгу, если скажу, что они доставляли мне боль... Чего больше — я не высчитывала никогда. Потому что каждую минуту помнила, как важно уберечь в душе каждую каплю мужества и терпения.

Еще один родничок, питающий Душу, — письма от Норы Тадэ.

«Валюшка, родная, приехала я сейчас с дачи и была так счастлива, обнаружив в ящике почтовом твое письмо. Прочла его и — стало так стыдно!.. Действительно, ну, чего я ною?! Ведь все в общем-то в порядке, и ты права: все живы и здоровы, а это — главное!

По своим журналистским делишкам, а в общем-то в основном по собственному личному интересу, походила на кинофестиваль, — правда, только в Дом кино, поскольку там как будто должны были быть лучшие фильмы. Но большее убожество трудно себе представить. Неужели золотой век советского киноискусства и впрямь позади?.. Что касается зарубежных фильмов, то с одного итальянского я просто ушла, на двух других заснула крепким сном... Многим было скучно, так что не сомневайся — по крайней мере тут ты не потеряла ничего.

Вообще, впечатление от современного кинематографа — убого, безэмоционально, беспроблемно.

Катька (имеется в виду дочь Норы Тадэ Екатерина Уфимцева, телеведущая. — В. М.) очень успешно работала в «Спутнике кинофестиваля». В каждом номере у нее шло интервью — М. Захаров, Окуджава, иностранные актеры. Уходит из дома ранехонько, возвращается в час-два ночи. Усталая, но довольная. Ролан Быков и

Леночка Санаева — в Ленинграде, снимаются, оттого и писем от них ты, как сообшаешь, не получала довольно долго.

Была я недавно на Таганке у Эфроса, на просмотре новой пьесы Теннесси Уильямса «Пикник на траве» (перевод сделан специально для театра): пьеса очень хорошая, написана на четырех актрис (Яковлева, Демидова, Скевина и Настя Вертинская). Играют хорошо, особенно Настя, но режиссуры — никакой... Все прочитано поверхностно и неинтересно. Вот и все события последнего времени в Москве. Негусто! Так хотелось бы обсудить все вместе с тобой! Поболтать, посплетничать, порадоваться и поплакаться. Как же я мечтаю о дне, когда это наконец произойдет! Я думаю, что это будет очень скоро! Время бежит как сумасшедшее — это во-первых. А во-вторых, говорю это вовсе не для твоего утешения, потому что, как подтвердило данное обстоятельство еще раз твое последнее письмо, твоего мужества хватает не только на тебя, но и на других тоже... Во всяком случае, меня ты в чувство привела!

Целую тебя, моя хорошая, твоя Нора».

Наверное, она, моя очень близкая подруга, журналистка и писательница, все равно представить не могла, до какой же степени важны были мне ее письма — вот такие, с легкой патиной грусти и разочарования во всем, происходящем вокруг. Это было не от пресыщенности, а оттого, что тогда, в конце 80-х, перед бурей 91-го года, жизнь, в том числе в искусстве, и впрямь будто затихла, «скисла»... Или замерла, как замирает в предчувствии разрушительного катаклизма природа?..

Помню, после моего первого «вечера вопросов и ответов» мы с Леликом пошли домой: жили мы рядом.

— Лелик, — предупредила я, — завтра после работы я поеду в Веселовск, вернусь к шести часам вечера, для того чтобы пустить ребят к их чемоданам.

— А ты пропуск выписала?

— Да.

Утром после проверки, после того как я подмела вокруг дома, то есть после моей работы, Лелик пришел с плотным байковым одеялом и сказал:

— Я тебе ковер принес. Он будет очень красиво выглядеть на полу. И сидеть на нем можно, уютнее, чем на стульях.

Пошел, отодвинув меня с дороги, один, чтобы постелить одеяло-ковер в комнате.

— Не входи! Потом войдешь, — командовал Лелик.

В его голосе часто звучали командные нотки, но я к ним привыкла, ибо сама грешила тем же.

— Входи!

Я открыла дверь:

— Очень здорово! Спасибо, Лелик!

Я любила свою комнату, в ней было так уютно! Полированная коричневая мебель: кровать, шкаф, две тумбочки и стол. Над столом — много моих рисунков. На столе — много книг, которые я с удовольствием читала. А сейчас и вовсе стало уютно при таком коврике.

Я подумала: «Надо что-то привезти Лелику из Веселовска».

Спрашиваю:

— Лелик, что тебе привезти из Веселовска?

— Вот такую книжку. — И взял со стола томик Грина. — Я хочу узнать тебя ближе. Ты любишь Грина — и я хочу его узнать.

— Хорошо, Лелик. Обязательно привезу.

— Валёна, еще купи две банки виноградного сока и хорошего изюма. Мы с тобой вино сделаем... Я попрошу шофера автобуса, чтобы он тебе помог с банками, а здесь я тебя встречу.

— Хорошо. Куплю, Лелик, а почему бы тебе тоже не поехать?

Он помялся, помолчал, а потом все же «сделал признание»:

— Меня не пустят. Я провинился. Выпивал в кафе за столиком, прямо на улице, а тут стукач идет, подошел ко мне и все пронюхал. Естественно, тут же доложил начальству...

Ну что на это скажешь?.. Только одно: такая вот она — наша жизнь...

Отчего-то Ленино лицо, каким оно было в тот момент, врезалось мне в память, как центральный кинокадр из прекрасного фильма: очень красивое лицо! Чуть сдвинутые брови, сурово сжатые губы и глухо мерцающие глаза...

Лелик проводил меня до автобуса, и я поехала в симпатичный город Веселовск в одиночестве.

10

Недавно я прочла где-то, что эпистолярный жанр, переживший расцвет в XIX веке, ныне фактически умер. И подумала еще раз о том, как все же разнится образ жизни свободного человека от жизни тех, кто несвободен... Там письма — не то что от родных и близких, но и от совершенно незнакомых людей — не просто отдушина или глоток свободы, они там — судьба! Не более и не менее!..

Я рассказывала уже в своей первой книге о своем друге Володе, с которым встретилась еще в Можайске. Ну а он в свою очередь поведал мне такую вот историю, случившуюся с одним заключенным, отбывавшим срок за воровство.

Этот Саша — мужик за сорок, у него была уже то ли вторая, то ли третья ходка, как здесь говорят. То есть в третий раз попался («брали с дружком квартиру») и получил уже много — восемь лет. Суд у него был позади, в Бутырке он ждал этапа.

Камера большая, народу много, в их числе молодой мальчонка лет семнадцати, угодивший в тюрьму за какую-то мелочь. Это вообще-то преступно — содержать ДЕТЕЙ вместе с матерыми преступниками... Конечно, мальчонку какая-то скотина тут же попыталась чуть ли не изнасиловать... Охрану звать бесполезно, и Саша за парня (его звали Алеша) вступился, сумел его отбить. Они после провели в этой камере еще один день, и Алеша в благодарность за спасение дал Александру адрес своей мамы, проживавшей где-то в дальнем Подмосковье. Сказал, если Саша напишет, мама будет рада. У нее кроме Алеши еще трое малолетних детей, крутится с ними одна... Словом, тот написал, она ответила. Переписка продолжалась.

За улетевшие годы, рассказывал мне Володя, у Александра скопилась масса писем и фотографий Алешиной мамы — Татьяны. Ему она казалась такой красавицей! А была на самом деле обычная женщина — полная, с крупными чертами лица... Чтобы прокормить свою ораву, мыла полы сразу в трех учреждениях. Судя по письмам, была она очень добрая. Письма ее Саша собрал и собственноручно переплел в толстенную тетрадку, каждый листочек обтянут целлофаном. И ни на секунду с этой «тетрадкой» не расставался, даже спал с ней. И своим друзьям их часто перечитывал вслух, гордясь тем, какая у него чудесная женщина на свободе есть, ждет его... Да-да, они в результате решили, когда он выйдет, пожениться!

И вот во время очередной амнистии Сашу освобождают. И конечно, собрался он ехать не к себе, а к Татьяне. Она его ждала, ее не пугала Сашина биография, и действительно Татьяна согласилась стать его женой. А он дал слово, что воровать больше не станет, а будет честно работать для нее и ее детей, включая Алешу, которого хорошо знал и который давно вышел на волю. Но, судя по Татьяниным письмам, был приличным оболтусом, нигде не работал, не учился, пьянствовал и гулял... Из-за старшего сына Татьяне еще тяжелее было жить материально и растить остальных.

К своему отъезду Саша готовился как к празднику. Вся зона его собирала в дорогу к невесте: кто дал свитер почти новый, кто — брюки и хорошие сапоги, кто — новую телогрейку... А государство «подарило» кроме справки об освобождении три рубля денег, на которые даже хлеба вдоволь не купишь... А ехать ему было довольно долго, потому что наказание свое он отбывал далеко от Москвы, в Башкирии. Так что в дороге его кормили и поили добрые люди, соседи по купе.

В Москве он сел безбилетником на электричку и, прячась от контролеров, отправился к своей Тане. В дороге его все время мучила мысль, что приедет он к ней без подарка, без гроша в кармане, нахлебником...

Подмосковный городок оказался, к его удивлению, большим — солидная узловая станция, раскинувшаяся на ровной местности. Много не только деревянных домов, но и каменных зданий — в том числе фабричных, поставленных еще «мануфактурщиком» Морозовым. А мысль, что едет к невесте с пустыми руками, все мучила и мучила, и Саша решил «в последний раз» раздобыть денег самым привычным ему способом... И хотя карманником он не был (у воров тоже есть своя специализация), но «техническую» сторону дела знал хорошо.

Он отыскал местный рынок и приступил к делу... Ему почти сразу повезло. И хотя стащил он совсем крошечную сумму, везение взбодрило и придало оптимизма. Но... Нет, засекла его вовсе не милиция, а местные ворюги, и тут же его предупредили: мол, не твоя здесь территория и дуй отсюда подобру-поздорову, пока жив!..

До тюрьмы разделения территорий в воровской среде не было. Ему было дико, что «свои» же кореша грозят, и он возмутился. Те предупредили еще раз и исчезли из виду, а Саша, отмахнувшись от угроз, продолжил «охоту».

Стемнело, рынок опустел, и он отправился со своей добычей пешком на другой конец городка — к невесте... Зарезали его прямо у Татьяны на крыльце, убили «свои» же, за нарушение территории. Она вышла на шум и увидела его — уже раненного, у нее на руках Саша и умер...

О трагедии в колонии узнали из Таниного письма начальству, в котором она упрекала руководство, а на самом деле «доброе» государство, за то, что вышвыривают бывших зэков после освобождения без денег, на произвол судьбы... Обвиняла их в Сашиной гибели...

Такая вот страшная история, рассказанная мне Володечкой. И разве не письма повернули так трагично судьбу этого Александра?..

Я безмерно благодарна моей мамулечке за то, что она сумела сохранить решительно все мои письма, записки, писульки, которые я ей присылала из заключения: и из Можайска, и из Садков, и более ранние. Мы делали так: они (кроме мамы и Танечка с Сережей, еще один Сережа, мой кузен) присылали мне очень красивенькие открыточки, я их страшно любила. Я на них писала мелко-мелко и отсылала родным, друзьям, знакомым, конечно, помимо писем на бумаге. Так вот у мамы сохранилось, наверное, не менее трехсот открыточек и не менее двухсот моих писем...

«Моя чудесная Мурзиленочка!

Сегодня у меня солнечный, счастливый день! Получила от вас письма в количестве пяти штук сразу, получила приветы — и хорошо! Мне радостно! Спасибо большое за все — ЗА ВСЕ! Ты не грусти, Мурзик. Я хоть и в отъезде, но с тобой, совсем-совсем с тобой! Мурзиленочек мой славненький, ты замечательно стала писать письма. Особенно мне понравилось: «Считай, что ты на пути к дому». Я верю, что так и будет! Во втором письме ты пишешь о свидании. А может быть, оно и не понадобится?

Вот хорошо было бы! Я бы приготовила вкусный-вкусный обед (уверена, что не разучилась готовить, как не разучилась играть на сцене), и мы бы сидели с тобой и ждали ребяток в гости... Ой, аж мороз по коже!

Знай, Мурзик! Я не унываю! Я не падаю духом, несмотря на бесчестность непрофессиональных, негуманных людишек. Их не так уж много, поверь мне. И как же плохо они будут себя чувствовать, когда наступит ПРАВИЛЬНОЕ! А наступит оно обязательно! Положение их наитруднейшее: влипли в коварную, жестокую историю, которой желал кто-то (один-двое, не больше), и потянулась цепь... Цепь тяжелая, но разорвать ее можно. Мурзик, я разорву эту цепь. Не хочу я никому никакого, даже административного, наказания. Я хочу, чтобы их Совесть мучила. Знаю, что так и будет.

Ты пишешь, что наш Сереженька во Владивостоке!

У меня часто бывает ностальгия по Дальнему Востоку. Как же там красиво! Уверяю тебя — прилетит наш Сереженька оттуда и привезет с собой впечатлений больше, чем из круиза.

Мурзиленка, очень важная просьба: по телефону ничего не говори ему, если будет звонить, про прокуратуру... Ну ее! И Сережа, и Женя Крылатов, и Ролан Быков — все очень-очень ждут сейчас ответа оттуда, ждут какого-то человеческого результата. Ну ничего... Я готова теперь ко всему... Все это бесчеловечно, но не трагично. Главное, чтобы все мы были здоровы и живы...

Спасибо, что написала мне о фильме Павлика (Арсенова). Теперь буду знать, как он называется. «Гостья из будущего» — по-моему, очень здорово. Пиши, мой дорогой Мурзик, только пиши...

1986 г., август».

«Мурзиленочек!

Сегодня я официально расписалась за отправленные письма, столь для меня важные. Отдельно отправила письмо Сереженьке с поздравлением. А два письма — тебе. А также три телеграммы (по поводу денежек, посылки и одно поздравление). И что же? Пять писем и три телеграммы не пришли?! Я их посылала загодя, до 22 августа — недели за две.

Прямо не знаю даже, что сказать, одно расстройство. Ведь самая главная, если не единственная, радость — это письма! Каждый день бегу, спрашиваю: «От мамы нет?» А вручают другие письма — от знакомых и даже незнакомых людей...

Ростовская филармония ко мне хорошо относится.

Написал некий журналист Коновалов, он убежден, что у меня все будет хорошо, и что должна быть большая статья в «Правде», и что якобы он знаком с О. Г. Многие пишут, многие сочувствуют, многие желают возвращения на свою работу и очень ждут этого возвращения.

А вот господа-артисты театра Вахтангова мыслят иначе. И почему, Мурзик? Что я им сделала плохого? Я у Иванова-то в кабинете за 15 лет всего раза два была. Что с ними? Вот глупые! Никогда не просила ни ролей, ни звания, ни квартиры, ни большей зарплаты, никогда не принимала участия ни в одной интриге: играла себе, и все! Душу свою и сердце отдавала туда, в зрительный зал.

Стас говорил: «Скоро с тобой никто не будет играть. Всех переигрываешь».

Что они так разнервничались? Ведь лежачего не бьют. Значит, не совсем я «лежачий». А, Мурзик? Меня, конечно, беспокоит: будет ли это письмо фигурировать в печати или где-то в другом месте? Не хотелось бы! У меня была мысль написать тоже в «Сов. культуру» — сдержанное письмо, письмо (по уму), а то вокруг все движется, а я сижу. Как быть? Мне сдается, что нужен какой-то единственный толчок — и все!!! Может быть, и мой необходим, а? Обговори с ребятками.

Да, амнистия коснулась и меня — 9 декабря мой «звонок», 9 декабря 1987 года!

Но главная трудность — прописка. На месте с начальником милиции оговаривается разрешение на мою прописку, и присылается сюда документ о том, что в Москве не возражают. О моем деле писали в газетах, — может быть, это поможет!

С документами надо торопиться, так как за три месяца до освобождения, в сентябре, делается официальный запрос в милицию по месту жительства. Даст Бог, чтобы все было хорошо! И дальше: говорят, что вышло постановление о прописке по бывшему месту жительства — и это надо узнать. Вот, Мурзик, какие дела...

Посылку растянула и каждый день у меня получился очень вкусный. Спасибо большое! Напишите, получили вы мои письма?

Мурзиленочка, каждую секундочку я с вами! Уже невозможно быть вдалеке. Спасибо за поздравление с Днем кино. Иногда кажется, что все будет Правильно, а значит — Прекрасно, а иногда хандра мучает... Очень важно знать — получили ли вы мои письма.

Целую.

P. S. Там в одном письме маленькая фотокарточка. И к Норе я написала. Позвонить почти невозможно.

Август, 1986 г.».

«Танюшечка моя славненькая, моя чудная сестричка, ты — мой, так же как и мамуся, Мурзичек!

Читаю: «Валюшка моя, привет!» И столько бодрости у меня появилось сразу же! И так рада я твоему хорошему настроению! И так жду я тебя и надеюсь! (На этом рисунке ковер, называется он «Безымянный». Соскучилась я по уюту.) От Норы получила очень хорошее письмо и стихи Ахматовой, а сегодня, т. е. 20-го, телеграмму от Олега Стриженова и Лины. 4 дня шла телеграмма. Удивительно?! Я им бесконечно благодарна. Завтра обязательно отвечу и Стриженовым, и Норе.

В День рождения я была все время с вами. Хоть и пасмурно было, но на душе — легко, светло. Много цветов мне подарили! Чудесных! Любимых! Подарки прямо-таки изысканные у меня. Понедельник у меня выходной; весь (мой!) день отдыхала. Утром ставлю пластинку, первую попавшуюся — оказалась с цыганскими напевами! Ты ведь знаешь, как я люблю цыган! А потом Володя Высоцкий пел! Вдруг захотелось мне поговорить с Евгением Рубеновичем (он завтра именинник), и я написала Ему письмо.

А вечером Солнышко выглянуло! Не могла расстаться с Ним до отбоя. Оно для меня живое, мне хочется говорить с Ним. И в День своего рождения я говорила с Солнышком, а Оно улыбалось ласково-ласково.

А сейчас я быстрым шагом пройдусь по территории: худеть надо, очень надо. Не понимаю, как ты так сделала когда-то, что я весила 58 кг, будучи в неподвижном состоянии из-за ноги? Мне нужно сейчас весить 60 кг, и ни грамма больше; а у меня больше. Противно.

Одна девочка принесла мне открыточку и говорит:

«Валюшка, это ты в детстве». И правда похожа на мои фотографии.

Мурзичек! А еще я котенка вытащила из водосточной трубы, маленького-маленького, дымчатого. Сейчас мяукает, просится на руки. Взяла — мурлычет. Отмыли мы его, живет у нас.

А на фабрике в Можайске была кошка, которую девочки звали Амнистия. Девочки сшили ей платьице, все в рюшах и чепчик. Амнистия с удовольствием носила наряды.

А вчера (в помещении школы) мы посмотрели прямо в классе фильм об Александрове Г. и Любовь Петровне Орловой. Экран маленький прямо на доску повесили, казалось, что Григорий Александров здесь, у нас. И подумала я, Мурзик, какое счастье, что видела, говорила, знаю — и Любовь Петровну, и Александрова. Ведь первым, кто обратил на меня внимание на «Мосфильме», когда я еще и не училась в институте, был Александров.

Помнишь «Русский сувенир»? Александров среди огромного количества девушек выбрал меня; мне сшили серебряный костюм, и я играла (даже самой не верится) с Любовь Петровной, с Андреем Поповым, Гариным Эрастом, Быстрицкой! Я же была совсем неумелой, а текста у меня было огромное количество. И я не смущалась, и мне легко было с ними — прославленными!

Боже! Какая я счастливая, что потом подружилась с Иваном Александровичем Пырьевым! С Марецкой Верой Петровной! С нежностью я вспоминаю моего

Павла Владимировича Массальского. Вчера в «Цирке» Его видела, прекрасного моего учителя.

Для нынешнего поколения все эти имена — легенда! Заметь, сколько много мне лет! А я счастлива от этого! Много?! Много! И хорошо, что мне много лет! Я с гордостью об этом говорю! Нельзя, чтобы жизнь замкнулась на моем заключении, на этой чудовищной ошибке юристов. Трудно говорить, что ошиблись, но это необходимо, иначе рухнет все. А Все — это вера! Вера! Вера во все самое лучшее! Вера в человека!

Бог пошлет Здоровья и Терпенья, и я расскажу всем, всем о нашей трагической случайности, о наших светлых отношениях, имя которым — любовь, открытость, чистота, бескомпромиссность, и я постараюсь уберечь от трагедии многие, многие сердца. Любовь и трагедия всегда почему-то рядом. Почему так? Каждый трагический финал двух влюбленных должен быть опытом для других сердец, которые посетило это божественное чувство. Хочу, чтобы все влюбленные на Земле были счастливы! Чтобы они были доверчивее друг к другу, чтобы берегли друг друга. Я не уберегла...

Я ни на кого не сержусь, я прощаю, всегда прощаю — все и всем, даже врагам. Это нелегко — это не мысли, это позиция.

Мурзичек, если Тебе не трудно, сделай, пожалуйста, баклажанчиков с помидорами и луком. Больше всего хочется овощей.

Осталось чуть больше недели до 28-го!

А когда Сереженька приезжает? Опять у него хлопоты начнутся. Безумие какое-то!

Сентябрь, 1986 г.».

Влача нить своего повествования о тех годах, я еще не раз и не два буду прерываться ради писем — и своих к близким и друзьям, и их — ко мне... Кто сказал, что эпистолярный жанр умер?! Он не умер! И будет жив до тех пор, пока живы люди, загнанные по своей или чужой вине в страшную беду, лишающую их самого главного Дара Бога человеку — свободы.

А то, что не только по чужой вине, но и по собственной — разве кому-либо когда-либо становилось легче от осознания своей вины? От слов «сам виноват»? О нет, разве что — тяжелее...

И вот — письма. Словно вехи на трудном пути, пролегающем через тюрьмы, колонии, зоны, поселения... Нас, пребывающих там, — тьма-тьмущая, и как часто это понятие не столько касается количества людей, сколько состояния души... Это, последнее, и есть подлинная трагедия, а вовсе не печальный факт биографии становится таковой.

И вот все эти письма, мысли и чувства и составляли тогда мою жизнь вместе с тем, что происходило со мной каждый момент в Садках или Можайске, Ростове или Воронеже. Не на фоне — а именно вместе, в каком-то странном, сложнейшем конгломерате, составляющем не столько прошлое, сколько настоящее и — будущее...

В Садках я вновь встретилась со своим другом по Можайской зоне — Володей, и ах как стало все сложно, прежде всего с моим суровым, прекрасным и ревнивым Леликом.

11

Когда-то, в прошлой моей жизни, острым клином-кинжалом сошлись в одной точке две любви — два несчастья, две радости — два горя: Пашенька Арсенов, муж, и Сашенька Кайдановский — безмерно необходимый мне человек, умолявший стать его женой... Как было объяснить ему всю невозможность его просьбы?..

Павлика вдруг взяли да и призвали в армию, да еще далеко так поначалу, в Прибалтику. Это уж после, нажав на все мыслимые и немыслимые педали, мы сумели перевести его поближе к Москве... Никогда не забуду, какую растерянность, даже чисто бытовую, я ощутила, когда его не стало рядом...

Потом у меня были поездки, съемки и — постоянная, двойная боль при встречах с Сашей: и отпустить невозможно — так нужен, до отчаяния нужен, — и быть с ним невозможно, невозможно предать вот так, грубо и пошло, Павла... Нет, подобного я и врагу своему не пожелаю!

И вот здесь, в Садках, как-то не впрямую, а ассоциативно, несмотря на то что ситуации даже сравнивать нельзя, как будто что-то из того, давнего, повторяется: Ленечка заговорил о том, как хотел бы, чтоб я была его женой... Не хочу этого, невозможно это! Господи, какой же он молодой, трогательный, хороший, колючий и... любимый? И как-то незаметно от всего этого стали тихонечко отдаляться наши души...

Из дневника 1987 года

«14 июля, день взятия Бастилии... На скамейке — Леня Вязников и я. Теплый, ясный, красивый день, тишина и покой в Садках!

Так забавно: Лелик насвистывает какую-то мелодию, а рядом, точнехонько в ритм ее, скачет воробышек: приплясывает и подпевает на своем «чирик!». Так весело у них получается — я еле сдерживаюсь от смеха.

Потом воробушек вспорхнул и улетел, и Ленечка остолбенел от неожиданности и — надо же! — обиделся... Я смеюсь, а он с каждой секундой все больше мрачнеет... Он вообше в последнее время стал раздражительным, каким-то даже роковым.

Приходит вчера утром — несмотря на ранний час, усталый и хмурый, и вдруг заявляет: «Всех нас ожидает Божья кара, Валёна...»

Очень он мне нравится, очень. Боже, сколько я думала и думаю о нем, потому что он абсолютно не похож на всех, кого я знала и знаю... потому что он — чрезвычайно талантлив и красив! Симпатичен мне.

Приходит вечером — мы с В. сидели у меня и пили чай. «Я пришел, — говорит хмуро, — духовно обогатиться! Вы говорите, а я буду молчать и обогащаться...» А зачем нам с В. говорить?.. Наше соприкосновение иное... Володя — мой очень и очень хороший друг. А художник какой талантливый!

Написал он письмо своей подруге, а она в ответ — молчок... Все крайне непросто, все прессуют друг друга... Не хочется писать об этих суетных делах и мыслях.

Скорее бы все решилось, скорее бы результат Верховного суда и Указ... скорее бы!..»

«16 июня 1987 г.

Неожиданно и не по-хорошему потряс меня Лелик... В последние дни было у меня с ним ощущение какой-то игры, вроде шахматной. С ожиданием, что мой «противник» в ответ на мой сильный ход просто смахнет фигуры с доски... Сидим сегодня в парке с ним, а он чисто по-женски, очень эмоционально вдруг начинает лепетать о какой-то своей несостоятельности, о том, что кто-то и чего-то боится, кто-то ему угрожает... Типично женский вариант глубоких переживаний! Не готова я была к такому «ходу», к такому повороту и — испугалась за Леню, потому что выглядел он в тот момент ужасно!

Если бы он не блефовал, был бы просто ГЛУП. Надеюсь, что он изрядный драматург и что все это им выдумано по своим, очень веским, внутренним причинам... Значит, простительно.

Я знаю — ему хочется от меня РАБСТВА. Но не получится у меня рабства, нет, не получится...

Может быть, раньше, еще до болезни, зимою, когда так хотелось мужского, сильного, цельного чувства, света и тепла, может быть, тогда и случилось бы нечто: ПОТЕРЯ СЕБЯ ВО ИМЯ НЕГО. Я тогда записала в дневнике: «позже будет поздно».

Я благодарна Лене и его трудному характеру, я благодарна его духовным играм, в силу которых осталась сама собой. Ах ты, милый мой Ленечка! Боишься проиграть? А я не играю. Я просто его люблю. Но... все, что ни делается, действительно делается «к лучшему». У меня есть ТАЙНА, и лишь в одном я могу признаться: ни Леня, ни я не виноваты в происходящем. Нас разлучают СВЫШЕ!

Мучительная история для нас обоих, но... ничего. Надо и это выдержать. Если спросить у Лени: «Что с тобой? Куда заносит?» — ничего он не ответит. Сегодня ему стало плохо. Получаемся несчастными оба, а это уже плохо, очень плохо, всерьез... Прекратить внешние отношения? Не получится. То есть вначале оно и получится, но души наши, нашедшие какое-то уникальное соприкосновение, не позволят прекратить эту не похожую ни на что историю.

Барьеры брать не будем, будем их отбрасывать, это не так уж трудно.

Нервы мои, слава Богу, спокойны. И Стас рядом, как будто все он ТАМ чувствует, как будто говорит со мной, жалеет меня...

Да, вот еще: сегодня днем я Лене сказала: «Какое счастье видеть тебя и быть рядом с тобой!» Это после продолжительной паузы-ссоры. Леня не был готов к такому признанию, он ждал новой атаки, чтобы услышать стон: «Боже, как я счастлива! Боже, пусть это будет недолго, но я счастлива... и т. д.».

Но новая атака ведет к новым эмоциям, а если честно, мне наплевать на все атаки, на все драматургические ходы — я знаю их все. Все! Я знаю, отчего все не так!

Чао!

Хочу света! Радости! Ума! Вдохновения! И все это — будет! СКОРО! СОВСЕМ СКОРО!

Я бы и Леню хотела видеть рядом — там. Но не получается. Получится ли? Я бы хотела!

Мне подумалось до того, как Леня подошел ко мне в последний раз: вырежу портрет Стаса, вставлю в рамку под тонкое стекло и, когда Леня освободится (а освободится он раньше меня), попрошу его взять этот портрет с собой в его родные Шахты... А потом он приедет в Москву и привезет мне этот портрет. Вот было бы славно! И только я подумала об этом, идет Леня с новым «уничтожением»... Ах ты Господи! Как же все прескверно!

Ну да ладно... Спать!»

Грустно сегодня, очень грустно. Тишина вокруг, и даже за чемоданами своими никто почему-то ко мне не идет. Включила я радио и вдруг — голос Саши Кайдановского, читает о Печорине?

Похоже, что постановку «Герой нашего времени» творил гений наш советский — Алеша Баталов. По приезде спрошу. И засмеялась — «по приезде». А когда будет «приезд»?

Холодноват голос Саши. Скрипуч. Впрочем, для Печорина так и нужно. Алеша и Саша работают вместе замечательно. Оба талантливы, оба понятливы. Умные они. Как хорошо!

...Очень давно, когда Саша учился в нашем институте, я любила смотреть «показы», так называют экзамены по мастерству. Я уже работала в театре Вахтангова.

И вот Никита Михалков, который ушел из нашего института и учился во ВГИКе на режиссерском факультете, и я сидим рядышком и смотрим очередную работу. За столами друг против друга сидят два студента. Мне нравится студент с правой стороны. Никита тихо мне говорит:

— Все-таки интересный Кайдановский. Лицо потрясающее!

— Да... потрясающее, — соглашаюсь я, глядя на студента с правой стороны.

Потом этот студент стал внимателен ко мне. Здоровался и смотрел, не отрываясь, долго-долго... Но я усматривала легкую иронию в его долгом взгляде.

Однажды говорю:

— Саша, странно вы себя ведете.

— Почему? — спросил он все с тем же долгим и грустным взглядом.

— Ну что вы так на меня смотрите?

— Влюблен.

— А я не верю вам.

— Почему?

— Не знаю.

Я спросила:

— Кайдановский — это польская фамилия?

— По всей вероятности.

— До свидания, Саша.

— До свидания, Валентина.

Гораздо позже Александра Исааковна Ремизова говорит мне:

— Я вам очень советую посмотреть «Гамлета» в Гнесинском. Сегодня спектакль.

— Кто Гамлет? — спрашиваю.

— Кайдановский.

— Обязательно посмотрю.

Если Александра Исааковна говорит, значит, интересно.

А мне очень любопытно, как этот ироничный студент будет играть такую роль непостижимую.

Зову на спектакль Павлика Арсенова, Машу Вертинскую, Илюшу Былинкина. Собираемся в фойе. Пришли довольно рано. Болтаем.

Спрашиваю у Шуры Ширвиндта:

— Александр Анатольевич, а Гамлет пришел?

— Да... вон он ходит по кругу средь колонн.

Ничего не понимаю. Около колонн ходит бледный блондин с огромными холодными глазами. Снова спрашиваю у Шуры:

— Гамлета играет Кайдановский?

— Кайдановский.

— Ну и где же он?

— Да вон же около колонн... по кругу ходит.

— Вот этот блондин и есть Кайдановский?

— Да, он самый.

— А... — протянула я и стала хохотать.

Шура никак не отреагировал на мое ненормальное поведение. Он был моим учителем в институте, поэтому знал мои отклонения от нормы и привык ничему не удивляться.

Я поняла: когда мы с Михалковым смотрели экзамен, то он сосредоточился на игре студента за левым столом, и, когда Никита сказал мне о потрясающем лице Кайдановского, я согласилась, глядя на правый стол.

Итак, слева сидел Саша Кайдановский, справа — Леня Филатов, как выяснилось потом. Почему же Леня Филатов не говорил, что он Леня, а не Саша? Но ведь я заметила, что он ироничен, он выдумщик, он грандиозный, этот Леня Филатов!

Что касается Кайдановского — прав Никита: лицо у него необыкновенное. Гамлета он играл блестяще, чувствуя гениальный текст, как никто до него.

...По радио уже передают что-то другое, а ко мне заглядывает дежурный — напоминает, что вечером будет звонок из Москвы. Я его благодарю и вижу, что за спиной дежурного маячит Лелик. На лице его тревога:

— Валёна, тебе совсем недавно звонили. И опять?

— Моя сестра, Танюшка, неважно себя чувствует. Надеюсь, что теперь получше. Вот мамулька и решила меня обрадовать.

— Это хорошо!

Вечером я говорила с Москвой. Случилось страшное в нашей семье. Танюшка наша чуть не погибла. Слава Богу, что она есть, но нет ее ребенка. Сердце как будто отморожено, покалывает мелкими иголочками. Я едва сдерживала плач. Еле говорила, пытаясь не показывать своего состояния.

Вышла к Лелику, он пригласил к себе, посадил меня на свои колени, гладил меня:

— Успокойся, пожалуйста, успокойся. Главное — Танюшка жива. Не плачь! Пойди еше позвони, я тебя провожу.

Собралась я с духом и пошла звонить. Лелик меня ждал. И опять этот кашель, откуда он взялся? Почему-то вся правая сторона онемела... Напасти, испытания. И тем сильнее во мне — вера.

После таких катастроф спокойная, обыкновенная жизнь кажется счастьем.

— Лелик, проводи меня домой.

— Тебе нельзя оставаться одной. Пойдем ко мне или к тебе, — предложил Леня.

И мы пошли ко мне. Лелик приготовил чай. Когда сели за стол, он сунул палец в чашку, хотел убедиться, можно его пить или пока подождать. Сунул палец, а потом смешно облизал. Я засмеялась, а Лелик был несказанно рад этому. Он, конечно, для смеха все это проделал, с очень серьезной физиономией. Пили чай молча. Вдруг Леня сказал:

— Я люблю тебя. Я люблю тебя.

Я не ожидала его признания в нынешний вечер. Покраснела. Поцеловала его. Взяла за руку, и мы вышли на улицу.

Вечер был чудесный. Навстречу нам шел художник Володя Чуев, он улыбнулся и поздоровался. Я хотела остановиться, но Володя стремительно пошел вперед. Из всех моих здешних друзей он — самый тактичный, самый тонкий человек...

Лелик спросил:

— О чем вы говорите, когда остаетесь вдвоем?

— Володя молчаливый.

— Значит, молчите? — интересовался Лелик.

— Чаше всего.

— А ты знаешь, что он женат?

— Знаю.

— А-а-а, — почему-то протянул Лелик.

— Он красивый, очень красивый и скромный, — говорю я.

— Да-да. От своей скромности он в одиночку сбербанки брал. Да, он очень скромный! — язвительно сказал Леня.

Наши жители гуляли по аллее. К вечеру все красиво одевались, а женщины украшали себя косметикой.

— Лелик, пойдем к художникам? Я давно у них не была.

— Нет, Валёна, не пойду.

— Почему?

— Мне приходится молчать, когда вы общаетесь.

— Почему?

— Мой выговор, Валёна...

— Что за глупости, Леня? У нас в театральном институте от выговоров по четыре года избавляются. Это очень сложно.

— А я завтра же буду говорить по-московски. Спа-а-си-ба-а, — почти пропел Леня.

Посмотрел на меня:

— Ты очень бледная. Я провожу тебя домой. Ты окно не закрывай, я буду за тобой присматривать.

Этой ночью мне приснился Саша Кайдановский. Говорил во сне: «У меня как будто все хорошо. Но дома, дома у меня нет». И почему-то добавил: «Надоело стирать на себя самому». Во сне он приехал в Садки. Я почему-то не могла его обнять, не могла поцеловать, а ведь он ехал ко мне так далеко! У меня было ощущение, что он приехал за мной. Потом Саша прилег прямо на пол. Я не стала спрашивать — зачем, но удивленно посмотрела на него.

Он сказал мне:

— Пожалуйста, не удивляйся.

Передал мне письмо, а сам продолжал лежать на полу. Я читаю письмо: «Счастье мое в Париже, а Париж у меня начинается с визита к Женевьев. Она и есть мое счастье».

Я обрадовалась, что Саша часто бывает в Париже. Он наверняка навещает последний «дом» Андрея Тарковского.

Когда проснулась, загрустила. Андрея нет. А с Сашей мы не видимся. Но это ничего. Он жив! Он в России!

Света нет. Утро совсем темное. Жутко. А проснулась я от ударов сильного ветра. Ветер бьет прямо в окно. Ох, какое темное утро — только домики едва белеют и тополя черные на фоне свинцового неба. Без солнца жить невозможно. Включила магнитофон Лелика. Где он? Вчера он тоже себя плохо чувствовал.

— Плохо мне. Сердце побаливает, — признался Лелик.

— А раньше болело?

— Да.

Я больше не стала его ни о чем спрашивать...

А вдруг он и теперь плохо себя чувствует? Быстро привела себя в порядок и пошла к нему. Дома его не было. Я испугалась и направилась к дежурному офицеру. Он сказал, что Вязникова увезли в больницу, в Ростов.

— Что с ним?

— Сердце.

Мое собственное сердце тут же бухает и летит куда-то в пропасть. Как же так?! Леня молод и прекрасен, и вдруг — сердце?!

С горечью осознаю в этот момент, что без Лелика Вязникова мне будет не только грустно — невыносимо...

12

Из дневника 1987 года

«...Из больницы вернулся Лелик. Он усталый, спокойный, хороший. Поговорили совсем немного. Думаю, что отношения наши после разлуки обрели ту нужность, ту меру, ту дистанцию, которой прежде не хватало. Раньше все было сумбурно. Теперь — лучше. Он в чем-то изменился, и я стала другой. Как хорошо!

У нас были своеобразные отношения, можно сказать что близкие, но интимной близости между нами не было. Теперь все станет Правильным!..»

«Сны какие-то... То кто-то говорит, что Верховный суд РСФСР отказал, то спотыкаюсь во сне на правую ногу и даже просыпаюсь от этого. И мысли какие-то... кажется порою, что идет какая-то странная, большая социальная игра, под колесо которой я попала, а следовательно, могу оказаться в наистраннейшем положении, услышав что-то вроде «Правильно наказана!..». Это, конечно, закоулки моего сознания или, точнее, подсознания. Мы ведь привыкли к играм, а к социальным — особенно. А сейчас ко мне должна, просто обязана прийти победа! Трудная, но обязательная, та, о которой я знала ВСЕГДА!

Совсем другое дело, и важное, нигде не споткнуться, разум — превыше всего. (В моей теперешней ситуации). Но готовой-то надо быть ко всему... Знаю, что я в этом мире — должница, эти долги Богу надо отдавать, и я постараюсь это сделать. Леня считает, что я смогу, только бы здоровья хватило, чтобы отдать себя максимально людям, а через них — Богу!

Вчера по радио в программе «Юность» слышала разговор вокруг новых имен в кинорежиссуре, особенно часто называли Сакурова и Сашу Кайдановского. С болью слушала я о Сашиной холодности и бессердечности... Боже мой, как же так?! Ночью мне даже сон приснился, а в нем — Саша, конечно. Худенький такой, уставший. Хочет отдохнуть и просит меня успокоить его... Ах, Каин, Каин!..

С Ленечкой стараюсь видеться как можно меньше. Он очень одаренный, он очень родной, но... НЕЛЬЗЯ!.. НЕЛЬЗЯ!..

На днях так знакомо вдруг у него из носа кровь пошла — в точности как у Стасика... Ах, бедолаги!!! Характеры такие разные, но так одинаково опасные. НЕЛЬЗЯ!

А вечером я виделась с Володей. Так спокойно... Красиво... Нежный вечер!..»

«...Перечитывала в «Советской культуре» майскую (огромную) статью о театре Вахтангова, о Евгении Рубеновиче Симонове.

Весь день после думала, как он (Евг. Руб.) мог нас так разбросать?.. Страшно становится!

Сашу Кайдановского — выгнал. Стас — погиб, я — в тюрьме. Как же так? Порочность этой ситуации — в трусости его: он нас боялся, каждого из нас! Потому что с нами дружила Правда, Истина! Как можно было потерять таких артистов, как мы?.. Ох, правильно кричал Стасик в апреле 1978 года под его окнами: «Убийца!» Евгений Рубенович сделал неправильный, ужасный выбор, его нынешняя опора — это его погибель. Страшно-то как... Что же теперь будет с театром?

О Господи!

Все думаю над своим обвинительным заключением. Нет, не Петрушкин его составлял. Петрушкин не додумался бы до мотива «творческая ревность». Петрушкин не мог открыть кавычки прямой речи помощника директора театра Петухова, который никогда не вызывался к следствию, никогда не давал никаких показаний. Так он сам сказал на суде! Но кавычки открыты... Кем? И почему избран именно Петухов? Мол, пройдет, невелика он сошка, чтобы опротестовать...

Не прошло. Петухов говорил на суде правду, но ни одно его подлинное слово при этом в протокол судебного заседания не попало.

Что произошло с Озорниной и ее показаниями?

Почему арбатские ребята, хорошо знавшие меня, извинявшиеся передо мной, стали поклонниками Стаса?..

Все, вместе взятое, — на совести Симонова и Иванова. И еще Женя (мой Женя!) на их совести... Как же им сейчас, должно быть, плохо и дискомфортно! То боялись и от страха совершали жутчайшие поступки, то теперь вновь боятся, поскольку наступает время за них отвечать... Плохо, что все это связано исключительно с трусостью...»

«...Все пути бессмысленны... Это я о Ленечке. О наших отношениях. Все, он больше не будет тревожить меня. Я рада. Не ставлю восклицательного знака, ибо где-то... где-то... жаль. Прощание — это ведь всегда трудно. Я была в восторге от своего Ленечки, что делать? А ничего. Он был слишком главным (у нас двоих). Он привел нас туда, к сожалению, куда и сам не предполагал. А было все так просто! Красиво! Влюбленно! Романтично — во мне... Зачем? В который раз?!»

...Как кстати оказалась в той моей ситуации очередная поездка в Веселовск! Я никому, даже Лелику, даже Володе не рассказывала, что у меня с этим очаровательным городком связаны отчего-то ассоциации из моей прошлой жизни... Но пока, по-моему, самое время описать городок поподробнее.

Веселовск!

В основном здесь проживают корейцы и бывшие заключенные. Корейцы выращивают вкусный, сладкий, огромный лук. У каждого из них красивый особняк, вокруг которого много цветов. Многие бывшие заключенные, оставляя поселение в Садках, не уезжают на родину, а остаются в Веселовске. Они работают в сфере обслуживания: в мастерских по ремонту обуви, в парикмахерских, в химчистках.

Я погуляла в корейской части города, налюбовалась ухоженными особняками и пошла по аллее к центру Веселовска. Справа — универсальный магазин. Я обратила внимание на мешки с семечками. Оказывается, на сданный мешок семечек можно приобрести товары в этом магазине. Ассортимент здесь, надо сказать, отменный. Особенно хороши ювелирные изделия.

Напротив магазина — кафе с красными столиками. За одним из них «провинился» Леня Вязников. Он пил водку, а стукач это видел...

Как хорошо сидеть за красивым столиком, есть грибы в сметане и пить хорошие напитки! А вот и ассоциации, о которых упоминала. Отчего-то мне часто кажется, что совсем рядом море. Вот и теперь такое же ощущение посетило меня.

И вспомнилось мне мое Черное море в поселке Солнечногорское.

И вспомнился мне Володя Красицкий, прекрасный ученый и красивый мужчина. Володя — океанолог. Написал интересную книгу. Правда, там много формул, но есть эпизоды об океане, написанные интересно, художественно.

В Солнечногорском я вышла из своего домика, что был на самом берегу моря, и пошла прогуляться. Вижу, на ступенечках около кафе стоит Володя Красицкий. Он приехал из Ялты навестить своего друга — Алешу Хвоста. Я спросила Володю:

— Ты почему такой грустный?

— Мои друзья уехали в Ялту. Я плавал, ну... они решили мне не мешать, — улыбнулся Володя.

— Пошли ко мне, — предложила я, — поужинаем и пойдем вон туда.

Я показала наверх, где находился кинотеатр.

— Будем сидеть, пить красное вино и любоваться морем.

Володя охотно принял мое предложение.

И вот сидели мы на теплых ракушечных камешках и, не отрываясь, смотрели на море. Оно тихое было тогда, и мы были тихие.

Я стала спрашивать Володю о море, об океане:

— Он живой, океан?

— Да, — ответил Володя, — и чем больше я занимаюсь им, тем он для меня становится живее.

Совсем незаметно пролетело время. Стало темнеть. Володя говорит:

— Ну я пошел.

— Куда?

— В Алушту, а потом в Ялту.

— Пешком? — забеспокоилась я.

— Да. Пешком. Я люблю ходить.

— Но ведь ночь скоро.

— Очень хорошо. Меньше машин будет встречаться.

— Может быть, останешься до утра?

— Нет. Я пойду. А по пути буду присылать тебе телеграммы.

— Я что-то волнуюсь за тебя...

— Не волнуйся. Все будет хорошо.

И Володя пошел, а я, не отрываясь, глядела вслед ему. Вот и скрылся из виду Володя. Дай Бог ему легкого пути!

Понравился мне Володя. Очень понравился. Я много получила тогда телеграмм от него...

Веселовск. Ну что же! Надо уходить из кафе, найти книжный магазин и попытаться купить наконец для Лелика Грина (так давно обещала, а его не было!). Потом — поискать хорошего изюма и виноградного сока.

Мне в тот день повезло: купила для Лелика точно такую же книгу Грина, как и у меня, нашла сок, купила и его! Пора возвращаться.

Лелик меня не встретил. Впрочем, в этот раз он и не обещал... Шофер помог отнести домой банки. Я пошла к Лелику. Его дома не оказалось, отправилась в клуб: показывали фильм с Аллой Борисовной — «Женщина, которая поет». Вижу — Лелик, несмотря на свой высоченный рост, смотрит фильм из первого ряда, по всей вероятности, чтобы я его увидела. Около него свободное место. Я подсела. Он никак не реагирует. «Как хочешь», — подумала я, а вслух сказала:

— Воображала.

— Сама такая, — ответил Лелик. — Сколько тебя можно ждать?

Когда фильм закончился, я увидела, что у Лелика в руках тонкий прутик. Как только вышли из клуба и направились домой, он легонько хлестнул меня по попке этим прутиком, приговаривая:

— Домой. Домой.

Все зрители, смотревшие кино, улыбаются. И мне смешно. А Лелик все твердит:

— Домой! Домой!

Пришли ко мне, открыли банки с соком, насыпали в них изюма, прикрыли марлечкой и поставили в кухонный стол. Я уже давно умею готовить таким способом вино.

— Хорошее вино будет, — сказали мы вдруг одновременно и засмеялись.

Пошли на улицу, сели на лавочку и слушали соседа казака, который каждый вечер замечательно пел песни.

Вдруг Лелик спрашивает:

— Ты по книге гадаешь про себя?

— Да, — говорю. — И ты знаешь, Ленечка, мне часто попадается вот такая мысль у Федора Михайловича. (Я по Достоевскому гадаю.)

Лелик поспешно спросил:

— Какая?

— «У тебя есть цель человеческая... об остальном не беспокойся». А когда хандрю, то получаю довольно строгую реплику: «И как может быть скучно, когда времени не хватает?»

— Здорово получается у Достоевского про тебя.

— Да. Здорово. Благодарна я Федору Михайловичу.

— Пойдем ко мне. Я хочу спеть для тебя, — предложил Лелик.

— С удовольствием послушаю!

Пришли к Ленечке. Он поставил чай, взял гитару и стал очень хорошо петь. Он никогда не пел блатных песен.

Однажды я спросила его:

— Почему ты не поешь тюремный репертуар?

Он очень серьезно ответил:

— Вот что я тебе скажу, Валёна: в этих песнях почему-то славят застенки. Ты не находишь?

— Я не думала об этом. У меня всегда такое ощущение, будто эти песни — самозащита...

Лелик помолчал, а потом спел очень грустную песню о зоне. Я стала аплодировать ему. Лелик встал и раскланялся мне. Стали пить чай. Я говорю Лелику:

— Послушай, я где-то прочитала, что начальник тюрьмы сообщает: «В этой камере сидит наша гордость. Когда он впервые попал к нам, он был неграмотным. Мы научили его писать и читать. Теперь сидит за подделку документов».

Леня звонко рассмеялся.

— А еще: начальник спрашивает: «Ваше семейное положение?» «Невыносимое», — отвечает заключенный.

Хохочем.

Нам очень хорошо с Леней сегодня. Но почему мы так часто ссоримся? А когда миримся, не можем вспомнить причину нашей ссоры и долго смеемся?..

Как-то в один из таких ненастных по настроению дней я сидела на скамеечке возле «своей квартиры». Мимо прошел Лелик и не обратил на меня никакого внимания. Я совсем разобиделась. Вижу — идет Володя Чуев, по всей вероятности, к своему чемодану. Володя тоже, как и Лелик, был счастливой внешности и тоже очень высокий. Он элегантен, с хорошими манерами и всегда приветлив.

Мы поздоровались, он попросил разрешения подойти к своему чемодану. А когда вышел на улицу, тихо спросил меня: «Ты грустишь?»

— Да, — отвечаю.

— Пойдем погуляем?

Я с удовольствием согласилась.

По дороге встретили Лелика, он сделал вид, что нас не видит.

— Поссорились? — спросил Володя.

— Да.

— Какие-то серьезные причины?

— Никаких.

— Не переживай. Помиритесь.

Мы вошли в парк. Ах, как там было красиво!

На следующий день Володя подарил мне очаровательный букетик.

— Какое чудо! — восхитилась я.

— Хочешь, я тебе покажу, где таких цветов много?

— Хочу.

И мы пошли к оврагу. За глубоким оврагом было поле, а на нем — целый ковер цветов!

— Красота какая! Я никогда здесь не была.

— А я здесь каждый вечер провожаю солнышко. Оно скоро будет укладываться спать — вон там, за полем, у горизонта. Давай подождем?

Мы сели на краешек оврага и стали любоваться небом, полем с яркими цветами и красным солнышком. Как красиво! Как хорошо!

Я внимательно посмотрела на Володю. Он легонько обнял меня и поцеловал...

Неожиданно Володя спросил:

— Где твои кошки и собачки, где твои гусята?

— Не знаю.

А дело вот в чем: я очень люблю животных, получилось так, что у двери моей квартирки стали собираться кошки и собаки, а потом и гуси стали приходить. Я дружила с ними. А потом... они куда-то подевались. Через некоторое время Лелик мне признался, что это он их разогнал.

— Зачем? — удивилась я.

— Ревную, — ответил Лелик и ушел играть в футбол.

Я сказала Володе: «Понятия не имею, где мои кошки

и собачки, не знаю, где гусята». Не хотела говорить, что в этом виноват Лелик.

— Володя, мне надо идти домой. Ко мне должен приехать двоюродный брат, Александр Иванович Сизых. Он полковник и живет со своей семьей в Ростове, — естественно, в том, который на Дону...

Володя улыбнулся — мягко, спокойно и без малейшего неудовольствия, кивнув, приобнял меня и повел назад — к дому.

Я безмерно благодарна Володе Чуеву и за его такт, и за его неизменное понимание в любых ситуациях, понимание настоящее, без единого упрека. За его глубокое внимание ко мне и тогда, когда наши с Ленечкой отношения «раскачивались» туда-сюда на каких-то «дьявольских качелях», и позднее — когда Леня Вязников уехал, а мне было не только грустно, но действительно почти невыносимо.

13

Мне давно хотелось, как только это станет возможным, опубликовать свою переписку: оттуда — с близкими мне людьми. Не потому, что считаю ее уникальной в литературном или, допустим, историческом отношении. Хотя Время, а значит и историю, во всяком случае какие-то признаки эпохи, она в себе тоже содержит. Но все же главное, как мне кажется, что она отражает основное, что есть в этом мире, — историю человеческой Души, обучающейся смирению и терпению...

И неважно, кто он, этот человек, — я или кто-то иной. Наверное, у всех людей на свете по-разному внешне, но совершенно одинаково внутренне идет этот процесс. Я имею в виду процесс удивительного познания, что ты абсолютно такой же, как все, что с тобой может стрястись любая беда, в том числе из тех бед, про которые и думать-то не думала, полагая, что уж с тобой-то уж точно такое невозможно... Возможно все и — со всеми.

Ах, как же тяжело было там, в тюрьме ли, на зоне ли, — в первые годы! Перечитывая теперь свои письма к близким и друзьям, я словно заново иду этим путем познания СЕБЯ, путем обучения великому дару СМИРЕНИЯ перед Богом и перед жизнью. И вот только в этом смысле мы все и равны перед своим Создателем, в остальном — совершенно не равные между собой ни по сердцу, ни по уму, ни по Дару, которым (каждый своим) награжден любой человек от рождения.

Не знаю, отчего сейчас я вдруг выбираю именно эти письма — письма к моим домашним, в том числе не просто к зятю, но еще и доброму, нежному другу Сереже Козлову, датированные 1983—1985 годами. Просто мне кажется, что они наиболее точно отражают первые шаги на пути Смирения и Терпения, проложенном по зыбкой трясине беды, меченном вехами Надежды...

«1983 г., октябрь

Родные вы мои! Любимые!

1. Очень жду свидания.

2. Кончился ли у адвоката отпуск? Думаю, что в связи с его отпуском отложили городской суд. Ведь уже второй месяц, как я здесь!

3. После городского суда я буду ждать Ефремова. У меня такое ощущение, что Ария не сможет заниматься моим делом. А это очень плохо.

4. Все мои фотографии, журналы, газеты, записи, письма надо уложить в коробки, книги тоже... Беспокоюсь о книгах, которые находятся у Андрея, надо их обязательно забрать у него... Рецензии и прочее, что находится в суде, надо по возможности тоже забрать.

5. Мамулечка, в одной из моих книжечек, на твоем приемнике, есть лотерейный билет, который я купила в больнице. Проверь его, пожалуйста, а вдруг?..

6. Деньги я получила. Один перевод из Бутырок, второй — п/о Москва на 25 рублей. Спасибо большое. Только не знаю, те ли это 25 рублей, о которых вы мне говорили на свидании, или другие?

Получили ли вы мою доверенность? Нашлись ли фотографии мамулечкины? Очень беспокоюсь!

7. Если я здесь задержусь, можно передать мне лекарства, а медчасть будет мне их выдавать по мере необходимости. Прежде всего нужны витамины и аскорбинка, потом успокоительные (родедорм и тазепам), а также таблетки, которые поддержали бы мою печень после операции.

8. Мамулечка, туфли мои коричневые, замшевые,

носи, если они тебе годятся. Позвони, пожалуйста, Вере Шур. Пусть она возьмет мои сценарии у Кайдановского. Ей и Вите — огромный привет!

9. Мамулечка, позвони, пожалуйста, Саше Мишенко и скажи о теплых вещах для Веры. Саша тебе нравится, он — это тот Саша, который живет у Октябрьского Поля и работает в Моссовете.

10. О Можайске надо ходатайствовать в том числе и вам. Главное — ведь мамуля не сможет ко мне приехать по состоянию здоровья, если я буду далеко от Москвы.

11. Часто, и при этом очень хорошо, снится мне папулечка... Как ни странно, но часто вспоминаю Павлика. Как у них с Танюшкой фильм получается? Большой привет ему.

Привет от меня Ролану Антоновичу Быкову, Леночке Санаевой, Норе с Катей и Ване, Руднику и Стрижову.

Очень люблю вас. Берегите себя, мои дорогие!

Всегда с вами, целую, Валя.

P. S. Сообщили, что суд будет 19 окт. в 10.30!»

«1983 г., октябрь

Родные мои! Любимые!

Я очень волнуюсь из-за вашего отсутствия, не знаю, что и думать. Беспокоит ваше самочувствие. 16 октября ждала вас на свидание, вы не пришли. Что же случилось? Может быть, вы ожидаете результата городского суда? Мне сообщили, что суд должен был состояться

19.10, в 10.30. Если его отложили, умоляю вас, не ждите! Приходите ко мне! Неизвестность тревожит меня больше всего остального. Берегите себя, мои дорогие!

Еще раз прошу вас похлопотать о Можайске. Если меня увезут далеко-далеко, то моя родненькая мамуленька не сможет ко мне приехать!

Знаю, что прошел фильм Стаса.

Если до 13 ноября не «вступлю в законную силу», можно будет передать передачку. Очень нужно хорошее туалетное мыло, зубная щетка, можно передать косметику: тушь со щеточкой, пудру (рашель) компактную, помаду розовую, крем для лица и для рук, тени коричневые. Все — простенькое, недорогое. Очень нужны сухие духи (помадкой).

Привет огромный от меня всем-всем: Ролану с Леночкой, Норе с Катей, Павлику. Фильм, наверное, уже сняли. Очень скучаю. Приходите скорее. Очень хотелось бы видеть адвоката».

«1983 г., октябрь

Мои родненькие!

Я так рада была видеть вас! Только, мамулечка, ты бледненькая! А Сережа у нас — красавец! (Муж сестры, зять, мой добрый друг.) Отлично выглядит (постучала по дереву три раза): элегантный. Холеный. Очень я горжусь тобой, Сереженька!

Пока я на Пресне. Сколько здесь пробуду, не знаю.

Мне позарез нужна консультация Арии. Пусть он

меня навестит, когда сочтет нужным. И я не совсем поняла по поводу Коллегии адвокатов: не поздно ли?

В Прокуратуре была большая серая тетрадь — дневник Стаса. В этом дневнике есть много важных записей. Начинается он с рассказа о его кошке Боске, очень страшный рассказ... Приложена ли эта тетрадь к делу? По-моему, нет — а жаль. Так же важны записи в моем дневнике (черная тетрадочка, о которой я писала в дополнении к кассационной жалобе). Очень важны показания Рогового. Я их читала в деле. Они подробные и нужные.

Мамулька, одной тебе не справиться на Арбате. Сундук и кресла, конечно, не нужны, а вот дедушкин шкаф обязательно надо сохранить. Мамулька, не обращай, пожалуйста, никакого внимания на Таню Ковалеву и ей подобных. Они никто и ничто в нашей ситуации. У них самих полно горя, но они очень радуются несчастьям других. Они плохие. Не обращай ни малейшего внимания на их взгляды и слова. Неизвестно, что ожидает их самих: случай сильнее нас всех, вместе взятых.

Родненькая ты наша, мы тебя все бесконечно любим, береги себя для нас, пожалуйста.

Все будет хорошо! Обязательно. Я верю. И работать я буду, и писать. Понемножку и здесь работаю... Пишу вам по-прежнему на Сережин (Козлова) адрес, так, наверное, лучше... Хорошо бы забрать у Инны мой красный свитер: меня не покидает надежда, что он мне скоро понадобится...

Это хорошо, что есть она — НАДЕЖДА. Потому что

надежда обязательно становится реальностью, когда в это веришь. Я верю.

А Павлик... Ах, Павлик!.. В Гаграх — и не устроит съемочную группу как надо?! Все равно передавайте ему приветы от меня. И всем кланяйтесь, кто меня помнит: и Ролану с Леночкой, и Олегу Стриженову с Лионеллочкой, и Норе, и Кате с Ванечкой.

С ПРАЗДНИКОМ! Желаю вам потрясающего здоровья, целую, всегда с вами. Валя».

«1985 год

...Несравненные мои! Все нахожусь под впечатлением встречи с вами! Как хочу я увидеть Сереженьку — почти полтора года не виделись! Силенок все меньше и меньше, выдержки маловато, терпение на исходе. Но надо ждать. И все, конечно, будет хорошо! Прочитала у моей сестрички Мосички сразу три «хорошо» в одном предложении — как редактор говорю: это плохо!

Лионеллочка написала мне, что Олег ложится на операцию, усталое такое письмо. Что за операция? Она не написала.

Я здесь провела мероприятие к чеховской дате, под названием «Чехов и театр». Надела необыкновенно красивую черную блузку — всю в рюшечках, обверлоченную белой и серебряной нитью, длинную юбку, встала на каблуки и рассказывала вначале им об Антоне Павловиче, а в конце монолог Нины Заречной прочитала. Плакала я, плакали они... Хорошо было!

Да, крутится здесь около меня некая О. Киселева, все пытается расспросить, интересуется моим делом... Фигушки ей! Начинаю учиться осторожности. Поздновато, конечно... Сереженьке — привет, а вас всех очень-очень целую, ваша Валя.

7 мая 1985 г.».

«7 мая 1985 года

Сереженька, Душа моя! Мой господин!

Не слышу я тебя очень долго — трудно мне от этого. Не вижу тебя полтора с лишком года — невыносимо мне от этого!

Ответ из Прокуратуры, указ об амнистии... все мимо! Хочется услышать — тебя. Увидеть — тебя!

Одна из здешних наших образованных дам, которая училась литературе у профессора Фигуровского, пишет письмо О. Г. по поводу «Из двух источников». Ей в этой работе все нравится. Но пишет медленно — сейчас нет душевного равновесия: трудно переживается маленький Указ к Большому празднику... Другая дама, тоже образованная, исходит желчью и все кричит: «Объясни, как тебя посадили?!» Она, вопреки даме № 1, считает работу О. Г. вульгарной. Но и в том, и в другом случае — одни и те же недоумения у обеих: почему я здесь?.. И вот, Сереженька, пришла ко мне мысль — написать «самому главному человеку страны»... Но вначале надо найти «большого» человека, чтобы передать «главному» это письмо... Хотя нынче с Верой и Надеждой у меня плохо... Валя».

«Сентябрь. 1985 г.

«Значица, так, мои дорогие»! — Володя Высоцкий так начинал любой разговор, приятный для него. Ну и я последовала его примеру.

Может быть, наша гражданка-начальница в лице симпатичной и молоденькой Маргариты Ивановны даст мне личное свидание, ибо я заработала нашему отряду 20 баллов! Сегодня она обещала позвонить вам и сказать, что лучше приехать вместе с С. Л. (мой адвокат № 1). Это было бы замечательно! А мамусенька останется на дополнительное личное свидание, которое начальница мне устроит, а ты, Танюшечка, вместе со своим Сереженькой в тот же день сможете повидаться со мной на общем свидании, где разрешено 2 человека! Я хочу попросить нашего самого главного начальника, чтобы разрешил общее свидание с вами в комнате, потому что в этих пластмассовых «банках»-кабинках я схожу с ума, задыхаясь. И С. Л. в этот же день сможет со мной встретиться в кабинете оперчасти, как в прошлый раз, — я к тому моменту постараюсь написать жалобу.

У меня вот какой вопрос: может моя жалоба носить иную тенденцию, чем у адвоката? Могу я просить ПЕРЕсуда? Может быть, вообще стоит говорить именно о пересуде? Вдруг чиновники на это пойдут быстрее? Может, этот путь исправления их же ошибки покажется им более приемлемым?

Дурацкая ситуация, дурацкая суета... Все просто, все ясно, разве результаты авторитетных экспертиз не решение моего вопроса?!

Слышно ли что-нибудь об амнистии? Ведь только

Мамулька и я. Мне годика три с половиной, а может, и четыре.

Наша семья. 1955 г.

Я в девятом классе московской школы № 71, что находится рядом с церковью «Спасо-Хауз» и студией «Мосфильм».

Андрон Кончаловский, Женя Жариков и я в перерыве между съемками фильма «Иваново детство».

Сашенька Збруев! Мой первый мужчина. Мой первый муж.

Кадр из фильма «Иваново детство» – режиссер Андрей Тарковский.
Я – медсестра Маша.

На пляже в Венеции. Андрей Тарковский и я. «Мы счастливы! Ты знаешь об этом?» – говорит Андрей. Я отвечаю: «Знаю!»

Праздник! Премьера фильма «Иваново детство» в Венеции. Андрей Тарковский и я.

Кадр из мною любимого фильма режиссеров Ф. Довлатяна и Л. Мирского «Утренние поезда». В роли Павла – Анатолий Борисович Кузнецов.
Я – в роли Аси, влюбленной в Павла.

Саша Демьяненко и я.
Кинофильм «Сотрудник ЧК».
Режиссер Борис Волчек.

Степь кругом! На съемках фильма Павла Арсенова «Подсолнух».

Кадр из фильма «Туннель». Режиссер Ф. Мунтяну. Роль Наташи исполняю я. Докладываю о гибели шести человек, Наташиных друзей.

Румыния. Флорин Пиерсик и я, и любовь, и дружба, и лучезарная светлость.

Маша Вертинская и я в Луна-парке в Чехии.

Довольно страшно. Очень высоко. Вон где море – совсем внизу... На репетиции к фильму «Цена быстрых секунд». Реж. Владимир Чеботарев.

Кадр из фильма «Красная площадь». Реж. В. Ордынский. Я люблю этот фильм и героев его! Слава Шалевич и я.

Учусь скоростному бегу на коньках для фильма «Цена быстрых секунд». Саша Белявский – мой партнер в этом фильме.

Кадр из фильма «Красная площадь».

Кинопробы к фильму «Король-Олень» Павлика Арсенова.

Кадр из фильма «Король-Олень». Сергей Юрский – мой замечательный партнер.

Я – перед берлинским зрителем.

Очень волнуюсь. Сейчас надо выходить на сцену театра им. Евг. Вахтангова и быть Кармен. (Юбилей Рубена Николаевича Симонова.)

Валя Зубков и я в Германии. Валя был первым моим партнером в первом моем фильме «Иваново детство».

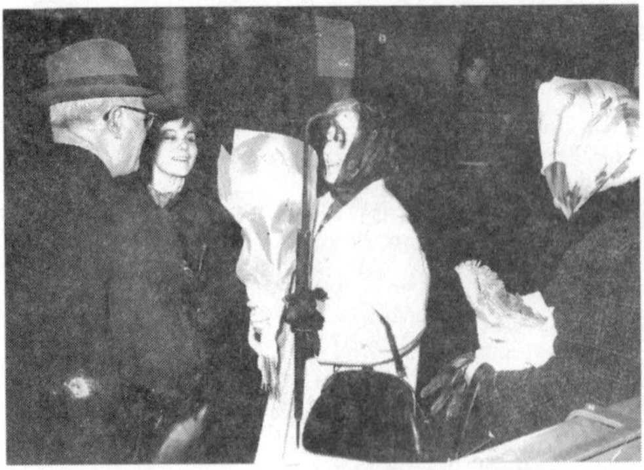

Иечка Савина и я прибыли в Бельгию.

Этот снимок сделал замечательный фотограф Жорж Тер-Ованесов.

«Что это значит, Клеонт?» Из спектакля «Мещанин во дворянстве» по пьесе Мольера в театре им. Евг. Вахтангова. Я – Люсиль. Клеонт – Алексей Кузнецов.

Югославия. Гастроли театра им. Евг. Вахтангова. Слева направо: М.А. Ульянов, я, Ю.К. Борисова, Е.Р. Симонов, Н.Д. Тимофеев.

Саша Кайдановский и я на репетиции фильма «Мой дом – театр» (реж. Б. Ермолаев). Саша – драматург А.Н. Островский, я – актриса Никулина-Косицкая.

Я в Крыму в поселке «Солнечногорское». Хвост (Алеша Хвостенко) – автор песни «Рай» («Под небом голубым есть город золотой...»). Он подарил мне эту гениальную песню, а музыка – лютневая из прошлых веков.

Танюшка, Сереженька и ослик в Испании.

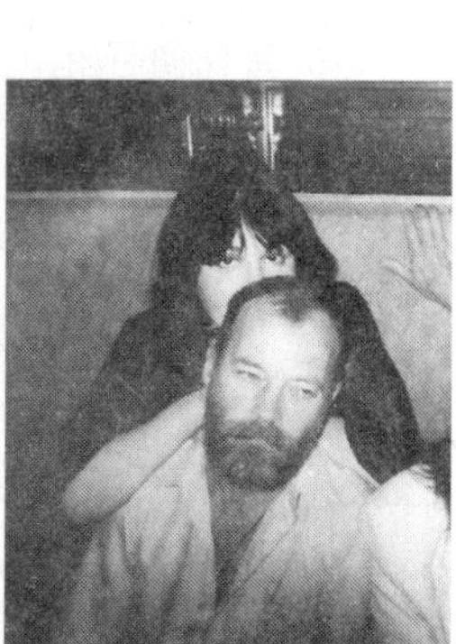

Мой несравненный Сашенька. Все звали его Николаем Вторым.

Моя комната на поселении в Садках и мой Мурзик на столе.

Стас любил этот быстрый рисунок, сделанный мною.

Стас Жданько. Этот снимок сделан в Питере на съемках фильма Бори Фрумина «Ошибки юности».

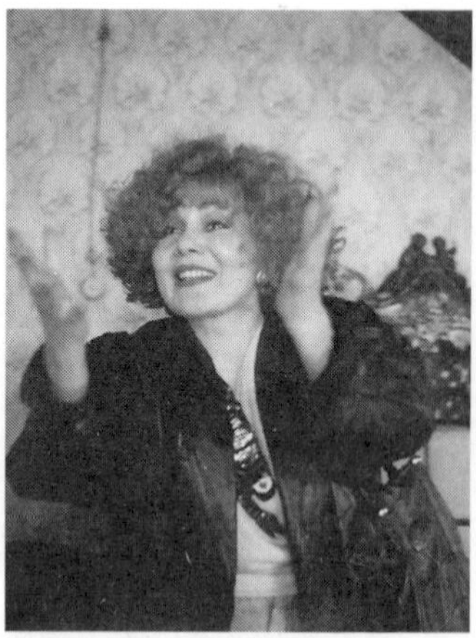

Кадр из фильма «Осенние соблазны» режиссера В. Грамматикова. За роль Жанны я получила пять премий.

надеждой на нее и жива наша «резервация»... В 1975 году 103-я статья шла под амнистию, и теперь ждут. Очень много сейчас на зоне со 103-й статьей. И все — красивые девушки или бабки, совсем деревенские бабки, убившие на старости лет своих дедов.

А у девушек — ревность, любовь, и в каждом случае (повторяю, в каждом) виновата сама жертва. Вот такие дела...

А воришки наши (144-я статья) уже вещички укладывают, уже собираются домой: их всегда амнистия касается. Или Указ, даже маленький. Самая легкая статья — воруй не хочу!..

Сейчас в библиотеке у нас работает художница-вор. Профессия — вор! Десять лет очень хорошо жила. Пишет стихи, рисует. Ждет. Говорит, до мая уйдет домой. Поузнавайте, может быть, и тех, кто по 103-й, амнистируют?

Вчера одна деревенская, молодая и красивая, убийца сидит, в одну точку смотрит и плачет. «Что ты, — спрашиваю, — Наденька?» Отвечает: «Война будет...» Ох...

Родные мои, а я кофе хочу. Трудно без кофе и чая. Целую моих ненаглядных! Письмо пойдет другим путем».

День — тот же:

«Сереженька! А я слышала, как шумит море, — вместе с Тобой, мой Бесценный Сереженька! Я уходила в уголочек, где никого нет, где небо большое и травка под ногами; я раздвигала заборы, развязывала проволоку, как ленточку, и неслась — к Морю и, невидимая, присаживалась рядом с тобой, Сереженька, и ждала нашего Стасика... Очень хотела, чтобы он почувствовал Море и зажмурился от ласкового солнышка, а потом весело рассмеялся...

И я из-за Моря опоздала на Танюшечкин фильм — на титры. Смотрю на странное, нервное изображение, нервный монтаж, и... и узнаю, и радуюсь! А потом снова титры в конце: «Монтаж Т. Малявиной», и сразу же в зале: «Валюшка, это твоя сестра?» А я, счастливая, во весь голос: «Да!» И — аплодисменты! И еще: они смотрели фильм и болели не за «своих», а... за ментов! Вот результат не жизни, а — кино. А я — ликую! Моя чудесная Танюшечка, твоя дивная жена, творит КИНО! Нравится мне ее стиль — своеобразный, ни на чей больше не похожий... Пришло ли мое письмо с «человеком в хорошем настроении», с рисунком карандашным?.. Ох, как же я хочу в Москву!..»

«1985 г., 25 октября

Сереженька, дорогой!

Я получила письмо от С. Л. со всеми объяснениями дальнейшего «разворота событий». «Разворот событий!» Помнишь, у нас в обиходе был этот термин? И он мне всегда нравился. Нынешний «разворот событий» очень интересен, и я бесконечно благодарна вам за него. И прежде всего — Вам, дорогой Сергей Григорьевич! С. Л. не раз писал о твоей невероятной энергии,

Сереженька, с которой ты добиваешься ПРАВДЫ для меня...

Сейчас буду писать письмо к С. Л. и тоже говорить ему «спасибо».

В конце письма он написал: «Пожелайте нам удачи. Предпосылки для нее есть, но нужно еще и везение. Благословите нас в дорогу...» Замечательно! Бог нам в помощь!..

...Открыточка, которую ты мне прислал — рокотовский портретик прекрасной, нежной дамы, — автоматически вызвала в памяти строчки Ахматовой, помнишь?

...И белые нарциссы на столе,
и красное вино в бокале плоском
я видела как бы в рассветной мгле.
Моя рука, закапанная воском,
дрожала, принимая поцелуй...

Как красиво! Очень красиво!

С нежностью — В.».

14

Я не обманула Лелика и не была обманута сама в своих ожиданиях: мой двоюродный брат Саша приехал тем же вечером. Мы не виделись с ним очень давно, и я, волнуясь перед свиданием, была одновременно безмерно рада этой встрече. Что касается волнения... Там, где я тогда находилась, души людей особенно ранимы, чувствительны до болезненности. И хотя разумом понимаешь, что вот это чувство, вот это ощущение лишнее, ненужное, даже бессмысленное, все равно его испытываешь... Вот что я записала тогда — 1 мая 1987 года — в своем дневнике:

«Саша приехал! Трудно было и нервно сначала. Но он умен — мой брат! Долго говорил не со мной, а с другими людьми в первые минуты после приезда. В том числе — с Гулей (моя приятельница). Я ей порядком надоела, но только благодаря ей могу еще и еще раз убедиться в ненужности моих душевных — до боли — переживаний...»

Когда мы шли по поселку к гостинице, существующей в основном для наших визитеров, все мужское население здоровалось с Сашей, при этом приподымаясь. Он удивился:

— Надо же, какие вежливые и воспитанные!

— Очень! — подтвердила я, испытывая самую настоящую гордость за наших мужчин.

В этот момент и мои собственные личные переживания, связанные с Леней, как-то сгладились, на душе стало легче, хотя Лелик, стоявший неподалеку от гостиницы, увидев нас с Сашей, поспешно ретировался... Абсолютно, я бы сказала, детский поступок!

Гостиница в Садках, между прочим, очень чистенькая и уютная, моему брату конечно же дали отдельный номер, вообще были с ним предельно внимательны и максимально уважительны: я заметила, что люди служивые каким-то странным образом чувствуют друг друга... А мой брат, между прочим, полковник...

Хороший получился вечер!

Я накрыла стол, и мы стали трапезничать.

— Ты пригласи своих друзей к нам на ужин, — попросил Саша.

— С дамским населением я мало общаюсь, — призналась я. — У меня есть подруга Оля Голубовская, мы с ней еще в Можайской колонии вместе были, причем даже в одном отряде. Оля — настоящая красотка! Живет со своим другом Альбертом примерно в двух километрах отсюда... Мы обязательно их навестим. А еще, Сашунь, у меня есть друг Ленечка, но мы с ним часто ссоримся, вот и теперь, увидев нас, он повернулся и ушел...

Саша спросил:

— Есть причины для ссор?

— Никаких.

— Тогда помири́тесь.

— Не знаю... Не уверена.

Кто-то постучал в окно. Я выглянула. Это был дежурный офицер. Он заботливо спросил:

— Что-нибудь надо?

— Спасибо. Все хорошо.

— Валентина, вы будете ночевать в гостинице?

— Нет, дома.

Саша заметил, что я легко произнесла слово «дома».

Я стала рассказывать ему о своей жизни в Садках.

— Мне здесь очень нравится. Ранним утром, например, когда солнышко встает, и днем, когда очень жарко, а в моем домике прохладно, и ночью, когда звезды яркие-яркие и такое чувство, будто их на ладонях держишь...

— А люди?

— Для тебя это, может, и странно прозвучит, но люди у нас просто чудо...

— А начальство?

— Строго-справедливое.

— Ну а местные жители?

— Они к нам прекрасно относятся.

Мы как-то незаметно начали вдруг вспоминать наших бабушку и дедушку.

Я призналась Саше, что была в него влюблена, и что рассказала об этом бабушке Аграфене Андриановне, и что она мне объяснила: «Саша твой брат, и ты должна его любить как сестра, как родственница».

— Это само собой разумеется, бабушка, но наш Саша похож на героя из фильма «Пятнадцатилетний капитан», на артиста Всеволода Ларионова, который мне очень-очень нравится! — пояснила я.

— Бог не велит по-особому любить своих родственников. Бог велит любить их по-родственному!

Саша засмеялся и вспомнил, что тоже был влюблен в нашу двоюродную сестру, Катю Сизых. Хотел на ней жениться. Но дедушка Алексей Прокофьевич запретил ему даже думать об этом, ужасно рассердившись.

— Красивые люди у нас в родне! Да, Валюшка?

— Даже очень!

Мы посмеялись над собственным самодовольством.

Потом мы пошли гулять. Наши жители опять раскланивались с нами, а Сашу это вновь радовало. Вошли в парк и стали бродить по аллеям.

Я увидела, что и Лелик гуляет в парке, держа в руках магнитофон.

— Саша, вон Лелик, мой друг, с которым мы поссорились. Я об этом очень жалею.

Саша громко позвал Лелика. Лелик опешил, постоял немножко и поспешил к нам навстречу. Я их познакомила, и мы втроем пошли ко мне пить чай. Саша нашел, что у меня очень уютно. Вдруг кто-то постучал в окно. Смотрю — Володя Чуев.

— Валюшка, мне нужен теплый свитер, он у меня в чемодане. Можно я его возьму?

— Конечно.

Ну ясное же дело, что вовсе не за свитером пришел!..

Саша вдруг рассмеялся:

— Господи, какие они все у тебя высокие!

И правда: Лелик и Володя оба очень высокого роста.

Я пошла открывать дверь Володе, заметив Лелику:

— Это Володя. Он пришел не ко мне, а к своему чемодану.

Леня покатился со смеху, а Володя был уже на пороге.

— Входи, Володечка!

Он поздоровался с Леликом, Лелик не ответил ему, а вместо этого продолжал громко хохотать.

Володя удивился:

— Что это с ним?

— Бывает! — отвечаю, и сама едва сдерживаясь.

Мне тоже стало ужасно смешно, потому что Леня хохочет, а Володя серьезничает.

Саша предложил:

— Володя, садитесь с нами пить чай.

Тот растерялся. А Леня кричит из кухни:

— Чай готов!

Саша направился на кухню, а Володя спрашивает:

— И что же мне делать?

— Пить с нами чай, — посоветовала я.

Мы пошли в летнюю кухню. Я попросила Леню достать еще одну чашку.

— Зачем? — строго спросил Лелик, чем снова меня рассмешил.

Саша поспешил ответить сам:

— Я пригласил Володю к чаю...

— А-а-а, — протянул тоскливо Лелик.

Саша говорит:

— У меня в номере печенье есть, конфеты, сыр...

Лелик важно ответил:

— Не беспокойтесь, Александр Иванович, у нас с Валёной все есть.

И победоносно так произнес это «у нас», и посмотрел на Володю.

Володя попросил разрешения закурить, а я достала к чаю разные вкусности и заметила, что Леня так и не поставил еще одну чашку для Володи. А у меня была очень красивая старинная чашечка. Мне ее подарила одна очаровательная дама, когда уезжала домой. Я ее и поставила перед Володей, а Лелика всего передернуло от зависти.

Саша стал расспрашивать о нашем житье-бытье, потом осторожно поинтересовался, почему Володя и Лелик оказались здесь.

Я говорю Саше:

— Ты знаешь, дорогой, у нас не принято спрашивать об этом. Обычно на вопрос «За что?» отвечают «А ни за что».

Володя вежливо перебил меня:

— Александр Иванович, я сберкассы брал! То есть открывал ночью дверь, потом сейф, брал деньги и уходил. Но однажды случилось непредвиденное...

Лелик перебил Володю:

— Это уже вторая серия! А я, Александр Иванович, сижу за хулиганство. В обшем, избил одно важное лицо... Для меня это лицо было преотвратительным! Вы меня понимаете?

Саша смущенно ответил:

— Стараюсь...

Мне не хотелось продолжать этот разговор, и я «перевела стрелку»:

— Сашенька, у нас скоро концерт будет. Ты когда собираешься уезжать?

— Через денек нужно ехать в Ростов — к семье, да на работу, — улыбнулся Саша, потом спросил: — Вам еще долго здесь жить?

Я ответила:

— Лелик очень скоро нас покидает, позже уеду я, а потом и Володя.

Леня в этот момент подмигнул мне, показывая на место, где хранилось наше самодельное вино. Я отрицательно покачала головой.

И вдруг Леня запел: «Я понял! Я понял!»

И опять стал хохотать. Я старалась быть серьезной, но не выдержала и тоже рассмеялась.

— Извините, пожалуйста, — говорю я, — Ленечка любит оперу и часто напевает арии... Только что спел арию «Я понял».

Леня совсем покатился со смеху и еле выговорил:

— Валёна, моя гитара у тебя?

— Да.

— Хочу спеть для вас.

— Она в комнате.

Леня пошел за гитарой.

— Я, пожалуй, пойду, — сказал Володя, отводя глаза. Попрощался и ушел.

Леня вернулся с гитарой, увидел, что Володи нет, но не спросил о нем ничего, а сразу объявил:

— Песня Алексея Хвостенко, а попросту Хвоста, друга Валентины Малявиной. Исполняет Леонид Вязников — друг Валентины Малявиной!

Мы с Сашей зааплодировали. Леня широко улыбнулся, поклонился и запел замечательную песню под названием «Рай». Запел тихо, прикрыв глаза:

Под небом голубым
Есть город золотой...

Саше очень понравилась эта песня и ее исполнение.

А Лелик говорит:

— Александр Иванович, а ведь Валёна с Хвостом действительно дружила, даже, по-моему, очень дружила! Я видел их фотографии, и везде они с Хвостом в обнимку. Валёна, можно я принесу фотографии?

— Не сейчас, Ленечка...

Опять в дверь постучали. Это был дежурный офицер. Он отдал честь Саше. Саша ему.

Офицер спросил:

— Все в порядке?

— Все, гражданин-начальник, — громко ответил Леня.

— Вязников, между прочим, тебя ждут на вахте.

— Зачем? — удивился Лелик.

— Пойди, и тебе расскажут зачем.

— А-а-а, — протянул Леня. — Забыл, честное слово, забыл, гражданин начальник.

— Мигом! — приказал офицер.

Леня тут же исчез, а офицер обратился к нам:

— Если что-то понадобится, дайте знать.

— Спасибо, — сказали мы с Сашей одновременно.

Офицер ушел.

— Да у вас тут совсем неплохо, можно сказать, даже очень неплохо. — В голосе брата звучало неподдельное изумление.

Неожиданно у двери появился Леня, в руках у него были детские, совсем маленькие, лакированные башмачки, настоящее произведение искусства!

Саша восхитился ими, да и я тоже, хотя уже видела эту пару.

— Ленечка, скорее возвращайся к нам, и мы с тобой зайдем к Саше в гостиницу.

Леня мгновенно исчез.

Саша говорит:

— Я привез бутылочку красного вина... Как думашь, можно?..

— А у нас тоже есть! Нельзя, но все равно можно!

И я полезла за трехлитровой банкой.

— Это сок, Сашенька, с изюмом, — пояснила я брату, — и полезно, и вкусно, и жизнь делается веселее...

Саша попробовал и искренне похвалил наше вино.

Леня не вбежал, а прямо-таки влетел:

— Вкусно, да, Александр Иванович?

— Очень!

— Молодец, Валёна, что угощаешь Александра Ивановича, а Володе не надо об этом знать!

Саша между тем с огромным вниманием смотрел на стену и рисунки на ней, потом спросил:

— Кто же так украсил твой дом?

— Я.

— Ты рисуешь?!

— Да...

А Леня стал рассказывать:

— Мы в очередной раз поссорились с Валёной, а когда помирились, вхожу я сюда — и что же вижу? Целая галерея! И в комнате полно рисунков... Валёна, можно я покажу Александру Ивановичу рисунки в комнате?

— Можно.

Лелику было приятно, что на многих моих картинках его лицо.

Я пошла с ними.

— Хорошо-то как! — сказал Саша. — И рисунки, и книги, и пластинки, и даже телевизор.

А Леня, как экскурсовод, поясняет:

— Этот телевизор Валёне подарили «афганцы»!

— Как — «афганцы»?

— Здесь много ребят, которые были на войне в Афганистане...

— Почему? — удивился Саша.

Лелик замялся, — видимо, для него было неожиданностью, что Саша, офицер, не знает, как тяжело «афганцам» приспособиться после пережитого ими ада к нормальной жизни. Как часто они срываются и попадают сюда...

Я решила прекратить этот трудный разговор и сказала:

— Я тебе потом расскажу. Это длинный разговор...

Леня почти закричал, показывая на портрет:

— Это кто, Александр Иванович?

— Конечно, ты! — отвечает Саша.

— А это?

— Это тоже ты. И вон на том портретике опять ты.

— Правильно! — радуется Лелик.

Саша спрашивает:

— А в кухне на наждачной бумаге большой портрет с яркими голубыми глазами чей?

Мы вместе с Леней ответили:

— Это Стас.

Когда вошли в кухню, Саша долго вглядывался в портрет Стаса, потом похвалил меня:

— Молодец!

Я ничего ему не ответила. Но почему-то похвала брата так сильно всколыхнула в душе — не воспоминания даже, а чувство к Стасику, которому не суждено умереть никогда. Я знаю это точно — оно не погибнет и за гранью бытия.

Позднее, после того как мы с Леликом проводили Сашу в гостиницу, я, как обычно, открыла дневник, чувство это вновь полыхнуло в душе, изливаясь на страницы моей заветной тетрадки:

«Любовь, жалость, сожаление — вот она, моя судьба... Стас, будь со мною! Не покидай меня!.. Говорят, что я убила тебя... Боже ты мой! Разве ЭТО возможно?! Я хочу, Стас, все тебе рассказать, ведь ты мне тоже столько рассказал и показал... Я... нет, не плачу... Что же мне делать? Стас, миленький, услышь меня, научи... Стас, миленький, мой родной, я знаю — надо работать. РАБОТАТЬ. Это — единственное спасение здесь и сейчас. И еще: все время, как говорю с Тобой, звучат в душе любимые строки Тютчева...

Вот бреду я вдоль большой дороги
в тихом свете гаснущего дня.
Тяжело мне, замирают ноги...
Друг мой милый, видишь ли меня?
Все темней, темнее над землею —
улетел последний отблеск дня...
Вот тот мир, где жили мы с тобою,
Ангел мой, ты видишь ли меня?

Завтра день молитвы и печали,
завтра память рокового дня...
Ангел мой, где б души ни витали,
Ангел мой, ты видишь ли меня?

Поэзия, живопись... Вот еще одна сильнейшая опора, не давшая погибнуть моей душе в те страшные годы.

Вроде бы и было их не так много — около четырех острожных лет. Но одновременно — и целая эпоха в моей, как у всех людей, недлинной жизни...

Мои тетрадки — вела которые в 1986 и 1987 годах — сплошь исписаны стихотворениями чудесных поэтов, составивших золотой век русской поэзии.

Это то, чем дышала моя душа — в точности так же, как в момент удушья, когда подносят ко рту человека, настигнутого приступом, «подушку» кислорода...

Зовущие ввысь поэтические строки были кислородом для моей души, дававшим ей силы на новую и новую надежду, которой все-таки однажды довелось сбыться.

15

На следующий день после Сашиного приезда мы с ним отправились навестить мою подругу еще по Можайску — Ольгу — и ее друга Альберта: они жили вместе, довольно далеко от центра Садков. Войдя в их «фазенду» (так мы стали называть наши жилища после одного из бразильских сериалов), Саша огляделся по сторонам и вновь ужасно удивился:

— Да у вас тут просто рай, ребята!

Вообще, тех, кто попадает в места, подобные Садкам, с воли впервые, состояние удивления подстерегает непременно и чуть ли не на каждом шагу. Виноваты, видимо, сложившиеся представления о местах заключения и, разумеется, о самих заключенных... А возможно, они не столько сложившиеся, сколько подсознательные, связанные с инстинктивным страхом любого человека не только перед фактом преступления Закона, но в первую очередь перед мыслью о лишении свободы. Этого, пожалуй, самого драгоценного Дара Бога людям...

На самом деле, как это ни парадоксально для кого-то прозвучит, но такого количества чудесных, добрых, умнейших людей, собранных в одном месте, как в Садках, мне до приезда туда просто не доводилось встречать! И вот еще одно свидетельство того, о чем уже упоминала: с каждым из нас может случиться, причем внезапно, все что угодно, любая беда, в мгновение ока превращающая человека, даже очень хорошего, несомненно законопослушного, в преступника — с точки зрения того же Закона...

Возможно, именно поэтому и существует в местах заключения целый ряд неких негласных, своих собственных правил жизни, соблюдаются которые совершенно неукоснительно. Человеку со стороны они могут показаться — во всяком случае, некоторые из них — даже дикими, но это лишь первый, поверхностный взгляд... Ну например.

Особая, практически привилегированная категория, к которой относятся с большим уважением, — это женщины, убившие своих мужей или возлюбленных... Уважают их в том числе и пребывающие в заключении мужчины. За что? Вот вопрос, возникающий сразу же! И удивителен ответ на него.

Люди, не пережившие отчаяния из-за постоянного унижения или садистских издевательств со стороны близкого человека, не в состоянии понять: как это женщина совершила подобное преступление? Первое, что приходит в голову: «Она сумасшедшая, как минимум, агрессивная психопатка!» На зоне это в голову никому не придет, объяснение таким проступкам совсем иное: эта женщина сумела защитить свою честь, наказать негодяя и садиста. Пусть она даже переступила при этом грань дозволенного, но сумела... Значит, достойна уважения, относится к привилегированной категории не только женщин, но прежде всего заключенных... К тем, кто идет по 103-й статье, относятся здесь с почтением! Поразительно? Да! Но это объективная реальность.

Мне помнится, я упоминала о бабусе, очень старенькой и доброй, жившей в Садках — на нашей второй территории. Я с ней познакомилась в первые же дни пребывания здесь, и это она предлагала мне в качестве угощения свой ужин.

Почти сорок лет эта бабулька прожила в деревне со своим дедом — настоящим зверем... Как минимум раз в неделю этот дед, необыкновенно здоровый и крепкий от природы, напивался и часами таскал свою жену по всей деревне за волосы... Никто — ни их подросшие дети, ни соседи и односельчане — не мог с ним справиться, он был грозой всей деревни. Кажется, не было ни одного человека, который не ненавидел бы его от всей души.

Потом дети выросли, разъехались кто куда, и бабулька осталась со своим извергом один на один... И однажды, после очередной «выволочки», когда удовлетворенный целиком и полностью пьяный садист уснул, она наконец не выдержала. И, поднявшись ночью, все еще постанывая от боли во всем теле, вышла в сени и нашарила во тьме топор...

О своем преступлении бабулька рассказывала просто, спокойно, даже как-то удовлетворенно, во всяком случае без тени сожаления о содеянном. А в конце всегда истово крестилась и говорила одну и ту же фразу:

— Мерзавец был, чистый мерзавец... Упокой, Господи, его грешную душу!..

Еще одну историю мне рассказала молоденькая, ну совсем молоденькая девочка, Ларуся К., родом из Питера. Из очень интеллигентной (это было сразу видно) семьи.

Всю свою краткую жизнь она была так называемой домашней девочкой — то есть милой, послушной дочерью, не склонной проводить время в компаниях. Предпочитала книги, музыку и разговоры по душам с мамой... Словом, вырастили эти наверняка замечательные родители очень романтичную девочку, с книжными представлениями о справедливости, верности, любви... Любовь-то ее и настигла в неполные 17 лет, любовь и обернулась в итоге бедой.

Он был старше Ларочки на целых десять лет, работал в подчинении у ее папы, занимавшего какую-то немалую должность. Познакомилась она с ним у себя дома — отец привел этого человека в связи с их рабочими делами.

Влюбилась она по уши, всем сердцем, всей душой. И хотя была Ларочка ужасно молода, только-только поступила в институт, родители против ее любви ничего не имели, стала она со своим женихом встречаться. Вскоре и отношения у них сделались близкими — ближе некуда, и Ларочка, полюбившая искренне и глубоко, даже представить не могла, что ее жених встречается с ней из карьерных соображений, что на самом деле у него есть давняя любовница, подруга чуть ли не детства...

Даже когда эта подруга сама ей позвонила — она все равно не поверила и не сочла нужным спросить возлюбленного, правда ли, что... Со звонка подруги прошло недели две или три, когда Ларочка совершенно случайно, заехав вечером к своему любимому, получила «сюрприз», застав его с другой женщиной... Далее она действовала, как говорила, «в каком-то ослеплении». Он и его любовница находились в постели, Ларочке под руку попалась тяжелая металлическая, чуть ли не бронзовая лампа, стоявшая на тумбочке рядом с кроватью, на которой она их и обнаружила... Девушка схватила эту лампу почти автоматически, нанесла предателю удар, попав в висок... Она, за всю свою жизнь не обидевшая и мухи!.. Ужасная история. Но таким там, на зоне, нечесть числа...

...Итак, мы отправились к Оле с Альбертом. У них в домике жила целая стая собак, оба очень любили животных. Собачки были ласковые, доверчивые и милые, они тут же окружили Сашу, размахивая хвостиками, «улыбаясь». Брат мгновенно растрогался и расплылся в улыбке; честно признался:

— Чего я не ожидал — что вы все здесь такие красивые, хорошие, что у вас повсюду такой уют и чистота!..

Альберт приготовил обалденный шашлык и спросил Сашу:

— Что вы будете пить?

— Словно я в Париже, а не в Садках. Чего я хочу выпить? Валя вчера меня угощала удивительным соком.

— Все понятно, — ответил Альберт и пошел за вином.

Принес огромную банку холодного вина.

— Ни в каких ресторанах не отведаешь такое, — улыбался Саша.

Оленька, глядя в Сашу (я не ошиблась — именно в Сашу, а не на Сашу), тихо сказала:

— Это очень приятно, что вам у нас нравится...

Я засмеялась.

— Ты что, Валюшка? — спросила меня Оля.

— Оля, ты сейчас похожа на очаровательную девицу века так девятнадцатого.

И я тут же постаралась показать ее:

— Это очень приятно, что вам у нас нравится, — сказала я скромно и потупилась, а потом кокетливым взором стрельнула в Альберта.

Рассмешила всех.

— Как мне с вами хорошо, — радовался Саша.

Мы задержались у Альберта и Ольги почти до вечерней поверки. Замечательно, что сегодня выходной день! Мои друзья пошли нас провожать.

По дороге Саша говорит:

— Лелик и Володя соскучились по тебе, наверное?

Оля оживленно спросила:

— Вы знакомы с ними?

— Да.

— А кто вам больше нравится — Лелик или Володя?

— Они оба очень интересные, совершенно необычные.

И тут же переадресовал вопрос мне:

— Валентина, а тебе кто больше нравится?

— Оба.

— А вам, Ольга?

— Альберт.

Алик обнял Ольгу и поцеловал.

Лелик и Володя действительно меня ждали.

Как только я открыла свою дверь, тут же пришел Лелик, а спустя секунду в окно постучался Володя.

Мне было приятно.

Я сказала Володе:

— Может быть, ты зайдешь?

Он отрицательно покачал головой и удалился.

Я вернулась на кухню. Оля готовила кофе. Саша и Альберт разговаривали. Лелик стоял в проеме открытых дверей.

— Что же ты в дверях, Лелик? Проходи.

— Спасибо. С вашего разрешения я возьму скамеечку и тут, в коридорчике, посижу, слушая вас и вдохновляясь.

Мы расхохотались. Словно это персонаж века эдак девятнадцатого, а не современнейший Леня Вязников говорит с нами. Он взял скамеечку на улице, поставил ее напротив двери на кухню, присел на нее и с большим вниманием стал смотреть на нас.

Саша сквозь смех сказал:

— Дорогие мои, все — я остаюсь с вами!

Мы с Олей зааплодировали, и Лелик тоже захлопал в ладоши.

Оля спрашивает у Альберта:

— А ты почему не хлопаешь?

— Не хочу! Тебе Саша нравится, а я тебя люблю, значит — ревную!

Опять хохочем!

Еще один день прогостил у нас мой брат Саша, а утром уехал в Ростов.

Саша и сейчас живет в Ростове, разумеется вместе со своей семьей. К сожалению, и из-за его службы, и из-за моей нынешней работы с ее постоянной, счастливой занятостью, видимся мы редко. Но тогда его приезд был настоящим праздником, одной из самых ярких страниц жизни в Садках. Да и после, когда я — уже свободная! — уезжала в Москву, до самой столицы, до самого дома меня провожал именно Саша: сумел договориться на службе и поехал вместе со мной... Но об этом расскажу позднее. Сейчас же — еще об одной причине, по которой его приезд так врезался в память.

Помню, проводив Сашу, я загрустила, так сильно, так болезненно (уж очень он напомнил мне «прежнюю реальность», он словно привез кусочек ее в Садки...), что как можно быстрее постаралась остаться одна, чтобы в полной мере предаться своей печали.

Время близилось к вечеру, но до отбоя еще далеко. Я порылась в своем «мешке-домике», чего не делала уже довольно долго, и с самого его дна вдруг достала письмо от совершенно незнакомого мне человека, письмо более чем десятилетней давности, датированное аж 1977 годом.

Смотрю на конверт — и удивляюсь: какой-то матросик, с Сахалина... Совершенно не помню содержания и не понимаю, для чего таскаю это письмо с собой. А потом начинаю его читать-перечитывать и внутренне ахаю, поскольку этот самый матросик, из числа моих чуть ли не первых поклонников, выглядит почти ясновидцем по поводу моей актерской судьбы... Судите сами.

«Здравствуйте, Валентина!

Пишет вам военнослужащий, матрос Тихоокеанского флота. Недавно мы смотрели по телевидению спектакль «Игра в каникулы», в котором Вы играли главную роль.

Спектакль нам несомненно понравился. Но больше всего нам понравилось Ваше выступление, оно привлекло тем, что Вы, то есть Ваша героиня, была доброй, чуткой, душевной девушкой. Как Вы замечательно это передали, сыграв ее!

Вам ведь и в жизни, а не только на сцене, до всего

есть дело, верно? Вы не похожи ни на кого из окружающих Вас людей и в то же время способны жить жизнью каждого из них, стараясь всем помочь. В обшем, Ваша роль заняла у нас первое место!

Вы, наверное, начинающая актриса? Если это так, поверьте: в дальнейшем Вы будете иметь очень большой успех! Конечно, если станете настойчиво и кропотливо работать. От всей души желаем Вам огромных успехов как в Вашей творческой работе, так и в личной жизни!

Мы, воины-тихоокеанцы, находимся на самых дальних рубежах нашей Родины, охраняем Ваши тишину и покой, охраняем радость жизни. У нас здесь есть клуб любителей театра и кино, а в нем — собранная и организованная нами фотовыставка: фотоснимки артистов с автографами и аннотациями. Мы бы и с Вами очень хотели поддерживать дружескую переписку, как это происходит у нас со многими Вашими коллегами. Огромная просьба в этой связи — если можно, пришлите и Вы свою карточку для нашей выставки, не откажите!

С уважением к Вам, матрос Сергей Бычков, председатель клуба любителей театра и кино».

Перечитала я это письмо — и на душе потеплело. А дальше случилось и вовсе мистическое. Только я сочла эту свою находку добрым знаком на будущее — как стучат мне в окно, вызывают к начальству.

Бегу, а сама думаю: ну что там такое могло стрястись, вдруг дома, не приведи Бог, что-то нехорошее?..

А в итоге узнаю такое, что поначалу и не осознаю даже того, что слышу...

Еще из Можайской колонии я писала несколько кассационных жалоб по инстанциям, письмо Михаилу Сергеевичу Горбачеву посылала тоже оттуда. Последнюю жалобу отослала накануне отъезда в Садки.

За три года я уже успела набраться смирения и терпения, приглушила свою надежду на Справедливость, вообще на лучшее, постаралась научиться обходиться тем, что есть, не думать о будущем. И поэтому-то сразу даже и не поняла, о чем речь. Не поверила, что моя просьба удовлетворена, что быть в заключении мне осталось только до зимы... Боже мой! Да не сплю ли я?! Неужели все происходящее — правда? Неужели еще немного, еще чуть-чуть...

Да ведь я Саше, брату, просто так, от фонаря сказала, что уеду отсюда после Ленечки, а потом уедет Володя... И что же — мои слова действительно «попали Богу в уши»?!

— Валя, ты чего?

Тут я поняла, что, оказывается, иду по улице, по направлению к своей «фазенде чемоданной», иду словно сомнамбула и вся в слезах... А это Лелик, абсолютно всполошенный и перепуганный, меня спрашивает, что случилось!

И тогда я вначале рассмеялась, а потом уж расплакалась по-настоящему.

Я действительно и по сей день не знаю, которая из моих кассационных жалоб наконец сработала. Или действительно письмо к Президенту?.. Ведь поначалу давали десять лет, потом девять — и вот... Вот!..

В любом случае, не переменись эпоха, не приди к

власти Михаил Сергеевич — находиться бы мне в несправедливом, страшном заключении от звонка до звонка! И кто знает, сумела ли бы я тогда выдержать, вынести все это?.. Слава Богу, что теперь уже никогда не узнаю ответа на ужасный вопрос!

Тогда очень многим скостили сроки, но в основном — хозяйственникам и тем, кто шел по валютным статьям. По 103-й были считаные случаи. Спасибо не только Судьбе — но в первую очередь моим родным и близким, особенно Сереженьке Козлову, замечательному детскому писателю, моему зятю и нежному, преданному другу! Это его вечно молодая энергия, преодолевавшая злобу и зависть, неизбежно возникающие на пути к Правде, помогла. Спасибо друзьям, не забывавшим меня ни на минуту: Ролану Антоновичу с Леночкой Санаевой, Олегу Стриженову с Лионеллочкой, Саше Кайдановскому... Многим-многим другим, кто помнил обо мне не только в радости, но и в беде. Кто потом, по возвращении, помог вернуться мне еще раз — к моей собственной жизни, а не просто в родной город и на любимый мною Арбат — мою «Малую Родину»

16

Возможно, у кого-то сложилось впечатление, что жизнь в Садках складывалась целиком и полностью безмятежно. Или почти безмятежно — во всяком случае, внешне. Нет, это не так.

Сейчас я уже знаю: если хочешь знать правду о какой-то стране, вернее, о каком-то государстве — загляни в его тюрьмы, зоны, лагеря, поселения... В те места, где влачат свою жизнь люди, отлученные от общества.

Вот где видно все: и суть общественного мнения, и есть ли оно вообше; и уровень нравственности, а главное — сущность системы — то, на чем она на самом деле зиждется.

Одним из трех китов, на коих держалось Советское государство, было, несомненно, стукачество. Тайное, тщательно скрываемое, зачастую лишь подозреваемое в миру, в местах заключения оно не просто явное, а почти официальное.

Конечно, моим родным — маме, Танюшке с Сереженькой — я старалась писать письма с изрядной долей успокоительного, соответственно упоминала далеко не все происходящее, далеко не обо всех своих впечатлениях рассказывала им. Но вот недавно наткнулась я на свое письмо подруге по Можайску, вышедшей на свободу раньше меня: я как раз поехала в Садки, когда она освободилась. Мы с ней, с этой тоже Валей, сошлись довольно тесно, и первое время я ей писала, у нас даже шла речь о ее приезде ко мне. Тем более что и в Садках, и в Веселовске, и даже в Ростове вполне можно было, несмотря на «подпорченную» анкету, устроиться на работу. А у моей Валюши, в ее родном городе, возникли сложности в этом отношении.

В одном из писем она именно с целью переезда и расспрашивала меня относительно возможности, уже в качестве вольной, устроиться в тех краях... Конечно, и о том, как чувствую себя на новом месте я сама. Вот мой ответ:

«Милая моя Валюшечка!

Конечно, в моральном отношении тут гораздо лучше, чем прежде, потому что фактически находишься на свободе, на свободушке... Но свободушка эта все же странная, с постоянным почти чувством преследующего тебя взгляда в спину... Ну да, стукачами любое поселение всегда, как говорится, кишмя кишит.

Словом, это такая «воля в кредит». Отработал свое — и делай, что тебе угодно: гуляй, читай книги, отсыпайся, рисуй... Только не пей! Ну а если, не дай Бог, все же немного выпил — сиди в четырех стенах, никому не попадайся на глаза. Кстати о глазах: стукачей как раз по глазам — холодным, спокойным, уверенным — и можно определить даже издали, идя по улице навстречу.

Из-за них, наверное, и никак не уходит внутренний страх, живешь под страхом чего-то, что было запрещено на зоне. По ночам видишь во сне кошмары и просыпаешься в ужасе — вдруг тебя обратно на зону за что-нибудь водворят?! Хотя ведь точно знаешь, что не за что. А обратно на зону — страшно! Очень страшно! Здесь были такие случаи, как раз за то, что напился человек, вырвавшись в это подобие воли...

Ну и разговоры, конечно. Постоянно следишь, чтобы чего-то лишнего не сказать, хотя точно и не знаешь, которое «лишнее». Оттого-то и молчишь, даже если вдруг возмутиться захочется справедливо.

И еще: по правилам к нам сюда может приехать кто угодно и на сколько угодно. Есть и специальная гостиница. Но периодически то под одним предлогом, то под другим ее закрывают на ремонт, а жить вместе с ЗК не положено... Вот и сейчас гостиницу эту уже второй месяц «ремонтируют». Лишь бы не ехали люди.

Этап сюда у меня был тяжеленный. На последнем его отрезке, если повезут из Воронежа в Ростов поездом (обычным, а не «столыпиным»), попутчикам положено говорить, что якобы едешь в Ростов на операцию, ни в коем случае правда не должна всплыть...

Я ехала таким нормальным поездом совсем немного, после Воронежа, попутчик был один. Какой-то хмурый, молчаливый, как булыжник, мужичок. Из купе я выходила только в сторону туалета, еду мне приносил конвойный, который ехал в другом купе. Вот приносит мне чай с конфетами и — почти извиняется. «Я, — говорит, — тебя пригласил бы к себе в купе, да не могу: со мной стукач едет...» И среди них этих выродков полно, и за ними точно так же следят...

Так что решай, Валюшечка, сама, сумеешь ли ты жить и работать в таких условиях, «под приглядом», лично мне кажется, что я в данный момент то ли от страха, то ли от перемены обстановки как-то отупела...»

На все эти внешние обстоятельства у меня наслаивались еще и личные сложности, связанные прежде всего с Ленечкой Вязниковым.

Его врезавшаяся в память фраза — «Я не представляю себя без тебя» — на фоне полной невозможности быть вместе никогда и нигде, переступить невидимую, но такую ощутимую, во всяком случае для меня, грань!..

Из дневника 1987 г.

«Сегодня 11 августа. Я все еще в Садках. А Леня вчера уехал. Плохо. Мне очень плохо. А как по-другому, как?

Ведь трагедия происходит, и я ничуть не преувеличиваю: именно трагедия. Я безмерно хочу ее избежать!

Он — завоеватель и победитель, его совершенства не позволяют ему многого. Именно так думает он сам, так себя сам воспринимает. А вдруг ему все это только кажется? Вдруг там, на воле, его, такого совершенного, такого действительно талантливого, постигнет неудача? Что тогда?.. Боже, ведь я ЗНАЮ, ЧТО! Я видела это так близко — ближе некуда, с другим, запредельно близким и любимым человеком... Промахов судьбы люди, подобные Лелику, вынести не в силах.

Господи, какое горе, что мне в этой жизни так и не довелось родить мужчину. Такого же несгибаемого, талантливого, совершенного, как Ленечка. Теперь уже и не доведется.

Лелика я буду помнить всегда, думать о нем, наверное, писать. Потому что я люблю его. Как?.. Не знаю...

2 часа ночи, значит, уже 12 августа. Отчего-то

вспомнила Кассандру, ее монолог: «Я не хотела так говорить, но я ЕСТЬ, чтобы сказать Правду!»

Правда — это всегда больно. Мы — самоубийцы! Мир прекрасен, мир божественен, мир обожествлен. Мы в нем заблудились.

Как я хочу играть Кассандру! Господи, как я хочу ИГРАТЬ!..»

Мы расстались с Леликом сухо, почти молча. Но, покидая Садки, он подошел к моему окну, в котором была всегда распахнутая огромная форточка, и (опять же, конечно, молча) бросил в мою комнату свою подушку и одеяло...

«Сегодня 14 августа 1987 года.

Написала большое письмо Сереженьке, в котором делюсь своими фантазиями о двух трудных и оттого заблудившихся душах (две разные истории).

На Лениной подушке сплю и сны такие необыкновенные на ней вижу! Вот сегодня — сон с Никитой Михалковым... До его центрального эпизода какой-то очень красивый и высокий молодой человек, словно бы любящий меня, пытается что-то мне сказать, объясниться. Но я почему-то все время отворачиваюсь от него. Потом оглядываюсь — а он рядом с очень красивой, молодой девушкой сидит, полностью ему доверяющей, верящей в его любовь. Обнаружив, что я повернулась в его сторону, он ее тут же оставляет, а мне его подругу становится жаль, неловко перед ней за него... Я кидаюсь прочь быстро-быстро, он — за мной, просит остановиться. Мне становится неожиданно жаль и его тоже, я задерживаюсь на краткое мгновение и обещаю: «Я приду...» Он остается ждать, а я ухожу.

И вдруг — совсем другой эпизод: большой красивый особняк, а перед ним целая толпа народа, сквозь которую я прохожу, кого-то узнавая, а кто-то и меня узнает. Я — в особняке, кругом старинное стекло, зеркала. Открываю одну дверь, другую... В огромной зале, в самом ее конце, стол, а за столом Коля Пеньков и Михалков Никита пьют вино из великолепных серебряных кубков. Никита невероятно красив. Увидев меня, встает, подходит и — целует в левое плечо, а мне больно!

Я смотрю во взявшееся откуда-то старинное зеркало с толстым, потемневшим от времени стеклом, и вижу — у меня на плече ранка, кровь...

Я проснулась с тяжелейшим ощущением, и даже не хотела просыпаться, потому что мне следовало вернуться, как обещала, к тому красивому молодому человеку... Трудный, нехороший сон: какая-то тишина напряженная в нем царила... зеркала... стол... вино...

Ведь по соннику целовать — это очень плохо! Я помню свой сон на Крещение перед трагедией, я видела Стаса, он меня целовал... А тут еще и кровь пошла... Что это — предвестник несчастья или я просто становлюсь суеверной?..

Вечером. Ирочка Н. — она наполовину цыганка, — кажется, верно разъяснила мой сон. Прекрасные юноши во сне — это ангелы-хранители, значит, меня к чему-то призывает, от чего-то останавливает мой Ангел-Хранитель?..

Никита Михалков мне и в тюрьме снился: тоже встречал меня и целовал... И утверждает, что он — воплощение общественного мнения моих коллег, которые тоже решают мою Судьбу. Серебряный кубок — символ славы. И тут точно все верно: Никита и в жизни пьет из кубка славы. А если и впрямь решается моя судьба, и решается плохо? Не дай Бог!.. Хорошо, что я во сне не пила вина... Да, чуть не забыла: молоденькая девочка, перед которой мне стало стыдно, по словам Иры, моя собственная душа. Вот тут хоть точно есть понятный смысл: душа не может не любить Ангела-Хранителя, не доверять ему, не слушаться его... А я? Я-то как?.. Ведь человек как личность — больше и сложнее одной души...»

Уже выйдя на свободу, я не забывала, что такое неволя, что такое места заключения и каково там людям. У меня была обширнейшая переписка с оставшимися там друзьями и подругами, она длилась годами. И наверное, одной из самых близких, еще со времен Можайска, была Ирочка Н. Сидела она по «валютной» статье, а это в советские времена были статьи «долгоиграющие»...

На самом деле Ирочкина судьба — ярчайший пример того, как пустяковый случай может в мгновение ока разрушить жизнь человека...

Говорят, кто верит в случай — тот не верит в Бога. Но я совершенно не вижу никакого противоречия между тем и другим. Ведь случай — это хаос. И за какие-то одному Богу ведомые провинности и ошибки Он позволяет иногда человеческим судьбам соприкоснуться с хаосом. А там — у одного обойдется, а вот у другого... Ирочка, к несчастью, оказалась из второй категории.

Несколько лет эта очень красивая и жизнерадостная женщина — черноволосая, при этом с глазами цвета июльских васильков — работала в отеле для иностранцев. Таких в ту пору было немного, не обо всех знали в народе, но они были.

Ирочка говорила, что их отель небольшой, уютный, такого европейского типа. Постояльцы в основном были англоязычные.

Ирочка работала там горничной (после иняза!), устроил ее в отель по блату отец приятельницы, и она этой работе страшно радовалась. Потому что у Ирочки росли двойняшки, еще старенькая и больная мама была, а мужа, наоборот, не было. Так же как и прочих, во всяком случае близких, родственников. А в отеле по сравнению со всеми другими местами, куда можно устроиться с инязовским высшим образованием, платили раза в четыре больше, — как такой работой не дорожить? Как не радоваться?

И на детей, и себя самое Ирочке хватало... до тех пор пока к маминой болячке не добавилась внезапная болезнь одной из близняшек. Пятилетняя малышка качалась на качелях, упала, сломала ножку. Ножка срослась неправильно, что-то там врачи проглядели — потребовалась операция, во время которой внесли инфекцию... Словом, хотя медицина тогда платной не была, кто ж станет без денег (тогда это называлось «взятка») лечить добросовестно? Или без дорогих подарков? Опять же лекарства нужны самые лучшие, а значит, вновь дорогие — и лучше бы зарубежные...

Ирочкина веселость очень быстро угасла, день и ночь она ломала голову, где достать деньги хотя бы в долг, при полном отсутствии богатых знакомых. И вот однажды во время дежурства она услышала разговор двух американцев и поняла, что один из них не прочь купить в России старинную ценную икону... Ирочка обмерла. Потому что у них с мамой дома хранилась как раз старинная, аж XVI века, и наверняка ценная икона, доставшаяся по наследству от бабушек-прабабушек! О вере в Бога она никогда не задумывалась, и при мысли о продаже иконы никаких сомнений или там колебаний не испытывала, ведь на карту было поставлено здоровье ее ребенка!..

Дождавшись, точнее, подкараулив удобный момент, когда этот американец был один, Ирочка подошла к нему, и они обо всем договорились. На другой день она принесла семейную икону на работу, и сделка состоялась за три минуты! Американец, видимо, хорошо разбирался в наших «досках», потому что согласился купить икону, едва на нее глянув... Естественно, за доллары.

Сумму он предложил со своей точки зрения, видимо, бросовую — полторы тысячи. Зато на Ирочкин взгляд это были бешеные деньги, о каких она и мечтать не смела...

По ее словам, значительную часть этой суммы она успела каким-то образом продать и сделать все что нужно для своей доченьки. Оставалось только то самое лекарство — зарубежное, — о котором врачи говорили как о панацее. Оно могло ускорить процесс выздоровления ее малышки чуть ли не в два раза.

У Ирочки оставалось на руках в валюте еще 300 долларов. Тот американец, купивший икону, давно уехал. Зато в отеле был еще один постоялец, все время ездивший туда-сюда между Штатами и Россией... И Ирочка, не подозревая ничего плохого, обратилась к нему с просьбой привезти ей в следующий раз (он уезжал всего на несколько дней) заветный медикамент, присовокупив слова о том, что денег на него она даст...

Тот человек согласился сразу. А когда накануне его отъезда Ира принесла доллары, в момент их вручения постояльцу ее и «взяли с поличным»... Даже среди иностранцев в те годы были стукачи — постоялец, как выяснилось, доложил руководству отеля об Ирочкином «предложении» по собственной инициативе, самолично... Вот и все.

Когда я приехала в Можайск, Ирочка уже успела отсидеть около трех лет. И она все еще находилась в Можайске, когда я покидала Садки... Боже, сколько кассационных жалоб, просьб, писем она переписывала по разным инстанциям на моих глазах!..

Мы переписывались с ней несколько лет, прежде чем «потеряться» в круговерти жизни и событий. Но на свободу она вышла только после 1991 года, отсидев, правда, не все, что ей определил суд, но что-то около семи лет точно... Недавно я наткнулась на одно из Ирочкиных писем и так ярко все вспомнила: и наши с ней долгие разговоры ночью шепотом — в нарушение режима, и сам Можайск, и всю ту жизнь с ее страшной порой реальностью...

«Валюша, здравствуй!

Спасибо тебе большое за открытку, так приятно, что ты меня не забываешь — я даже разревелась, честное слово. Спасибо за теплые слова, и как же хочется верить, что и мы когда-нибудь станем счастливыми!

Валюша! Сейчас самое тяжелое время для нас — это весна. Да ты и сама знаешь. Так хочется в Москву! Я даже «Утреннюю почту» смотреть перестала — на глазах слезы, все дом вспоминается, молодость, такая красивая и молодая, девочки мои, мама... Неужели возможно, что и ко мне все... пусть не все, но хоть часть прежнего вернется?

Я пишу и прошения, и жалобы, но пока отовсюду один ответ: социально опасная. Вот и весь разговор. Понимаешь, это я-то. Я! — и социально опасная... Бред! Да мне даже столько лет спустя все еще случившееся кажется бредом.

Но надежду я все равно не теряю. Как-то, будучи вся в душевных терзаниях, взяла и написала в редакцию «Советской России». Отправила и забыла. А где-то месяца, наверное, через 4 М. И. (это наша начальница можайская. — В. М.) говорит, что пришел ответ на это письмо из... прокуратуры. А газета, мол, некомпетентна и помочь не может. А от прокуратуры чего хорошего ждать?

В общем, не достучаться и не докричаться! Вот такое оно, мое дело.

Валюш, по твоей просьбе я подошла к Наде В., передала от тебя привет. Валюш, у нее не было твоего адреса, я ей дала. Мы всегда с ней тебя вспоминаем, она постоянно интересуется, нет ли от тебя какой-нибудь весточки. Надя тоже никогда тебя не забудет. Она мне помогает иногда, когда я к ней обращаюсь, еще ни разу не отказала. Ты же знаешь, по части нужных юридических формулировок она у нас настоящий дока, хотя и окончила, прежде чем сюда загреметь, всего два курса юридического... В общем, жди теперь письма — Надя напишет тебе обязательно!

Теперь об отряде. От нашего бывшего 3-го отряда практически никого не осталось, могу «застрявших» перечислить, считая по пальцам: Морковская, Ситенок, Репина, Попова, Демьянская, Валька-криворучка, Пантелюха. Все!

Ах да!.. Вернулась опять, со вторым сроком (2 года), Швыреева Таня, представляешь? Нет слов!

Рома — конечно, ты ее помнишь — ушла 15 апреля, часто пишет, говорит, что «адски скучает»... Только представь — скучает по зоне? По таким, как мы... С ума сойти! Ох, мне-то кажется, что, если б удалось вырваться, я не то что скучать, а... Нет, об этом лучше смолчу.

В секции у нас 16 человек. У меня свой угол, мое

«маленькое государство». Все верхние ярусы поснимали, сразу стало очень свободно. Так-то у меня все более-менее нормально: настроение разное, но терпимо. Депрессии пока — тьфу-тьфу-тьфу! — больше не было. Общаться особенно не с кем, да и нет желания. Читаю, пишу... Выгляжу, если верить нашим, хорошо, похудела (тоже тьфу-тьфу-тьфу!). Вот воюем по-прежнему с Пантелюхой: мы с ней то друг за друга, то друг против друга. Все-таки развлечение: остались-то вдвоем в нашем углу, нос к носу живем. И Наталья тоже хорошеет, волосы отрастила, стала более женственной. Тоже она уже устала и вымоталась.

Совершенно не могу выносить Морковскую. Ты знала бы только, какие у нас с ней бывают схватки! Такое случается... Хоть бы ее помиловали, что ли!

В остальном все гладко. И спокойно. М. И. получила от тебя письмо. Мы все очень рады, что у тебя, Валюшечка, все благополучно! Смотрели по телевизору спектакль с твоим участием, до того приятно было! Я и вообще все, кто остался, тут же вспомнили, как ты нам о Чехове рассказывала, читала монолог Нины Заречной и как мы все тогда всласть всплакнули...

У М. И. все вроде бы хорошо, во всяком случае с виду красивая... Мы ее слушаемся, стараемся не подводить, уважаем... В общем, и тут все как всегда.

1 Мая у нас был День отряда, мы проводили КВН, все остались довольны. Еще одно мероприятие провели по Шукшину и заработали 10 баллов. Наши выступления вообще очень хорошо оценивают! Но и недругов тоже хватает, частенько суют палки в колеса — но что

об этом толковать, тем более ты и сама все знаешь! Главное — мы не сдаемся!

Сейчас вот начали готовиться к спартакиаде, а в июле, наверное, конкурсный концерт будет. Правда, артисты наши почти все разъехались. Валюша, я, представь, заняла 1-е место на конкурсе чтецов, посвященном 118-й годовщине со дня рождения В. И. Ленина. Подарили мне книгу...

Да, ты спрашивала о Зайцевой: она уехала в свое Кемерово еще 23 марта. Не думаю, что станет поддерживать с нами отношения: говорят, там у них очень трудно начать жизнь после зоны. А уж с ее характером — будет ей сложно вдвойне.

У Марины Симоновой умерла бабушка, единственный родной для нее человек на свете. А ее сразу же при известии о бабушкиной смерти парализовало на правую сторону... Слишком сильный оказался удар. Ведь не успела освободиться, как такое случилось. Сейчас она там у себя лежит в больнице, нам о ней какая-то добрая душа сообщает короткими записочками. И еще с нее взяли уже 2 подписки: представляешь? Полгода, как освободилась, и все еще не может прописаться у себя дома, мытарят бабу — и домытарили. Соответственно, и на работу не могла устроиться. И чем все это закончится — еще вопрос...

Еще, Валюшечка, как-то потихоньку, незаметно наша территория становится все благоустроеннее. Везде клумбы разбиты, стало больше зелени и — главное — чище. Людей совсем мало: две смены на поверке занимают только лишь половину плаца, все делаешь на глазах у дежурных... Как надоело! Многих вольных сократили — и на фабрике, и в санчасти. С работой справляемся, в разнарядки пока не ходим и по выходным не работаем, все-таки можно отдохнуть.

В данное время у меня на 2 недели затишье, перерыв между мероприятиями, можно спокойно вздохнуть, а там — опять кутерьма и беготня. Но с другой стороны, я рада, что у меня есть какое-то занятие, отвлекающее от мыслей и внутренней непроходящей тоски. Часто вспоминаю наши мероприятия. Особенно почему-то врезался в память диспут по «Жестокому романсу»... Знаешь, Валюшка, наверное, всю оставшуюся свою жизнь я вместе с воспоминаниями об этих днях буду мыслями возвращаться к тебе. Потому что ты неразрывно связана с этим моим периодом жизни. Ты всегда была для нас тут как солнышко посреди хмурого дня.

Может быть, у меня многое складывалось бы гораздо сложнее, если бы не ты.

Валюша, тебе все передают огромный привет и самые-самые лучшие пожелания.

Я тебя целую, всегда помню.

Ирина.

5.05.1988 г.».

Такое вот убийственно-простое письмо. На невнимательный взгляд, может быть, даже «забытовленное» немного? Но не просто вчитайтесь, а вчувствуйтесь в каждую его фразу, строчку, слово... Какая отчаянная, на пределе возможностей, попытка выжить и — вырваться! — стоит чуть ли не за каждой буковкой!..

Человеку, любому человеку, остро нужна зона одиночества, нельзя без нее. Невыносимо без мгновений, когда ты остаёшься наедине с собой. Там же есть просто зона, а зоны одиночества — нет. Все, как пишет Ира, происходит либо на глазах дежурных, либо «нос к носу», отчего и «воюют» с Наташей, сьесть готовы порой друг друга две замечательные, яркие по-человечески женщины!

Свой уголок — «мое государство» — это тоже попытка спастись: так в детстве играли мы, девчонки, в куклы, заботливо обустраивая кукольные домики с «взаправдашними» комнатками и кухоньками, шкафчиками и посудкой. Вот и здесь откуда-то из глубин подсознания всплывает спасительная «соломинка», и взрослая женщина начинает посреди вечно открытого чужим взглядам пространства устраивать свой собственный уголок, похожий на «взаправдашнее» жилье, где вместо картин на стенах открыточки близких или просто не позабывших и не предавших тебя в несчастье людей...

Любой свободный, не отверженный обществом человек в советские времена содрогался при слове «мероприятие», воплощавшем в себе тоску и скуку обязательных «датских» концертов и чисто идеологических сборищ. Там, на зоне, мероприятие — это отдушина, способ самовыражения и в конечном счете нормального человеческого общения, способ на мгновения, краткие, как вздох, забыть, кто ты, где ты, с кем ты здесь и сейчас...

Тюремные письма — это самые сильные свидетельства крайних мук и способности, почти невероятной, к выживанию Человеческой Души. Каждое из них — это целая эпопея, втиснутая в немногие строки, заключенная в считанные слова и — рвущаяся на волю, требующая высказанности.

Вот поэтому-то там все пишут. Все — рисуют. В крайнем случае — очень много читают. И оказывается, что вовсе не выдумка, а самая настоящая истина утверждение о том, что решительно все люди — талантливы. Мы все действительно талантливы. Мы все — и вы тоже — удивительно интересные и замечательно одаренные уже потому, что мы — люди.

17

Я очень давно не говорила об Андрее Тарковском, многое рассказав о нем и о наших отношениях в первой книге. Но это не значит, что в своих мыслях и чувствах я не возвращалась к нему почти постоянно, заново переживая острую боль непонимания: как это так, Андрея — и нет?! Больно думать — а значит, больно говорить о нем, писать... Но вот зашла речь о таланте — и не сказать нельзя. И о нем, и о тайне его поразительной натуры, как мне кажется, так никем и не разгаданной.

Может быть, все дело в том, что Андрей жил в ином,

неведомом окружающим измерении, где были свои нормы существования, своя этика, своя, иномирная, шкала ценностей. Словно пришелец с другой планеты, он по определению не мог быть понятым до конца даже самыми близкими ему людьми... Так мне кажется с расстояния в годы и годы, возникшего с момента его ухода. И в таком случае понятно, отчего в своего «Сталкера» он вставил именно те стихи своего несомненно гениального отца Арсения Тарковского, отчего вообще эти строки в числе любимых им особо. Стихи о том, что сбылась Судьба, все состоялось из того, что вообще может состояться у человека, даже счастье само легло в руки «...словно лист пятипалый». И «день промыт, как стекло — ТОЛЬКО ЭТОГО МАЛО...».

Вот суть, вот смысл! Всего, что получалось, было, сделалось — ему все равно и всегда было мало!.. Другие критерии. Иные вехи, совсем особый путь. А слова «творческая неудовлетворенность», принятые в человеческом обществе, лишь бледная тень, не отражающая этого состояния.

Оттого-то и его поведение выглядело странным, порой воспринималось как эпатаж. Но самому Андрею и в голову бы не пришло кого-то нарочно эпатировать. Он просто НЕ ЗНАЛ, что так можно выглядеть, что так могут его воспринимать — как не знает обычный человек, например, законов высшей математики. Они его не то чтобы совсем не интересуют, просто не знает, не думает о них, живет вне знания о них.

Отношения Андрея с женщинами — ярчайший тому образец. Он постоянно пребывал в своем мире, состоящем из его Дела, из еще не снятых фильмов, прокручивающихся в его воображении, целиком и полностью занимавших его ум и душу. Вот очень характерная для него история.

Однажды Андрей пришел в какую-то компанию поздно вечером, уже ночью почти, с красавицей блондинкой. Неизвестно, где он подхватил эту провинциальную девушку, где познакомился с ней, но была она действительно необыкновенно красива. А Андрюша, как это ни забавно по отношению к нему звучит, придавал внешности и даже одежде очень большое значение...

Компания была уже навеселе, новой паре искренне обрадовались, немедленно втянули в какие-то пустые разговоры девушку — ну и Андрея тоже поначалу. Потом кто-то что-то произнес, возможно просто прозвучало какое-то «петушиное» исключительно для Андрея слово, давшее старт его внутренней жизнедеятельности... Словом, Тарковский вдруг примолк, взгляд его сделался отсутствующим, и он, как говорится, погрузился в себя. Ну а назад просто взял и не вернулся!

Просидев за столом еще какое-то время, Андрей задумчиво поднялся и... вышел прочь, оставив красавицу, причем без всякого предупреждения, среди незнакомых ей людей... Так и не возвратился обратно!

Говорят, с девушкой сделалась истерика, когда она поняла, что знакомство со знаменитостью завершилось вовсе не тем, чего она ожидала, собственно говоря, завершилось, толком даже не начавшись... Уверена, что сам Андрей просто-напросто забыл о своей спутнице, увлеченный какой-то своей идеей, которая и увела его из компании. Не со зла он это сделал, не хамство это было, хотя именно так и воспринималось многими, и уж точно никакой не эпатаж — Боже упаси!.. И хотя понять это, особенно женщине, с которой у него вроде бы уже начались совсем иные отношения, очень сложно, почти невозможно (знаю по себе), но это на самом деле так.

Я столкнулась с его постоянным «выпадением» из текущей реальности буквально в первые секунды нашего знакомства, разумеется, растерялась ужасно. А вы бы не растерялись? Вообразите, вас представляют режиссеру, кажется, для того чтобы он вам роль дал, о нем самом несколько высокопарно говорят при этом, а он, вместо того чтоб хотя бы «здрасте!» сказать, интересуется прямо с порога, какие вы сны видите по ночам...

Или вот. Все воспоминания мои о Милане, куда мы привезли «Иваново детство», — это какая-то смесь взаимоисключающих друг друга моментов, вопреки нормальной логике свитых в тугой, не поддающийся распутыванию узел.

Я и Андрей — в очаровательном миланском сверике, чем-то невероятно напоминающем знакомый нам обоим московский. Он нежен со мной необыкновенно! Его поцелуи легки и целомудренны, как легко и целомудренно дыхание Средиземноморья... На душе светло, дивно, ВЫСОКО! Буквально спустя какие-то минуты достигаем отеля, и передо мной решительно другой человек. Не просто жесткий, но еще и (вот оскорбительно-то для любой женщины), видимо, предполагающий, что у меня самой не хватит вкуса красиво и соответственно обстановке одеться на предстоящую пресс-конференцию и последующий прием!..

С занудством старой девы, голосом командира роты и с его же интонациями перечисляет, что именно я должна надеть. В конце напоминает, что косметики должно быть минимально, хорошо бы и вовсе не было... Как вам это нравится?! Словно и знать не знает, что без косметики любая женщина, будь она трижды красотка, чувствует себя столь же «уютно», как и вовсе раздетая...

Я тогда, обнаружив, что Андрея передергивает от сильно накрашенных дам, поступала иногда весьма по-женски: в моменты наших размолвок специально красилась как можно сильнее, чтобы досадить ему...

Да, он мог в мгновение ока разъяриться, нахамить, вовсе вдруг перестать замечать тебя, но и точно так же мгновенно перемениться, растаять, притянуть к себе осторожно, словно фарфоровую статуэтку, пробормотав что-нибудь вроде «Дурочка ты моя...», простив тебе скопом в одну секунду все твои женские штучки...

Я уверена, что Андрей, вопреки всеобщему мнению, никогда не был тщеславен, во всяком случае — в обычном понимании этого качества. Тем более что слава была и так его подругой, легко и охотно давалась ему в руки! Он просто стремился к успеху — как к подтверждению того, что вот сделал свое дело с максимальным результатом, а значит, хорошо! Значит, достиг цели дела, которое одновременно и цель всего сушествования, а в его собственном измерении — цель души, именно с этой задачей и посетившей наш мир... Боже, как же он радовался успеху «Иванова детства»! Как ребенок... Но совсем иначе — чем я своей первой в жизни настоящей Победе: я плакала — а он... Он смеялся как сумасшедший, от всей души! Не надо мной — меня он успокаивал, руки целовал, а смеялся просто от счастья.

Милан с того мгновения и стал для меня сплошным ощущением счастья, калейдоскопом из роскошных садов, соборов, дворцов... Человеческих лиц, необыкновенно красивых, добрых, улыбающихся, в том числе детских мордашек, ласковых и веселых. Состояние это не поддается описанию, хотя не в первый раз пытаюсь это сделать. Да и возможно ли вообще описать в словах самые счастливые минуты своей жизни? Разве что вновь одним-единственным словом — ЛЮБОВЬ...

Говорят, с годами любой человек все ярче и ярче помнит не вчерашний день, а то, что отдалено во времени десятилетиями. Старики — детство, люди за сорок и за пятьдесят — юность. Но я благодаря Андрею всегда помнила лучшее, что свершилось в моей судьбе, одинаково ярко в любой период моей жизни и вновь осознавала всякий раз, возвращаясь к самому началу далеких ныне 60-х, простую истину. Даже если бы после со мной не произошло ничего хорошего, ничего удачного, я все равно обязана была бы считать себя счастливой. Потому что «счастливые» — это те, кто знают, кому довелось пережить минуты счастья, осознавая, что это оно и есть, что повезло. Я — осознавала.

И здесь, в Садках, в самые трудные последние месяцы пребывания в несвободе, я часто-часто вспоминала Андрея, и постепенно боль утраты сглаживалась. Потому что свет всегда сильнее тьмы, он ее рассеивает. А Андрей — это свет моей жизни, несомненно свет. Вопреки сложности и его, и моих жизненных обстоятельств в период нашего знакомства, и позднее, когда был Милан, потом — после Милана...

В то время наш брак с Сашей Збруевым стремительно летел к своему распаду. Когда я снималась в «Ивановом детстве», в самом начале работы, еще не было ясно, что очень скоро мы расстанемся, хотя меня буквально изводили и сбивали с ритма его многочисленные звонки со съемок «Младшего брата»... Все уже было на пределе, и просто чудо, что развод не испортил ни в малейшей степени наших с ним чисто человеческих отношений... Тогда совпало слишком многое: настойчивость Павлика Арсенова, которому предстояло очень скоро после нашего расставания с Сашей стать моим мужем, эти, ночные в основном, звонки. Андрей с его нежностью, перемежающейся с его же «отсутствующим» состоянием, причин которого я по своей тогдашней молодости еще не понимала... Слишком многое для того, чтобы в итоге все сложилось просто и хорошо.

А Садки между тем все длились и длились, и постепенно к ожиданию — тягостному, как любое «стояние в очереди», добавлялась и тоска по игре, по сцене...

Вот это состояние людям НЕ театральным понять действительно очень трудно. Можно сравнить вот с чем: представьте, что у вас есть не просто любимое, но естественное, привычное для вас дело, и вдруг вам категорически, под угрозой смерти, запретили им заниматься...

И вот парадокс: в Можайске такие крохотные-крохотные, но все же отдушины в этом отношении у меня были, в Садках — увы... В письме моей подруги по колонии упоминается (да и я об этом уже упоминала) о Чеховском вечере и монологе Нины Заречной, который я прочла. Но это было не какое-то единичное «мероприятие». Девочки из нашего отряда там, в Можайске, сами просили меня порой: «Валюшечка, ну пожалуйста, сделай нам спектакль!..»

Помню, однажды я очень долго колебалась, прежде чем решиться: во-первых, мне вот-вот предстояла уже поездка в Садки, — значит, времени в обрез! Во-вторых, только что ушла из колонии моя главная помощница и партнерша в таких «мероприятиях» Ирочка Черняева. Но девчонки так просили... И я решилась.

Я соединила основные сцены из «Укрощения строптивой» с сонетами Шекспира. Музыку к ним написала одна из наших замечательных хулиганистых девочек, в запасе у которой была музыкальная школа. Остальные тоже оказались при деле: шили костюмы для спектакля по моим же эскизам... Дивные, замечательные вышли костюмы!

Катарина и Петруччио получились просто обалденные; Петруччио играла Марина Симонова, или попросту Сима (она назвала себя «он»), «его» возлюбленную звали Таней... Ах, как они были хороши, эти талантливые девчонки!

Я нарвала на клумбах цветочков — «коготков», составила из них маленькие букетики, которые прикололα на занавески цвета перванш, в конце сцены поставила балюстраду — получился настоящий итальянский городок! Все-все-все играли просто великолепно, наши зрители аплодировали стоя. Честное слово, очень многим моим коллегам даже не снилось, что можно ТАК играть.

Потом они еще играли у меня восточные сказки — при талантливых декорациях, написанных на листах бумаги. На сцену постелили ковер, сели и стали играть... И вновь — замечательно это делали.

Уже перед самым отъездом на поселение на прощание я постаралась и написала пьесу, соединив всех главных чеховских героинь из всех его пьес... Очень красиво и гармонично разместила их на сцене на белых диванах и креслах, а Шарлотта из «Вишневого сада» была ведущей в спектакле.

Сама я рассказала перед началом не просто о Чехове, но и о России 80-х годов XIX века, о том, что она была тогда настоящей тюрьмой... И вдруг кто-то из зала подает реплику:

— Валюшка, сейчас восьмидесятые годы двадцатого столетия, и снова Россия — тюрьма!..

Я только еле заметно кивнула головой и поспешно продолжила свой рассказ, иначе нам не дали бы выступить. Начальство, в обязательном порядке находившееся в таких случаях в зале, попросту прервало бы спектакль.

Тогда я была очарована не только тем, что все наши девочки столь талантливы, но еще и тем, какие дивные костюмы, с каким тонким вкусом они создали. Я была худенькой, и они для меня сшили белое платье с ярко-синей каймой на воротничке, на подоле, на рукавах, точно такой же поясочек. Очень красиво! Ну а монолог Заречной, так глубоко запавший в души и артистов, и зрителей, я прочла уже в самом конце, предупредив, что никогда не играла этой роли... Монолог начинается словами: «Я очень изменилась?..» — и тут же мне в ответ из зала сразу несколько голосов: «Нет, Валюшка! Нет, ты еще лучше стала!»

Объясняю, что я просто уже читаю монолог, начинаю снова: «Я очень изменилась?..» И вновь из зала: «Да нет же, Валюшка!»

И смех и грех! И мои артистки смеются, и сами зрители, и начальство. Отсмеялись — начинаю монолог Нины в третий раз: «Я очень изменилась?..» — и заранее подношу палец к губам: должна быть тишина.

И стало очень тихо. Неправдоподобно тихо... Тем оглушительнее показался шквал аплодисментов, крики «Браво!..», просто крики и плач женщин в самом финале.

Много я слышала в своей жизни аплодисментов, включая те, миланские, заслуженные благодаря Андрею. Но эти были особенные, ни до, ни после ТАК мне не хлопали... Я помню их всю жизнь и буду помнить всегда.

А вскоре я рассталась с моими девочками, уехав в

Садки. Стоит ли говорить, что провожали меня со слезами? Может быть, это были самые искренние слезы обо мне — тоже во всю мою жизнь...

18

Из дневника 1987 года

«Сегодня 8 ноября, у нас выпал первый снег... Хорошо! И настроение у меня чудесное отчего-то.

Сейчас просмотрела свои записи и увидела, что в последние месяцы не писала о Лелике почти ни слова. Между тем он устроился на работу неподалеку — в Ростове. И уже несколько раз приезжал в Садки — вроде бы по делам. Но всякий раз располагал свои дела так, чтобы увидеться со мной. Общались очень спокойно, тепло, как-то очень по-человечески, хотя несколько раз я ловила на себе его взгляд, брошенный исподтишка... Такой взгляд, словно он чего-то ждет от меня... Чего?.. Ох, Лелик, Лелик! Ни ты, ни я ничего более мы друг от друга не дождемся. Все».

Я помню, как в тот день долго гуляла по нашему поселку, любуясь обновленными белизной окрестностями. До чего же я люблю простор! С каждым шагом мое настроение становилось все лучше и лучше от этой красотищи. А потом я встретилась с нашим фотографом, и он меня щелкнул... Этому случайному снимку суждено было стать последней моей фотографией из неволи.

Вечером, вернувшись домой, я, вопреки обыкновению, пила чай в одиночестве, радуясь тому, что здесь такая возможность — побыть наедине с собой — существует. Ведь это так важно!

Давненько я что-то не «проводила ревизию» в своем собственном «домике-мешке». Вот и надумала этим заняться. И совсем-совсем не напрасно! Потому что первое, что извлекла на свет — отдельно ото всего нынешнего, нажитого за эти три с лишком года, — «спеленутую» пачку писем от Сашеньки Кайдановского, не перечитывала которые тоже очень давно. Они лежали у меня отчего-то не по датам, а вперемешку, хотя и очень аккуратно. Некоторые из них написаны со съемок очередного фильма, некоторые — из армии, куда Сашу призвали совершенно для него неожиданно. И поначалу служба была очень тяжелая, пока, как я уже упоминала, не удалось, нажав на все педали, перевести его в Подмосковье. И в какие же войска?

Никогда не догадаетесь: в кавалерию! Его — сугубо городского жителя, знакомого с лошадьми в основном по картинкам и фильмам, именно к лошадкам и приставили... И смех и грех! Зато от дома близко. И на очередные съемки отпрашивать у армейского начальства легче...

Начала я читать-перечитывать, всколыхнулись в душе воспоминания, — теперь уже, когда конец моей изоляции от всего родного был близок, совсем не горькие, а, напротив, нужные.

Однажды я видела, как профессиональный кинолог учил плавать овчарочьего щенка-недопеска. «Учил» — это не то слово, он просто взял его за шкирку и бросил в воду... До этого я думала, что «бросить, как щенка в воду» — это что-то вроде метафоры, преувеличения... короче, художественный прием. Но оказалось — все так и есть. Бедного недопесочка с выпученными от страха глазенками взяли и бросили в реку, он взвизгнул, забарахтался и — поплыл. Да так бойко, словно всю жизнь именно так и передвигался в пространстве!

Вот точно такое же действие оказали на меня тогда Сашенькины письма, в мгновение ока «бросившие» в самую пучину ТОЙ реальности. И я поплыла. Легко и счастливо, словно и не жила никогда никакой иной жизнью, словно не была на несколько лет отлучена от своего, родного и близкого, нужного, как воздух, словно и не сидела в этот момент в Садках, в своей казенной квартирке... Уже тогда я поняла, что обязательно — рано или поздно — опубликую Сашины письма...

Хотя бы потому, что в них — не только о НАШЕЙ жизни и НАШЕЙ любви сказано точно, просто, легко. Это письма в принципе, на мой взгляд, о Любви. И, конечно, о жизни — тоже.

И я теперь действительно их публикую — как и тогда, отринув хронологию и последовательность событий, приличествующую биографическим и анкетным бумагам. А так, как читались они тогда, как читаются порой и теперь — в минуты светлой печали по дорогому человеку, ушедшему уже навсегда.

«Валюшка!

Я тебе наконец пишу. Сижу в части. Все идет своим чередом, я это четко понял и спокойно жду, когда меня выпустят к тебе. Навсегда. Нафантазировал себе самое счастливое будущее. Здоровое и покойное. Ну конечно, в реальных масштабах. Относительно покойное, если ориентироваться на тебя.

Я думаю, какое счастье, что мы встретились. Это дало мне силы дождаться конца службы. Я уверен в благополучном исходе моей гусарской эпопеи. Читаю «сурового Данта», «Vita nova», наверное, буду делать сам, потому что, кроме тебя, меня и Ады, этого никто не поймет. 16-го сдача на телевидении нашего «Пушкина», а на «Мосфильме» — «Свой среди чужих». Чем все кончится? Жуть как интересно! Приезжал Иосик, поддатый, на такси: привез мне банку тушенки и сигареты, потом расцеловались, и он укатил. Он все-таки очень мне предан. 6 апреля наш Иосиф женится, он мне об этом торжественно объявил и пригласил быть свидетелем. Вероятно, для того чтобы я публично засвидетельствовал его дурь. Что с ним делать?

Говорит, что на работе у него все очень скверно, а учиться он не может — нет аттестата... Кончится тем, что они действительно поженятся и навсегда останутся работать дворниками, и дети их будут дворниками.

Валюха, я пишу тебе из караула, сейчас ночь. На посту довольно неприятно, что-то ухает, скрипит, падает — довольно страшновато... Зато нет целой кучи физиономий: в карауле всего 4 человека, можно спокойно читать, писать, есть и спать. А большего мне не надо.

Насчет больницы не знаю, что получится. Лучше подлечусь после, а то могут назвать «сачком» и отпустить только в июле. А мне бы все-таки хотелось в мае видеть тебя и быть совершенно свободным!

ЧЕМ ТЫ ТАМ ЗАНИМАЕШЬСЯ?

Напиши, пожалуйста, чем ты занимаешься и что делаешь в своей Риге, глупой, дурацкой Риге, куда я не могу приехать! Все-таки тот, в которого ты так веришь и который создал из тебя артистку, был порядочный паршивец, для меня это сейчас ужасно. Одно утешение — что будем вместе работать.

Да, с этим глупцом Лановым я больше работать не буду, мне Иосиф сказал, что начало в «Пушкине» он все-таки сделал по-своему. Вот пусть его режиссером и будет Покровский, а меня он предал... Иди, иди туда — к ним в театр, играй с ними их чудесные постановки-капустники под руководством Симонова и Ремизовой, этих хороших, умных, милых людей. Играй, моя дорогая Примадонна, в их операх, а я все равно взорву этот театр. Подберу в части динамит и подорву. Однажды ты придешь на спектакль, а там ничего и никого не будет, пустое место!

Все. С банком покончил. Теперь...

Я люблю тебя, люблю по-звериному сильно, не отстану до самой смерти. Так и знай и не надейся на ДРУГОЕ. Ты меня, думаю, поняла.

Целую тебя!..»

«Валя! Да, я начал нашу историческую переписку. К несчастью, у меня нет даже приличного листа бумаги. Завтра куплю.

Вильнюс очень красив. Только я ничего не понимаю. Говорят по-литовски. Все вывески тоже на их языке. Во всех столовых обслуживают официанты, пока объяснишь, что хочешь съесть, можно помереть с голоду.

Все у меня идет с приключениями. Я приехал в группу, мне дали ключи и отвезли на какую-то квартиру. Квартира ужасная: вся пропахла кислятиной, постелили мне в проходной комнате. С одной стороны — два пьяных парня-квартиросъемщика, с другой — хозяева с двоими маленькими немытыми детьми. Горячей воды нет. Все-таки я решил стоически все перетерпеть и дожить там до следующего дня. Принял холодный душ и полез в постель. Но, к своему ужасу, увидел, что по подушке ползет клоп величиной с пятак — причем прогулочным шагом! Я тихо взял свой чемодан и — на базу, в школу. Там и переночевал.

И теперь пишу тебе из прекрасной двухкомнатной квартиры с замечательной библиотекой. Читаю Библию, «Русскую старину», «Быт русских царей» и своего «Лунина»!

Сегодня гулял по парку, видел очень красивое зрелище. На довольно большом ярко-зеленом лугу играет любительский духовой оркестр. Все в одинаковых голубых пиджачках и кепочках, сидят на раскладных стульях. Играют для себя, никто на них не обращает внимания. Все очень серьезные, все разного возраста (примерно от 12 до 70 лет).

Играют старинные марши и вальсы. А тут же — бабушки с детишками. Забавно.

Ставку мне сделали 25 рублей. Но когда сниматься — неизвестно, потому что мой партнер (Норейка) отказался от роли, и я прозябаю.

Я дико по тебе скучаю, тоскую, ДАЖЕ СКУЛЮ. Хочу тебя видеть страстно! ВОТ ТАК!

Короче говоря, я хочу скорее к тебе. Сейчас половина пятого утра. Сижу, курю, пишу. Буду писать каждый день. И ты. Пиши. И главное — не психуй из-за пустяков вроде Славы Шалевича. Ты знай, что я все время думаю о тебе, волнуюсь за тебя. И кошмарно, ужасно, жестоко, нежно, страстно и вечно люблю тебя. *ВОТ ТАК!*

Целую целуюцелуюцелуюцелую.

Александр».

«Валя! Это мое второе письмо тебе. Вчера дозвонился в Москву, мне рассказали насчет интриг вокруг то ли моей, то ли не моей роли. Честно говоря, меня вся эта возня вокруг роли мало интересует, готов отдать ее кому угодно, хоть Сергею Филиппову. И вообще, у меня сейчас отвращение к артистической деятельности. Не вижу в ней смысла.

Видел здесь две картины. Первая «Пришел солдат с фронта», вторая «Чайка». Первая — спекуляция на чувствах простых смертных со славянофильским привкусом (сценарий Шукшина). Чего там только нет —

кривые, хромые, безрукие, безногие, слепые, сироты, без конца слезы и сопли, — какой-то кошмар! На сов. ком. деревенской базе. Второй фильм — просто бездарный импотентский бред. Даже писать не хочется.

Хочу одного: скорее увидеть тебя. Я все время сижу в комнате. Много читаю. Бегаю лишь на почту, чтобы позвонить тебе. Услышу твой голос — и назад, в квартиру.

Купил большой кусок колбасы, чаю, сахару и халвы. Жую, листаю книжки и учу роль, которую уже ненавижу, и все время думаю о тебе. Да! Тут есть проигрыватель и три пластинки. А на одной — «Снова слышу голос твой». Поет этот дурак Сличенко. Но ничего, мы с ним прекрасно спелись! Воем на два голоса и думаем о тебе.

Я живу довольно далеко от центра. Здесь очень тихо. Только в воскресенье с семи утра стоит страшный грохот и треск — это домохозяйки выбивают ковры, и прямо под моим окном. А впечатление — будто это артиллерийские маневры.

По секрету от Ады: мой «Лунин» сидит в чемодане и писаться не желает. Не знаю, что и делать.

Как ты там? Что у тебя в театре? Как Верка с ее пузом? Очень волнуюсь. Скорее бы уж она, бедняга! Передай им привет от меня: ей и Тюку.

Был на съемочной площадке. Все это отвратительно. Режиссер похож на гномика в маленькой кепочке. (Тарковский в маленькой кепочке, Кончаловский в маленькой кепочке, Никита Михалков в маленькой кепочке... Как будто все от одной суки рождены.) Кино варганится тоже по какому-то единому принципу. Куча прихлебал, подобострастных рож, подхалимов и хамов. Все это называется «киногруппа». У меня отвращение к искусству. Мне ночью приснился сон: на горе стоит дом, огороженный большой стеной. На стене скульптор лепит прекрасную глиняную вазу. Ваза выскальзывает у него из рук и медленно, ломаясь, плавно, как в воде, катится вниз...

В заключение добавлю, что ничего не пью с мая, но это все ерунда. Очень люблю тебя.

Саша».

«Валя! Сегодня у меня хороший день. Я выпил целый ушат вина... из одуванчиков! Рея Брэдбери. У меня когда-то был этот сборник. Но — рассказики я прочитал, а слона-то и не приметил! Тут же стал все прикидывать для сцены. Ужасно обрадовался, что здесь есть все о жизни и смерти, о добре и зле, о вечном. И все так тонко, покойно и умно. И тут же отбросил эту затею со сценой. Сытые, добрые Соединенные Штаты 1928 года и советский зритель как-то не увязываются. Чтобы покойно думать о вечном, надо иметь все или ничего. А тут — то ли есть, то ли нет. Ни черта не понятно. И мысли как-то мелькают (я имею в виду нас). Нет уж, лучше заниматься Луниным.

Там есть все. И шикарная жизнь, и тюрьма, и война, и женщины, и голодуха. Это роднее.

Купил 7-ю симфонию Бетховена. 2-я часть очень красивая. Хочу вставить в Лунина. Он увлекался Бетховеном.

Ты не удивляйся, что пишу в стиле Максима Горького, назидательно-разъяснительно-подчинительно. Я так истосковался по тебе, что просто тебя вижу, а поскольку ты молчишь, я произношу перед тобой монолог. Боюсь, что скоро наступит вторая стадия: сам себе начну задавать вопросы и сам на них отвечать. Письма твоего не получил. Жду. Бегаю все время на первый этаж и сую нос в почтовый ящик.

Вчера занимался кулинарией! Купил полкило свиных почек и хотел их зажарить, но не нашел сковороды. Тогда бросил их в кастрюлю и стал варить. Тут начался какой-то кошмар. Они, эти почки, так развонялись, что я их выкинул прямо с кастрюлей (которую никак не мог отмыть) на помойку. Но запах писающих хрюшек меня преследует до сих пор. С этого дня питаюсь исключительно колбасой. Ладно, с натурализмом покончил.

В Вильнюсе замечательные улочки, переулки, закоулки, какие-то проходные дворы, окна со ставнями, черепица на крышах, очень чисто, но все как-то по-немецки. Даже в квартире, в которой живу, кругом приколота к стенам масса счетов, подсчетов, расходных книг... Один счет я тебе шлю ради любопытства: не хотел бы я, чтобы мы с тобой когда-нибудь так жили. Одним словом — это другая страна (на кой черт их присоединили?). Нашими они никогда не будут. А национальное куда-то прячется (в основном, по-моему, под пол в виде обреза). Да, у них тут стоит бюст Пушкина, очень похожего на Крылова. Скорее бы отсюда вон!

Целоваться с тобой — ой как хочу! Ужасно!

ЦЕЛУЮ ТЕБЯ. ОЧЕНЬ! ОЧЕНЬ ТЕБЯ ЛЮБЛЮ.

P. S. ПИШИ. ПИШИ. И ПИШИ. Сама же говорила «каждый день». Не пробуждай во мне зверя!»

«Валюша! Я получил твое письмо. Очень хорошее. Но все-таки я предпочел бы тебя видеть. До сих пор чувствую себя хреново. Совсем замучил кашель.

Живу я в комнате с Толей Солоницыным. Он прекрасный и очень своеобразный человек. Очень мне нравится. А я в этом отношении, как ты знаешь, сноб. Начал сниматься. Полк наш еще не приехал. Слава Богу! Насчет театра не знаю, что посоветовать. Но как только я представлю себе твое кающееся лицо перед этими м...ми, мне становится дурно. Готов подложить бомбу под этот банк.

Вычитал в «Литературке», что на Одесской киностудии у режиссера Левина в картине «Дом на холме» снимается Василий Лановой. Он совсем сошел с ума. Сниматься в такой х... может только абсолютный кретин! На кой черт тогда заниматься Пушкиным? Все коту под хвост. Ты тоже молодец. Мне передали, что твое «Испытание» абсолютное дерьмо. Короче, после армии у меня есть шанс встретиться с дорогими моему сердцу двумя законченными халтурщиками. Ура!

У меня к тебе просьба. Вышли мне, пожалуйста, «Калигулу», 2-ю композицию. Она у Веры. Чаадаева и Лунина. Буду работать, пока есть время. Сделай это обязательно. А то мне надоело бездельничать и ежеминутно ждать тебя в Грозный.

В письме ты старательно обходишь вопрос о своем

приезде. Видно, у тебя свои соображения. Ну и поступай так, как хочешь. Больше я об этом писать не буду. Ты мне надоела со своими ста решениями на дню и с твоим Аэропортом.

Все. Целую. А.

P. S. Мне плохо без тебя, поэтому я бешусь. Я хочу скорее тебя увидеть. До 15 сентября 12 дней. Ужасно. К тому же писать я не умею. Единственное утешение — проигрыватель с прекрасными пластинками, который я отобрал у Вивиан Кончаловской. Слушаю с утра до вечера. Других развлечений у меня нет. В озере я не купаюсь из-за простуды. Город душный, с отвратительным климатом, погода меняется через каждый час. Кормежка отвратительная. А насчет твоих подозрений и ревности... Лучше оборотись на себя, друг мой. И перестань врать, что хандришь.

Ты прекрасно умеешь находить себе развлечения, даже после тяжелейшей, как ты пишешь, работы. И находишь в себе мужество, когда это тебе надо. А весь этот кошачий флер, который ты мне начирикала, я не признаю.

Весь ужас заключается в том, что я сел писать любовное послание, а вот что получилось. ОЧЕНЬ, ОЧЕНЬ ЛЮБЛЮ ТЕБЯ.

А.».

«Валюша!

Я в кавалерийском полку. Все пытался выскочить из части — позвонить. Ничего не вышло. Вот пишу.

25 августа наш эскадрон уезжает в Грозный. Я дол-

жен или ехать с ними, или меня киногруппа заберет раньше. Если заберут раньше, буду в Москве. Пока что от группы ничего не слышно насчет отъезда.

Здесь жить чуть легче, нет такой муштры. Но тоска! Тоска! Очень соскучился по тебе.

Сюда можно приехать. Здесь нет ни забора, ни часовых. Можно спокойно приезжать, а в 50 метрах от нашей конюшни мосфильмовский зверинец. Но нам нельзя туда ходить. Сегодня заступлю в наряд по конюшне. Буду убирать какашки за лошадьми. Сюда приехал Коля Еременко. Служим с ним в одном эскадроне. Он для меня — отдушина. Плохо то, что мало времени свободного. Кое-что, правда, урываю, даже на Лермонтова. Начал писать режиссерскую разработку «Маскарада». Что делать с нашим «Пушкиным»? Нельзя, чтобы работа остановилась. Как-то все глупо. Валюха, а! Очень люблю тебя. Ужасно! Ну почему мы такие идиоты? Вырастили свои самолюбия до размеров слонов. А теперь за это расплачиваемся... Все равно я тебя никому не отдам! Даже не мечтай.

Если сможешь, приезжай, если нет — напиши... Целую, очень люблю.

А.».

«Валя! Я получил твою открытку! Спасибо!

Конечно, пишите с Буниным сценарий, конечно, я вам помогу. Очень хочу с тобой работать. Ты ведь у меня талантливая, и «это сильнее тебя». Я все воюю. Все хожу с автоматом вокруг двух домиков и от кого-то их охраняю. Все время думаю о тебе. Тоскливо. К тебе хочу. Читаю Уставы и Данте Алигьери, Кнута Гамсуна и газетные передовицы. За окном — дождь со снегом. Приезжай ко мне, Валюша, приезжай, пожалуйста. В Москву дозвониться не могу. Ты не представляешь, Валька, как я соскучился по работе... Может, мне создать здесь художественную самодеятельность на базе конюшни?

Приезжай, Валя. Хочу видеть твое лицо близко-близко. Целовать тебя. Ладно, не надо об этом, а то голова начинает кружиться. До свидания. Целую тебя.

А.».

«Милая моя Валюха! Не везет нам. Сегодня утром пришел ко мне в комнату мой командир и приказал мне немедленно ехать с ним в эскадрон. Киногруппа не продлила моей командировки, и по приказу командира полка я, надев форму, уже сегодня с утра занимался настоящим делом. Т. е. перевозил навоз из одной кучи в другую. Не знаю, что будет дальше, но пока что я должен во вторник ехать с эскадроном в Алабино. А по приезде туда, наверное, опять назад, на съемку.

Одним словом, я ничего не понимаю и не хочу понимать, пусть они сами ломают голову, как со мной поступать.

Единственное, что меня волнует, — это ты. Я хочу видеть только тебя. Все остальное меня мало тревожит, и мне на все наплевать — «от и до»... Сегодня день рождения у Никиты... Офицеры привезли меня из части, чтобы я собрал вещи и книги, а завтра утром — обратно. На день рождения не пошел. А книги я отдал одному верному парню из осветителей, он их соберет и сохранит до того времени, как я смогу их забрать. А если нет, то передаст тебе все мое наследство.

Я получил от тебя открытку, две телеграммы почти одинакового содержания и два письма. Когда я узнал, что 17-го приехать ты не сможешь, я расстроился, но не разозлился. Я знал, что ты не сможешь приехать, и, как видишь, не ошибся. Потом несколько дней дурного настроения сменились нервным днем. Лошадьми, солдатами, офицерами. И тут я получил твое письмо.

Ты все-таки у меня умница. Ты никогда не помогала мне в моих настроениях (что, может быть, и правильно), но в конкретно данной мне обстановке ты всегда со мной. У тебя какой-то нюх, чутье, спасибо тебе за это. Я очень люблю тебя. И очень тебе верю.

Мне наконец-то надоело сниматься. Советское кино для меня (теперь я это понял) — эдакий птеродактиль. А цветное я просто ненавижу. Как говорит Никита Лавинский — сперма в сахаре. И что самое ужасное — трусость и хамство во всем, какая-то космическая наглость из-под полы. Ненавижу! Цель одна: как по-новому, оригинально, с фантазией, чуть странно и в то же время профессионально выдумать примус. Мне все это надоело. Больше я сниматься не хочу.

Это вполне искренне. А хочу я одного — видеть ТЕБЯ, работать с тобой, целовать тебя день и ночь, любоваться тобой. А вовсе не Михалковым.

Очень волнуюсь из-за больницы. Как ты там? Скорее бы покончить с этой нелепостью. Так хочу от тебя ребенка — если бы ты знала!

Валюша! Как только что-то дирекция решит со мной — сразу пришлю телеграмму.

Пока что, к моему отчаянию, могу только письменно обниматься и целоваться с тобой. Проклятие!

До свидания, моя любимая, дорогая, умная, красивая, родная моя.

До свидания. Нежно, нежно, нежно тебя целую.

А.

21 октября 1973 г.»

«Валечка! Очень грустно мы расстались. Встретились и расстались. Я злой как черт. Сижу в Грозном. Ни одного метра не отснял. Непонятно, зачем я здесь нужен.

Почему Никита не разрешил остаться с тобой в Москве? Сижу и злюсь на всех и на тебя.

Я почти уверен, что с тобой что-то происходит. Если это так, то напиши. Или не пиши совсем ничего. Я пойму.

Потому что в данной нелепой ситуации я готов понять все. Разлука — самое верное испытание чувств. Если выдержим — будем вместе. Если нет, то — нет. Середины быть не может.

Приехал Шакуров, говорит, что видел тебя. После разговора с ним я расстроился еще больше. То ли ты не умеешь говорить с людьми, то ли мне не стоит ждать ничего хорошего. Еще раз повторяю: я готов ко всему.

Все это я говорю не из дикого эгоизма, как ты это всегда стараешься себе представить. Я не хочу ни в чем ограничивать твою свободу. Но из желания достичь ясности, чего я ЖАЖДУ вот уже 4 года. ВСЕ!

Очень люблю тебя. Жду тебя. Напиши, когда приедешь. Кстати, здесь можно хорошо отдохнуть. Живем на берегу озера. Прекрасные горы, горные потоки. Очень красиво.

Группа наша слегка смахивает на сумасшедший дом, который вывезли на природу. Все галдят, суетятся, создают впечатление активной работы. Полная противоположность пашковской картине. Я почти ни с кем не общаюсь, сижу у себя в номере. И зверею от чеченцев — инструкторов по туризму, которых подселяют ко мне каждый день. Один переспит — и утром отправляется с беспрерывно поющими туристами в горы, а на его месте появляется другой улыбающийся усатый кретин. И так бесконечно.

Я здесь приболел: чихаю, кашляю и потею. Короче говоря, живу замечательно. А ежели честно — то ежеминутно думаю о тебе, мучительно жду тебя, потому что не представляю себе, что ты можешь не приехать.

Потому что все больше люблю тебя. Страшно ревную, от этого бешусь, потому что перестаю владеть собой.

Купил отличные книги: «Древнекитайскую философию» и «Избранные труды» Гегеля. Приезжай — пофилософствуем.

Целую тебя. Жить не могу без тебя, Дура моя любимая!.. Просто отчаяние берет.

Пиши, и побыстрее. Жду.

Еще целую, целую, целую!

А. К.».

«Валечка? Судьба вновь бросает меня из переплета в переплет.

С 21 по 25 октября, отслужив в кавалерии, я собрался для отправки в Москву, вместе с солдатами. Как вдруг на вокзале к нашему эшелону подъехала военная машина, и меня снова препроводили в Грозный, в одну из военных частей, где я сейчас и нахожусь.

Живу я со спортсменами в божественных условиях: зимний бассейн, горячий душ, спортивный зал и пять симпатичных солдатиков-спортсменов, непьющих и некурящих. И нравится мне здесь гораздо больше, чем в гостинице с киношными рожами.

Выпустят ли меня отсюда, если ты приедешь?

Не знаю. Потому что приказ был — направить меня в одну из военных частей.

Если выпустят — я сразу дам тебе телеграмму. Или ты сама позвони Комаровскому и узнай, где я и что. Потому что кто-то на меня по телефону накапал в Главный штаб, что я хожу в штатском, бородатый, пью, не ночую в части, а живу в гостинице.

Оттуда, из штаба, кто-то из высоких начальников позвонил Иванову, а Иванов — Комаровскому. Комаровский сказал мне, что в штабе возмущены! Что намерены меня постричь, побрить и отправить служить к черту на рога...

Кто меня заложил — не знаю, но думаю, что кто-то из кавалерийского полка. И на мой взгляд, лучше служить с чертями, чем с этими кретинами из кавалерии. Еще и стукачами оказались.

Сначала я взбеленился от всего этого. А теперь мне

смешно, что такие высокие начальники, такие почтенные дяденьки всерьез занимаются моей персоной. И «очень любопытственно», что же будет дальше.

Прогонят ли меня сквозь строй? Или отправят на Кавказ воевать с чеченцами под знаменами генерала Ермолова?..

Валюша! Я получил твое письмо с открытками. Жутко обрадовался и тут же огорчился по поводу мамы. Ты написала, что небо давит черные деревья в мамином окне, скорее бы пришла мама и т. д., а штампы на твоих письмах — ЛЕНИНГРАДСКОГО РАЙОНА... В следующий раз, когда будешь врать, опускай письма в Киевском районе Москвы...

Целую. А.

Валюша, что же будет? Что будет с нами, с тобой и со мной?

ЧТО БУДЕТ СО ВСЕМИ НАМИ?!»

19

Последние месяцы в Садках вообще остались в моей памяти как время подведения своеобразных итогов, некоей переоценки ценностей, касающейся в первую очередь вещей очень глобальных — то есть жизни в принципе.

Я совсем не случайно писала в своей первой книге о том, что там, в местах заключения — будь то тюрьма, зона, поселение, — повсюду царит, как это ни парадоксально, Любовь... Я имела и имею в виду Любовь в широчайшем смысле этого слова, во всех мельчайших проявлениях этого великого чувства. А не только любовь между мужчиной и женщиной.

Да, много и страшного, и грязного, и порой чудовищного. И все-таки в большинстве случаев она побеждает. А побеждая — спасает... И обучает! Обучает самой себе всех, кого коснется.

Перечитывая тогда, в Садках, свои дневники первых дней отлучения от нормальной жизни, вчитываясь в собственные, порой отчаянные, записи рокового для меня 1983 года, я долго колебалась: публиковать ли хоть одну из них?.. И поняла, что это необходимо, иначе полной картины случившегося с моей судьбой, а значит, и душой, просто не будет. Не сложится она. Главное — ускользнет тот момент спасения чисто человеческой, глубоко духовной Любовью, о котором только что сказала.

Итак, вот одна из самых тяжелых моих дневниковых записей. Сделана она в тюрьме на Пресне, приговор суда уже был ясен.

«...От ничегонеделания наступило полное отупение, кажется, оно меня доконает. Читать нечего. Это тебе не Бутырка с ее великолепной библиотекой. В камере едят, ссут, срут и спят — и все это одновременно. Сколько же человек по стране делают одновременно то же самое? Ужасно!

Если бы не было политики и преступности, чем бы жив был человек?

Фильмы нравятся о преступлениях, книги тоже... Дети играют в войну...

Только однажды я услышала необыкновенный диалог между двумя мальчиками — во дворе студии «Молдова-фильм». Оба мальчика были в очках. Один из них говорит:

— Вот ты идешь — и вдруг обезьянка летит по воздуху... Что бы ты сделал?

— Я ее не испугался бы... А ты?

— Не знаю...

Это редкостный диалог. Потому что и дети агрессивны. Все кричат: «Вперед!» А куда вперед? Неизвестно.

Восьмидесяти процентам населения было бы скучно без ужасов. Отчего человек лучше чувствует себя в этой возне, в суете этой? Надоело как! Боже, как надоело!

Мамулька была на свидании и очень нервничала. Я тоже. Она все говорила об отмене приговора. Когда я ей сказала, что ни во что не верю, что не для того меня сажали через пять лет после гибели Стаса и лишили свободы на девять лет, чтобы отменить приговор, и что я готова к большой дистанции несвободы, мама сказала: «Кошмар!»

Что такое «химия», она не понимает. Я не смогла ей объяснить, что это такое.

И конечно, я солгала ей насчет того, что готова к несвободе на девять лет... Кто может быть готов к ТАКОМУ? КТО?! О Стас!.. Неужели я и впрямь это все заслужила?..

После свидания я вернулась в камеру и вдруг ясно осознала, что и там, за решетчатым окном вонючей камеры, свободы тоже нет. Нет воли, а есть сплошное вранье вокруг, и все бессмысленно. Я поняла, что и там, за решеткой, — тоже зона.

Голова закружилась. Потом пустота обрушилась — страшная, черная яма... Вдруг почувствовала, что действительно могу спокойно, без истерики, выпасть из этого мира, к здешнему «причалу» пристать... Неужели?

Вывели на прогулку. Небо было нежно-голубое в розовых облаках. Стало чуть легче. Неужели небо — единственное в этом мире, ради чего стоит жить?..»

«...Пишу этим же днем, точнее, ночью уже. Все спят, кто-то храпит. Расскажи кому-нибудь там, на воле, что сорок женщин способны уместиться на двадцати квадратных метрах, — не поверят...

Те, кто меня посадил, получат душевные муки вместо торжества своей «победы». Убеждена в этом. То, что произошло между мной и Стасом, — это наше. И нет нам судьи, кроме Бога, перед которым и станем отвечать. Мы не в ответе перед ними. Они, эти «судьи», препарируют наше чувство, жонглируют им по своему усмотрению, а заодно и нами... Они наказывают нас за свою собственную вину. Они сами кругом виноваты, подлые, мелкие, неумные люди!..

Нет, не нравлюсь я себе теперь, потому что не прощаю никого. Не нахожу сейчас в душе сил на прощение, а необходимо простить «должникам нашим»... Как же выжить? Как?.. Мне кажется, что после прогулки у меня поднялась температура. Не дай-то Бог заболеть здесь и сейчас!..

Господи, неужели вчера ночью я спрашивала себя, как выжить?.. Да! И Судьба дала мне ответ ранехонько утречком. Едва мы проснулись, как забегал «конь», и мне пришло дивное такое письмецо от того самого Гарика, которого я ни разу не видела и который писал прежде, что так же, как я, любит Достоевского. Переписываю его послание полностью, чтобы сохранить вместе со своей тетрадкой, если случится очередной шмон. Одного не пойму — как, каким таким то ли шестым, то ли и вовсе десятым чувством ощутил он, что я хандрю?»

«Валюша, милая, не грусти! Я очень в тебя верю! У тебя все будет хорошо, лучше, чем у всех. А я буду обязательно учиться и буду обязательно вспоминать тебя. Всегда!

Сколько же, милая, нам предстоит еще перенести, и мы все выдержим. Достоевский рядом с нами. Он — наш учитель. И еще — мир Грина, мир мечты и надежды. Я буду молить Бога за тебя, чтобы путь творчества был для тебя открыт всегда. Я верую в тебя! Спасибо, что ты есть. Не грусти, моя милая. Сегодня ночью постарайся заснуть — закрой глазки и не думай ни о чем плохом. Бог тебе навстречу...»

Я едва не расплакалась, дочитав письмо, а затем тут же озаботилась тем, как его сохранить. Да и мои дневниковые записи... Кто-то говорил, помнится, что во время большого шмона и дневниковые записи тоже могут изъять. Одна женщина посоветовала мне вот что.

Нужно озаглавить свою тетрадочку, например, «Владимир Ильич Ленин». Потом на первой страничке вписать некоторые цитаты из Ленина. Например, здесь очень популярна такая его цитата: «Умен не тот, кто не делает ошибок, таких людей нет и быть не может. Умен тот, кто делает ошибки не очень существенные, и кто легко и быстро исправляет их». И т. д. А потом, не прерываясь, без абзацев, вписываешь свое собственное, что тебе интересно, а завершаешь снова Владимиром Ильичом.

Кажется, я начинаю обучаться здешней жизни...

«...Я все-таки заболела, почти сутки пролежала с температурой. И теперь, встав, перечитала свою запись насчет камеры, всеобщей агрессии, и — устыдилась... Две женщины, Ирочка Ч. и Надя, с которой была немного знакома (нас пару раз вместе вывозили на суд), так трогательно за мной ухаживали! Откуда-то взялся чай травяной, Надя делала мне массаж абсолютно профессионально! Вмиг сняла головную боль: оказывается, на воле она была парикмахером, причем отличным, премирована на международном конкурсе в Париже... Словом, про голову и про волосы она знает все! Включая массаж для снятия боли... Остальные, пока я лежала, вели себя так тихо, что я растрогалась до глубины души, возможно, от этого и поправилась так быстро... А теперь вся наша камера занята вот чем.

Совсем недавно перед моим «вселением» тут такая история произошла.

Суда дожидалась молодая беременная женщина. Вначале — в Матросской Тишине, где и родила мальчоночку, назвав его Геночкой... Теперь они оба ждут суда здесь, у нас. И новорожденный кроха вместе со своей мамой должен предстать перед судом и будет сидеть за барьером под охраной, как преступник... Чушь какая-то! Он ведь совсем маленький... Зачем ему сидеть на скамье подсудимых? Первые слова детей, родившихся в неволе, — это «дядя вертухай», обращение к дежурному и прочее в том же роде... В самом деле, «страна дураков»!

Ну так вот, почти все женщины в нашей камере собирали и собрали посылку для маленького Геночки. Я никогда-никогда не забуду, какие были лица у двух путан, самых шумных и постоянно по делу и без дела матерящихся, когда они спешно, почти всю ночь, вместе с другими вязали для крошки комбинезончик, кофточки, пинеточки... Я отдала для этого святого дела свое вязаное шерстяное пальто, и вся камера его дружно распускала и сматывала в красивые клубочки ниток. А после стали вязать...

Так вот, лица у обеих путан были такие тихие, такой любовью наполненные, что мне рыдать хотелось: вот ведь как все уживается в человеческой душе, святое и его противоположность... Теперь знаю: святого больше!.. Что за загадка, что за чудо — человек?!.

А одна дама отпорола от своего пальто воротник из голубой норки и сшила Геночке шапочку. В роскошном наряде Геночка предстанет перед судом! И маме поможем быть красивой, она, говорят, скромная, славная, сегодня утром, когда отнесли ей посылочку для малютки, плакала от благодарности...

Собираем посылочку, а одна из наших притихших на время вязания и шитья путан — Любочка, похожая чем-то на чистенького зверька-грызуна, громко рассказывает:

— Сижу я, бабоньки, в милиции, а мент говорит: «Где-то я тебя видел! Только вспомнить не могу где...»

— Видел-видел, — отвечаю.

— Где?

— У себя в кабинете. Каждое утро.

— Как это?

— А вот так! На столе лежу, под стеклом, мудак!

Люба смеется, а потом грустно так говорит:

— В розыске была... Попутал бес одного иностранца, шведа, обшмонать, сперва упоить, а потом обшмонать. Ну и...

— Не грусти, Любочка, — успокаивает ее кто-то. — И это пройдет...

Еще один диалог, между молоденькими девочками Аней и Катей.

— Я институт окончила, — говорит Аня гордо.

— Какой? — любопытствует Катя.

— МИАШП!

— А-а-а... — тянет Катя с пониманием.

— Что «а-а-а»?! — передразнивает ее Аня.

— Да поняла я, поняла!..

— Тогда расшифруй!

— МИАШП — он и есть МИАШП! — сердится та, застигнутая врасплох этой экзаменовкой.

— Дура самонадеянная, — торжествует Аня. — Слушай и запоминай: МИАШП — это Московский институт аферистов широкого профиля!

Вся камера, не исключая меня, покатывается от хохота.

Посылочку упаковали и отправили, а вскоре нам приносят газету — от 20 декабря. И я читаю вслух: «В ходе исследований, проведенных совместно английскими, американскими и голландскими учеными с помощью инфракрасного телескопа, установленного на спутнике, было обнаружено, что наша Солнечная система окружена кольцом, происхождение которого неизвестно».

И все вдруг примолкают. Я смотрю на лица женщин, моих подруг по беде, и отмечаю, что лица их сделались задумчивыми, отрешенными какими-то. И вдруг понимаю, что мои собственные переживания куда-то пропали, исчез страх перед неясным будущим, несправедливым приговором, перед жизнью вообще... Что же это за кольцо такое волшебное? Кто его «нарисовал»?..»

«...Сегодня ночью видела во сне Стаса. Мы стояли в какой-то очень светлой и просторной комнате, друг напротив друга, и молча друг другу улыбались. Его взгляд — ласковый, нежный, сочувствующий, словно призывающий к терпению... А потом Стасик куда-то исчез — и в комнате стало темнее... Проснулась и сразу же записываю, чтобы не забыть, после подумаю, сосредоточусь, чтобы вспомнить еще раз, какое у него было в моем сне лицо.

...Только что дежурная крикнула: «Малявина! С вещами!» Это означает — этап... Господи, помоги мне!..»

Это действительно был этап, и всю дорогу, пока не стало понятно, что привезли к Белорусскому вокзалу, я страшно переживала — куда?! И молила Бога: только бы Можайск! И, едва увидев вокзал, с облегчением выдохнула: «Вымолила!..» Конвойный услышал, посмотрел на меня недоуменно — не понял. Но спрашивать ни о чем не стал. Отчего-то его совсем еще молодое лицо и это явное недоумение — незначительная вовсе деталь! — а врезалось в память прочно, на все последующие годы. Почему? Это тоже тайна.

Знаю я одно: в той самой камере, где нас было сорок человек на двадцать метров, я получила первый урок, свидетельствующий о том, что Любовь — неотъемлемое качество человеческой души. Оттого-то и помню всех, кого упоминала тогда в дневнике поименно, по лицам, навсегда сохранившимся молодыми в моей памяти, словно никто из них не подвержен ветру времени, накладывающему на нас морщины...

Поразительные женщины, поразительные судьбы, многие из которых буквально пропитаны трагедией. Не всегда явной — как у Нади, о которой упоминала.

Надя. О ней и о ее судьбе я расскажу сейчас. Потому что ее судьба как раз и свидетельствует о том, что тюрьмы и зоны, вообще любая изоляция человека, любое его отлучение от общества не мера исправления, а мера испытания. Не все его проходят, не все выдерживают, и тогда даже любовь демонстрирует совершенно неожиданное качество — свою темную сторону... Или все-таки не любовь, а страсть?..

Я уже говорила, что познакомилась с ней, когда нас вместе вывозили на судебные заседания. Виделись мы в тот период дважды — часами сидя вместе в комнате ожидания. Надя обращала на себя внимание не только молодостью и красотой и элегантной стрижкой каре, модной в те годы. Изящная, высокая, с иконописными какими-то чертами лица, шатенка, она в принципе была очень элегантна. Есть такие женщины — врожденно ухоженные, так вот она как раз принадлежала к этой «касте».

Так же как со мной, судьба обошлась с ней жестоко и несправедливо... Статья у нее была та же. 103-я... Вот как все случилось.

Парикмахером она была действительно высококлассным, со своей частной (богатой) клиентурой, принадлежавшей в основном к «высшему обществу» окололополитических чиновников — так уж у нее сложилось. Точнее, клиентуру составляли, разумеется, их жены.

В принципе богатство для советских людей всем укладом нашей жизни предусмотрено не было. Но эти люди жили по особым законам и принципам... Иногда Надю клиентки вызывали на дом — чтобы причесать их для очередного вечернего приема или банкета. Мужей их она, как правило, не видела. Но известно, что из любого правила бывают исключения...

Однажды, приехав по вызову к одной из высокопоставленных дам, Надя столкнулась с ее супругом и, разумеется, была ему представлена. И он, как говорится, положил на нее глаз. А возможно, это и впрямь была, как утверждала сама Надя, любовь? Во всяком случае — с ее стороны, так считала она. Этот человек оказался довольно молодым, произвел на Надю впечатление и своими манерами: очень красиво за ней ухаживал, чудесно говорил о своих чувствах к ней... Словом, она «сдалась», у них завязались близкие отношения.

Как в таких случаях водится, о романе знал шофер этого человека, возивший их на специально снятую для встреч квартиру и привозивший Наде цветы и шампанское от ее возлюбленного в те дни, когда тот не мог с ней увидеться. Их отношения длились больше года, и, по Надиным словам, это был лучший год в ее жизни.

Видимо, жена все-таки узнала о романе своего супруга и Нади. Узнала и то, что на этот раз (он и прежде ей изменял) муж готов к разводу. Даже вопреки тому, что это может дурно отразиться на его карьере. Но все это уже домыслы и предположения, хотя более чем обоснованные, но недоказуемые... А реально произошло вот что.

Супруга любовника по-прежнему числилась в Надиных клиентках. И ничем не выдавала своей осведомленности, — конечно, если и впрямь была осведомлена. Однажды она вызвала девушку, как обычно перед приемом, причесаться, постричься. Ничего плохого не подозревающая Надя приехала, как договаривались, ровно в пять часов. Прошла внизу, в подъезде, охранника-консьержа (дом охранялся), поднялась на нужный этаж и обнаружила, что дверь в квартиру приоткрыта.

Надя не удивилась и не насторожилась, потому что консьерж внизу предупредил ее, что хозяйка задерживается, но хозяин дома. Дама только что звонила и сообщила, что будет минут через десять — пятнадцать... Надя, полагая, что возлюбленный специально открыл дверь, ожидая ее, чтобы использовать эти минуты для объятий, вошла...

Ее любовник лежал на полу в луже крови, лицом вниз, а из-под лопатки у него торчала ручка ножа... Надя закричала во весь голос, кинулась к своему любовнику в надежде, что он жив, и, конечно, автоматически схватилась за этот нож-финку!.. Буквально в следующую секунду в квартиру ворвалась куча неизвестно откуда взявшихся людей!..

Стоит ли описывать дальнейшее?.. Более шести месяцев длилось закрытое, засекреченное следствие, конечно же учитывая положение убитого, и суд над ней был тоже закрытым. Надю арестовали сразу, непосредственно «на месте преступления», все «улики» указывали на нее как на убийцу. Конечно, улики сфабрикованные... Свидетели — жена жертвы, тот самый шофер, знавший об их романе... Наде дали 12 лет. И к тому моменту, как мы встретились на Пресне, она уже целиком и полностью смирилась со своей ужасной судьбой, ни в какую справедливость, вообще в будущее, не верила...

Кажется, пока шел процесс над ней, у нее еще сохранялась надежда, что «следствие разберется» и «докажет ее невиновность». И она прекрасно держалась, сохраняя свою красоту и элегантность.

Встретив Надю в камере, я увидела перед собой уже иную женщину. Вроде бы она продолжала следить за собой, охотно обслуживая при этом и своих сокамерниц. Но появилась в ней какая-то настороженность, тревога, недоговоренность — как будто она все время о чем-то напряженно думала.

Поначалу, обнаружив перемену, я полагала, что дело в приговоре, в ужасающей несправедливости, случившейся с этой женщиной. Но на первую же мою попытку заговорить об этом Надя как-то почти безразлично отмахнулась. «Тебя удивляет, — сказала она, — что сволочи и убийцы на свободе, а я тут? Ну так здесь половина, если, конечно, им всем верить, такие же... А я, видимо, наказана за свою глупость — кто меня, идиотку, просил туда соваться? А потом за нож этот хвататься?.. Все ловушки на свете именно на таких тупиц наивных и рассчитаны...» И тут же заговорила о чем-то другом, совершенно пустяковом. А тревога, затаившаяся в глубине глаз, по-прежнему там дрожала.

Надя заинтриговала меня, но расспрашивать я больше не решалась. Захочет — сама заговорит, а так... В тюрьмах, вообще в местах «не столь отдаленных», расспрашивать о некоторых вещах просто не принято. Табу!

Уже перед самым моим этапом, может быть дня за два-три, Надю предупредили, что у нее тоже этап — наутро. Вот ночью, перед сном, она и поведала мне причину своих потаенных переживаний: оказывается, она влюбилась... Но когда я узнала в кого, то едва не свалилась со шконки!.. Это был, точнее, была — женщина, из тех, которые здесь называют себя «он»!

— Я не могу без нее жить, понимаешь? Не могу! — плакала Надя. — А теперь проклятая судьба нас разлучает! Вначале меня перевели в эту камеру, а ее в другую, теперь и вовсе... Я — по этапу, а она... Вчера, во время прогулки, мне сказали, что Полина любит другую... Я не переживу этого! Не переживу!

Надины глаза горели каким-то ненормальным сухим огнем. Потом она вдруг спохватилась:

— Ты меня осуждаешь? Не надо!.. Это сильнее меня, а мужиков я видеть не могу, понимаешь? Не могу! Что я хорошего от них поимела? И разве не из-за любви к мужику я здесь оказалась?!.

Что я могла ей на это сказать? Надя была почти невменяема в этот момент! Между тем не только до тюрьмы, но еще и в период судебного процесса над ней это была абсолютно нормальная женщина, как она рассказывала о своей любви к погибшему возлюбленному... А теперь?!

Очевидно, Надя ощутила все эти мои вихрем пронесшиеся в душе мысли, сожаление и ужас. Потому что махнула рукой и, ненадолго умолкнув, добавила всего одну фразу:

— Ты этого не понимаешь, я вижу... Пока не понимаешь.

После чего замолкла и замкнулась в себе окончательно. Наутро ее вызвали с вещами, и больше я о ней никогда и ничего не слышала. Но запомнила эту женщину и эту сломленную бедой натуру на всю жизнь. Ох, если бы она одна была такая!..

И как часто, вспоминая Надю, я думала — какое же все-таки счастье, что я сумела вынести все испытания, выпавшие на мою долю, не сломавшись, не искалечив своей души, как это происходило не раз на моих глазах с женщинами, попавшими туда... Спасибо за это друзьям — не только протягивавшим мне свои руки из моей прежней жизни, с воли, но и тем, кто находился рядом в тюрьмах, на зоне, на поселении, кто подставлял мне свое плечо в неизбежные минуты депрессий, которые не миновали здесь никого.

Никогда не забуду, как заботливо встретили меня в Можайской зоне. Я прибыла туда вымотанная «рабочкой», выпавшей мне в тюрьме. И почти сразу же в первые минуты познакомилась с милейшей женщиной Ларой — она была в нашем отряде — третьем. И добровольно взяла на себя заботу обо мне.

Первый же вопрос — о самочувствии:

— Может быть, хочешь отдохнуть после этапа? Вообще-то у нас кино сегодня вечером, «Вокзал для двоих», я тебя пригласить хотела. Но если устала, лучше отоспись.

— Нет-нет, — возразила я, — я чувствую себя неплохо, только ноги немного болят...

— А что с ними?

— Простудилась в Бутырке еще, на «рабочке»...

— Нужны войлочные сапожки! — озабоченно произнесла Лариса, оказавшаяся «начальницей» из заключенных.

— У меня есть кожаные, они тоже теплые...

— Кожаные у нас не положено, — вздохнула Лара. — Погоди, я сейчас...

И куда-то убежала, очень быстро вернувшись с аккуратными войлочными сапожками, оказавшимися мне как раз впору...

...Стук, раздавшийся в мое окно, заставляет меня вздрогнуть и — возвращает к реальности, отрывает от воспоминаний. Володя Чуев пришел пить чай. Вечер... Еще один день позади. Я поспешно прячу свои старые, уже изрядно пообтрепавшиеся за эти годы дневники, и иду открывать дверь еще одному своему здешнему другу — верному и надежному.

20

Теперь в мои рабочие часы, а порой и вечером, в нерабочие, у меня стало гораздо больше посетителей: всем вдруг понадобилось зачем-то срочно порыться в своих чемоданах.

И все задают один и тот же вопрос, и даже в одних и тех же словах:

— Значит, уезжаешь? Жалко, Валюша... Когда?..

Помню, как-то в конце ноября, вечером, сидим мы с Володечкой Чуевым за традиционным чайком, заодно рисунки его рассматриваем: он был очень хорошим рисовальщиком, так же как и Миша из Можайска, хотя оба никогда и нигде этому не учились... Такие вот врожденные таланты!

Сидим — вдруг в очередной раз стук в дверь, за вечер уже дважды приходили к чемоданам, изо всех сил извиняясь за неурочные визиты.

Володя говорит:

— Сейчас кто-то войдет и скажет: «Значит, уезжаешь?..»

Открываю — на пороге знакомый мальчик с нашей второй территории. Смотрит вопросительно и говорит:

— Здравствуй, Валюша... Значит, уезжаешь?..

Мы с Володей так и покатились от смеха.

А перед сном я продолжаю потихонечку наводить порядок в своем «хозяйстве», которое, оказывается, за эти годы довольно прилично разрослось, в основном по «бумажной» части.

Вновь перебираю старые дневники — можно сказать, в обратном порядке. И натыкаюсь на записи, которые вполне можно отнести к истории моего освобождения — трудной и сложной...

Все-таки началось все с самого блестящего адвоката тех лет, Семена Львовича Арии. Помню, как долго мои друзья там, в Москве, конечно в первую очередь зять Сереженька, добивались, чтобы именно Ария взялся за мое дело: он был буквально по макушку загружен сложнейшими судебными процессами того времени. И вот — запись о первом приезде ко мне (в Можайск) Семена Львовича, наше с ним знакомство.

Я не просто счастлива — я в восторге. Буквально с первых минут знакомства понимаю, как мне кажется, секрет его успеха, порой фантастического. Ария — необыкновенно обаятелен! И еще: от него исходит какое-то удивительное спокойствие, надежность, ему веришь... Вот и мне после личного общения с Семеном Львовичем сделалось так покойно на душе!

Я записала тогда в дневнике: «Как я люблю талантливых, умных и красивых людей! Ария Семен Львович — такой!»

Конечно, в подобной симпатии я неоригинальна, но согласитесь, что красота, ум и талант очень редко сходятся в одном человеке, как сошлись в нем.

В тот период ко мне в колонию приезжала и Ольга Георгиевна Чайковская: вот человек, всем своим существом страдающий при малейшем проявлении несправедливости!.. И она тоже сделала для моего освобождения много — столько, сколько смогла. Она, например, написала к тому моменту и опубликовала в «Новом мире» две статьи о нас со Стасом, с очень точно расставленными акцентами и поставленными вопросами.

Можайские заключенные прониклись к ней глубоким уважением, относились почтительно: Ольга Георгиевна много хлопотала о том, чтобы у осужденных был телевизор.

Уже там, в Москве, и Семен Львович, и Чайковская познакомились и подружились с моим зятем Сереженькой. Было все это как раз в тот момент, когда внезапно умер Андропов, этот «серый кардинал» партократии, затем — заместивший его Черненко. Наступила эпоха Горбачева, ознаменовавшаяся, как я уже упоминала, амнистией. Но амнистией, не коснувшейся «тяжелых» статей.

Зато на воле оказалась целая масса воров и хулиганов, так что тот факт, что по всей стране их появилась целая армия, и спровоцировавшая в итоге начало беспредела, удивлять не должен.

Иначе и быть не могло!..

В ту ноябрьскую ночь мне отчего-то приснился во сне Саша Збруев, хотя как раз о нем-то я и не думала, перебирая свои записи. Лежа утром в постели, пытаюсь понять — почему, по какой такой ассоциации? И вдруг до меня доходит: в последний раз видела Сашу во сне накануне совсем не лучшего моего дня, когда еще шли судебные заседания, но их исход уже был ясен даже ежу...

Я даже записала тогда свой сон:

«Приснился Саша Збруев. Очень красивые, умные, взрослые были глаза у Саши. Почему взрослые? Потому что в жизни они у него всегда по-детски веселые. Во сне он ждал меня, и я пришла. Встретил долгим взглядом. Потом мы ехали с ним куда-то, Саша был за рулем... Я почему-то хотела его разочаровать собой... Зачем? Не знаю... Может быть, Саша во сне о чем-то предупреждал меня?..»

Возможно, в моих словах и содержится какая-то мистика, но на деле, сразу на второй день после сна, выяснилось, что предупреждать действительно было о чем.

Прямо с утра меня окликнула одна из самых добрых

дежурных, веселая, рыженькая — по прозвищу Огонек:

— Малявина, без вещей!

Конечно, я удивилась, встревожилась: Господи, что еще случилось?!

— Куда меня? — спрашиваю.

Вопреки обыкновению — молчит.

— Скажи, куда ведешь!

— Не положено!

Я хотела возмутиться, но, оказывается, мы уже пришли: в конце коридора — дверь. Огонек открыла ее и — удалилась.

Я вошла. Кабинет обычного казенного вида. За столом сидит красивый молодой мужчина в очень дорогом костюме. Поздоровались. Он — очень вежливо:

— Присаживайтесь!

— Спасибо, — говорю, одновременно внимательно рассматривая его. И прежде чем незнакомец вновь открыл рот, поняла, с кем именно имею дело...

— Вы из КГБ? — спрашиваю в лоб.

— Какая вы догадливая! — усмехается подчеркнуто доброжелательно. — Да! У меня к вам разговор.

Говорить он начал о Лефортовской тюрьме. О том, какие там хорошие условия, жить в которых намного легче, чем в Бутырке и на Пресне...

Я решила не затягивать это «собеседование» и, вновь демонстрируя свою «догадливость», прямо спросила:

— И какую же вы мне придумали легенду? Я ведь иду как уголовница, по 103-й, а там в основном политические сидят. Или государственные преступники... Вы мое досье читали?

Красавец в дорогом костюме кивает.

— В таком случае должны знать, чем в свое время закончился аналогичный разговор между мной и вашими коллегами.

— Я знаю.

— И зачем же, зная это, опять меня тревожите?

Некоторое время он молча, внимательно смотрит на меня, потом неожиданно улыбается, встает:

— Ну ладно... Здоровья вам и терпения.

Я тоже встаю, тоже улыбаюсь:

— Извините, не получился у нас разговор...

— Отчего же? Очень даже получился!

Пожимает мне руку и вызывает дежурную.

Огонек прискакала так быстро и стремительно, словно все это время ждала за дверью. Едва отошли по коридору от гостевого кабинета, спрашивает:

— Ну что, в Лефортово поедешь?..

— Нет, — смеюсь я, — пока что здесь останусь, Огонек, с тобой...

А на другое утро — это я тоже помню очень хорошо — пришел к нам психолог. Тюремный. И если кто-нибудь думает, что существовали эти люди для того, чтобы облегчить жизнь заключенных, то жестоко заблуждается...

Я и по сей день иногда думаю-гадаю и не могу понять: для чего властям нужна была именно такая, а не какая-то иная психологическая работа в тюрьмах, какая явно была поручена целой армии преднамеренно сориентированных специалистов? Вот моя дневниковая запись от 21 ноября 1983 года:

«Сегодня опять приходил психолог. Говорит всем с порога:

— Здравствуйте!

Потом мне — отдельно:

— Привет, Валя!

Снова убеждал нас, что все мы здесь давно мертвы... Что все мы гораздо раньше умерли, еще до тюрьмы:

— Вы уже в прошлом!

Так ли это? А может быть, он прав?

Я помню — у Льва Толстого: «Жизнь... только в настоящем». Отчего запомнилось? В памяти осталось одно очень раннее утро, летнее. Я поехала на продуктовый рынок, что на Дорогомиловской улице. И когда переходила Кутузовский проспект через подземный переход, мне вдруг подумалось и так ясно почувствовалось: «Жизнь — это сейчас. Сейчас. Не раньше и не позже, а именно — сейчас, в настоящем!»

На рынке встала я в очередь за чем-то и вдруг слышу — сзади кто-то почти над самым моим ухом крикнул:

— Принцесса Турандот!

Я обернулась. Симпатичный молодой человек протянул мне цветы и сказал:

— Они называются «Принцесса Турандот»!

Я хотела купить этот букет, но молодой человек был

не только приветлив, но и необыкновенно добр в это солнечное утро. Он подарил мне очаровательный букет цветов с потрясающим названием.

Накупила я всего чего могла и поехала домой, на Арбат. Женечка, с которым мы прожили вместе около пяти лет — вплоть до наших арестов, — еще спал. Я вошла в нашу комнату и разбудила его, точнее, он сам проснулся:

— Валюшоночка, ты откуда?

Я с улыбкой показала в сторону Кутузовского: оттуда, мол.

— А почему ты ушла одна, меня не разбудила?

— Ты замечательно спал!..

Мы оба рассмеялись — просто так, нипочему, а оттого, что день обещал быть светлый и ласковый».

Я довольно подробно рассказывала о Женечке в первой книге, но, кажется, не упоминала о том, как неожиданно, совершенно ни за что его арестовали. Была спровоцирована ситуация, его обвинили в хулиганстве и арестовали... Почему? Кто за этим стоял?! Ясно стало, когда очередь, очень скоро после Женечкиного ареста, дошла до меня. Женю «убрали», чтобы не путался под ногами, не вздумал защищать меня по-своему...

Но тогда, казалось, ничто не омрачало ни солнечное утро, ни грядущий день, ни будущее. Разве могло прийти мне в голову, что́ именно это будущее в себе таит? Какой омут и с какой тиной на черном дне?..

К трем часам пополудни я должна была ехать к генеральному директору «Мосфильма» Николаю Трофимовичу Сизову — по поводу моего устройства в Театр киноактера.

А в час дня позвонили с папиной работы и сказали — как-то резко, в лоб: «Александр Николаевич умер».

Ужас!

Мама была в Белоруссии.

Как сказать папиной любимице сестре Танюше?

У меня не было ни слез, ни слов, ни желания рыдать. Только глаза вдруг сделались очень горячие какие-то и губы пылали, словно кто-то меня по ним ударил... Женечка страшно испугался:

— Валюшоночек, я тебе кофе сварю? Там еще бутылка вина осталась... Принести?..

— Да...

— Ты позвони на «Мосфильм», откажись от встречи!

— Нет, Женечка, я поеду...

И я поехала.

Николай Трофимович, дай Бог ему здоровья, сказал:

— Ты будешь в нашем штате. Двум известным актрисам отказал, а ты будешь работать!.. И в Театре киноактера надо играть, а ты — умеешь.

— Спасибо...

Я не стала говорить Сизову, что только что ушел из жизни мой папа. Не стала.

— Завтра утром, — продолжал он, — пойдешь к Руднику, главрежу театра!

Я еще раз поблагодарила его и встала. А вот как ушла — не помню начисто. Дальше уже вспоминается вновь моя квартирка на Арбате, я звоню по телефону. Все время звоню, всем, до кого дозваниваюсь, говорю одно и то же: «Папа ушел от нас... Папы больше нет...» — Танюшке и Сереже, Ане, папиной сестре, и ее мужу Александру Кузьмину.

А перед глазами — вчерашний вечер, больничная палата: накануне мы были там у папы с Кузьмичом. И папин голос. Когда мы уходили, он, как всегда окая, везде, где можно и нельзя, ставя ударения на «о», сказал мне:

— Дочур, ничего не болит — ну ничегошеньки, а встать не могу. Почему, дочура? — Потом улыбнулся и добавил: — Приду из больницы — и мы выпьем с тобой коньячку, а без меня, дочура, не надо.

Не пришел. И коньяк я пила после одна...

Все, кого я обзвонила, и мы с Женечкой — все встретились во дворе госпиталя Бурденко. Таня смотрит на Женю — точнее, поглядывает — как-то недовольно. Таня не понимает, что Женя — мое спасение. Без его заботы меня бы давно не было.

Это был не только день папиного ухода, но и день абсолютного непонимания между мной и остальными близкими и мне, и папе людьми.

Я настойчиво говорю, что сообщать маме в Белоруссию о случившемся не надо. Мотивирую: она себя и так плохо чувствует. Родные меня не понимают, сердятся...

Боже мой! Как же и что тут можно не понять?! Папа

разошелся с мамой давно и уже несколько лет жил с другой женщиной — по имени Анна. Я пыталась объяснить, что мама не перенесет присутствия Анны на папиных похоронах, а эта женщина должна проводить отца в его последний путь обязательно: жили они очень хорошо между собой, дружно... Родные меня по-прежнему не понимают...

По приезде из Белоруссии мама благодарила меня за то, что я не дала все-таки вызвать ее на похороны. По крайней мере мне она так говорила, что благодарна.

Папу мы похоронили на Митинском кладбище. В день похорон шел дождь, солдатики палили из винтовок, а офицер, идущий впереди гроба, нес на алой подушечке папины награды.

Миленький папулечка, замечательный, красивый, умный, одинокий — я очень люблю тебя и рада, что похожа на тебя!

...Я сейчас пишу об отце, и мне вдруг показалось, что в прежней книге уже говорила об этом дне. Если это так и если повторяюсь, значит, события эти окружили меня плотным кольцом. Пусть повторяюсь. И пусть меня поймут и прочтут об этом трудном времени еще раз...

Теперь — последнее, что еще остается мне сказать о Женечке, кроме того, что его очень ловко подставили и очень вовремя «убрали» подальше от меня.

Женя нашел меня все-таки. Уже когда я была в Можайской колонии. Нашел, будучи сам в заключении на противоположном конце тогда действительно необъятной страны. Мы стали переписываться, у меня сохранилось всего три его письма из нашей очень обширной переписки. Вот они.

«Валюшенька здравствуй!

Очень был рад получить от Тебя послание с поздравлением, и особенно приятно — милый твой образ, который действует на меня магически. Каждый божий день я думаю о Тебе, мысленно советуюсь и верю во встречу. У меня такое ощущение, что Ты где-то рядом, только я не могу дотронуться до Тебя. Очень хочу видеть Тебя. Рано или поздно это произойдет, надо только подождать. Это временная полоса, полоса-препятствие, которую с должной выдержкой необходимо преодолеть. После всего этого будет лучшее время, может, даже лучшая полоса в жизни, самая продолжительная.

Хочу тебе сообщить. На днях наблюдал аналогичное явление, что и пять лет назад: по небосклону огненный шар медленно летел и оставлял за собой шлейф. Это не глюк. Не я один это видел. Это коллективное видение. А перед тем я как раз об этом думал-вспоминал. Может показаться сверхъестественным, или же это совпадение, каких достаточно много, — мне как-то легко стало на душе, и кажется, что любые невзгоды нипочем, потому что Ты и я, мы впервые вместе это видели.

Валюшенька, хорошо, что у Тебя есть дело по душе. Это немаловажно. Знай: ты — мудрая, добрая, так что береги себя. Ты необходима. Преклоняюсь пред твоим талантом.

Целую. До свидания, Валюшенька.

Женя».

«18 декабря 84 г.

Милая Валюшенька, здравствуй!

Еще летом получил от Тебя два письма с открытками, где Ты меня поздравляешь с днем рождения. Твои теплые слова очень меня обрадовали, и читал я их с особым волнением. Спасибо, Валюшенька! Все, что Ты прислала, для меня сейчас самое дорогое. Неоднократно перечитываю, задумываюсь... Взволновала «Встреча». Представляю, что творится на душе, какая это до слез радость. И типично русский, родной пейзаж: речка и лес, простор; и среди всего этого два ма-а-леньких человечка. Как им хорошо! Они, наверное, самые счастливые!

Прошлой зимой к 23 февраля демонстрировали «Туннель». Смотрел с превеликим интересом. Раньше его видел, где особо запечатлелась у меня заключительная часть. А в этот раз осталось неизгладимое впечатление от всего увиденного. Слыша знакомый голос, я был словно заворожен. Трогательно.

Мои разъехались. Отец на Варшавке, мать с Олей на Каховке, а Таня с мужем где-то в Битце у его родителей живет. Родила мальчика. Пацан здоровенный на свет появился. Белобрысый. Андреем зовут. Теперь, стало быть, я уже дядя. Вот такие изменения.

Все, как там советуешь Ты мне, я стараюсь выполнять. Мне Тебя никак нельзя подводить. Очень хочу Тебя видеть не только во снах, но и наяву.

Целую Тебя. До свидания.

Женя».

«25 декабря 1986 г.

Валюшечка.

Прости, что не писал так долго. Я, как ты, наверное, и сама поняла (знала заранее) думал, думал, думал... Перебирал в памяти наши дни и годы. Ты права — счастье, что все это было. Права и в том, что «нельзя дважды войти в одну реку». Но я все равно так хочу видеть тебя — хотя бы во сне, а сниться ты мне почему-то стала очень редко.

Я понимаю, что работы много, очень радуюсь за Тебя, что Ты еще и писать успеваешь, работаешь, уверен, что все-все у Тебя будет хорошо: и жизнь нормальная вернется, и любимое дело, и — воля.

Валюшечка! Ты ведь знаешь, что мой срок подходит к концу. Там, в Москве, для меня многое настолько переменилось, да и что за Москва — без нашего с тобой Арбата, главное — без Тебя?..

Говорят очень многие здесь и о том, что с моей статьей, как правило, возникают очень большие трудности с пропиской, часто отказывают. И у меня все чаше бродят мысли остаться здесь. А что — хороший, большой довольно и спокойный город, работу обешают. Как ты, Валюшечка, думаешь? Сделаю все так, как посоветуешь ты.

А все прочее у меня идет, как шло, по-прежнему, новостей нет — и слава Богу! Я что-то стал бояться любых новостей, прихожу к выводу, что хороших просто не бывает. А может быть, просто стал инертным и пугают любые перемены?

Валюшечка, пиши! Твои письма — самая большая моя радость, я их очень жду!

Целую тебя, Валечка, до свидания,

Женя».

Тон Женечкиных писем стал со временем совсем дружественным, спокойным, и я искренне радовалась этому.

Так же, как и многие мои поклонники, он был моложе меня, но, как и всех других, его это никогда не пугало.

То, что жизнь в итоге незаметно, но необратимо развела нас, ничуть не умалило ценности того, что было, наших отношений в те годы, когда мы жили с ним вместе.

Разве можно забыть или перестать ценить заботу о тебе, способную по искренности и нежности соперничать с отцовской?.. А Женя был ко мне заботлив именно ТАК. Он был необыкновенно чуток к моему горю, не только не ревновал к Стасу, но с моих слов даже полюбил его, он сам говорил мне об этом. И я по его просьбе много рассказывала Жене о Стасике и о нашей любви, выплескивая вместе с этими своими повествованиями почти непереносимую боль потери.

Ведь я постоянно тогда думала о нем, страдала, винила себя в том, что не уберегла Стаса.

Я и до трагедии знала, что даже самые тонкие и добрые люди бывают порой жестокими и нечуткими — как раз с наиболее близкими им, любимыми людьми. Но никогда не думала, что сама могу проявить «толстокожесть», недооценить состояние душевного упадка в любимом человеке...

Я все думала: отнесись в тот ужасный день я с большим пониманием и тонкостью к своему Стасику, к его душевному надлому, — возможно, и не схватился бы он за проклятый нож... Но ни я, ни Виктор — ни один из нас не оценил должным образом всю глубину пропасти, на краю которой балансировал Стас, всю полноту мрака, царившего в его душе... Боже, сколько же мук, воистину адских, переживала я тогда изо дня в день, из часа в час... И сколько терпения, нежности, Любви и мужества понадобилось Женечке, чтобы этой своей кропотливой и ласковой заботой уравновесить постепенно мое состояние, вернуть меня к жизни...

Я нисколько не преувеличиваю, говоря о возвращении к жизни. Потому что именно жизнь угасла во мне с уходом Стаса, превратившись в автоматическое существование, продиктованное необходимостью ходить, есть, спать, работать... Женя вытащил меня с самого дна этой мрачной пропасти. Я даже не знаю точно, как и каким образом, но — вытащил. И я буду благодарна ему за это всегда, до самого последнего своего дыхания...

21

В Садках наступила настоящая зима!

Под ногами хрустит чистейший снег, какого я не видела даже в детстве. При взгляде на него мне всякий раз вспоминаются строчки из стихов хорошего поэта Александра Петровича Межирова: «В Москве не будет больше снега, не будет снега никогда...»

И в самом деле, в больших городах снег можно назвать снегом лишь в тот момент, когда он только падает. Спустя пару часов он уже — темная каша под колесами автомобилей, под ногами многотысячных толп. А здесь... Красотища! И — простор. И — воздух, пахнущий отчего-то то ли свежими огурчиками, то ли и вовсе арбузами.

Мороза я не чувствую, хотя он есть, по-прежнему гуляю по нашему поселку, мысленно прощаясь с ним.

...Вот здесь мы сидели вдвоем с Леликом много-много раз и были счастливы — просто так, оттого, что — рядом, оттого, что можно молчать вдвоем, ничуть этим не тяготясь.

А вот тот самый овраг, с обрыва над которым Володечка Чуев все лето, осень, весну прощался на закате с солнышком, вокруг которого растут кустики с необыкновенными розовыми цветочками. Сейчас они голые, просто прутики, напоминающие метлы московских дворников, воткнутые черенками в землю... Отсчет времени моей неволи пошел на недели.

Я вспоминаю, как гуляла здесь в первые дни своего

пребывания в Садках, наслаждаясь «свободой в кредит», как однажды отправилась впервые на нашу вторую территорию — через канал — и познакомилась с парнем, барахтавшимся в воде, пытавшимся бороться с течением.

Позднее мы познакомились ближе, звали его Толей. И только я удивилась тому, что отчего-то о нем вспомнила, — как вновь прямо мистика какая-то: идет мне Толя навстречу собственной персоной...

Я не выдержала и рассмеялась, а он покраснел. Я не удивилась: Толя, как я успела заметить, вообще краснел легко и мгновенно по поводу и без. Сталкивались мы с ним не так уж много. Он всегда смотрел на меня в основном издали, очень тепло и застенчиво. А тут — подходит.

— Валюша, это правда, что ты уезжаешь?

— Да. Скоро за мной приедет из Ростова мой кузен Саша, и мы уедем в Москву, он вызвался сопровождать меня.

Это было правдой, Сашенька как раз накануне звонил в Садки, и мы с ним сговорились ехать вдвоем. Я очень нервничала при мысли, что окажусь в поезде одна, это было уже как-то непривычно, я никак не могла все это представить себе... Ужасно, но и к этому — постоянному надзору над собой — человек тоже привыкает, воспринимает его даже как необходимую часть жизни. А перед нормальной жизнью чувствует растерянность, ощущает себя беспомощным...

— Валя, — говорит вдруг Толик с таким видом, словно собрался броситься в глубокую пропасть, — ты должна знать: все это время я любил тебя... Полюбил с первого взгляда, ты была здесь моей единственной отрадой!.. Можно я буду тебе письма писать в Москву?

Я растерялась от неожиданности, потому что ждала слов прощания от него, а он произнес слова любви. Конечно, я дала ему свой адрес. Я вообще не делала из него тайны, и позднее Толины письма вылились в целый «почтовый роман». К этому я еще вернусь.

А тогда стояло раннее утро, и, поговорив с ним, я заспешила домой, потому что наступали рабочие часы. Они у меня в последние недели были хлопотные, поскольку все хотели попрощаться со мной, многие уговаривали о переписке.

В те минуты, когда я в очередной раз диктовала кому-нибудь свой московский адрес, я и приобретала потихоньку-понемногу это утерянное почти чувство возвращения к своей подлинной реальности... Словно по чуть-чуть отдаляясь, отгораживаясь от Садков и их «насельников»... Я была словно «между» и «между», оттого-то каждый вечер и хваталась то за письма моих драгоценных друзей «с воли», то за собственные дневники.

Очень много в те дни я думала о театре Вахтангова, о наших актерских судьбах, связанных с ним. Или уже не связанных. Перечитывала письма подруг и друзей, для которых этот театр тоже стал частью судьбы, правда не столь роковой, как у меня... И все же!

Нужно сказать, что в местах заключения воля неизбежно идеализируется, и в этом смысле очень кстати пришлись мне письма моей драгоценной подружки

Лили, с которой мы вместе росли на Арбате, учились, а потом избрали одну и ту же профессию. От Лили в театре просто избавились.

Я всегда обожала общаться с ней, мы могли проговорить сколько угодно, то почти рыдая, то покатываясь от хохота: у моей подружки уникально острый язычок, и не дай Бог кому-нибудь на него попасть! У меня сохранилось два ее письма — и умные, и остроумные, порой даже злые, и очень отчетливо рисующие нашу — совсем не однозначную — актерскую жизнь... Судите сами, а я скажу лишь одно: судьба артиста не бывает «средней». Она всегда либо блестящая победа, либо мрачнейшая трагедия. Может быть, поэтому так часто актеры не знают снисхождения в своих суждениях о коллегах, что вся судьба — баланс под куполом жизни...

Эти письма писаны, кажется, в 1984—1985 годах.

«Солнце мое! В глуши, во мраке заточенья тянутся (пока) дни твои. Но как приятно, что вокруг тебя — натуры художественные, здорово ты их подобрала-таки, все-таки небо — в цвет ворот! Гармония — единственное, что приводит в соответствие мысли и поступки.

Синей птицы нет, лучше, где нас нет, и (как тебе известно) неизвестно, где начало того конца, которым оканчивается начало. А потому — безумно рада твоему настроению, оптимистически-здоровому терпению и радости надежды. Только так и надо жить, в любых условиях.

Кстати, это один из принципов тибетской философии: все принимать радостно и добро. И в этом есть огромный смысл, тем более в тяжелых ситуациях. Если в данный момент изменить ничего нельзя, спокойно отнесись к этому: «Ну что ж, подождем... И это пройдет». (Вообще-то все пройдет вместе с нами.)

Вот ты просыпаешься утром — посмотри в окно, представь, что ты птица, и — лети! А над чем ты пролетаешь — это уже вопрос твоей фантазии, ее, я думаю, у тебя больше чем достаточно.

Когда открываешь глаза в 6 часов утра — улыбнись, даже если не хочется, все равно улыбнись, растяни рот в улыбке. Если даже улыбаешься просто так, бессмысленно, тебе станет смешно от этой глупой, беспричинно растянутой физиономии, а станет смешно — уже хорошо! Это прекрасно даже — что и следовало доказать. Держи свой дух всегда выше сиюминутных настроений! Жизнь ведь именно такая, какой нам кажется, а это «кажется» во многом зависит от нас самих. Испепелять себя тем, чего уже не поправишь, глупо и бессмысленно.

А теперь попробую ответить на твои вопросы. Какая картина получается у Пашенции твоего, не знаю, видела только маленький кусочек на тонировке (он попросился в наш зал на 20 минут, Яков, естественно, пустил). Что и как — сказать не могу, но выглядит все очень красиво, ярко, сочно.

Потом, когда шла тонировка у нас, у Паши был монтаж, и он все время шатался по студии, очень веселый, шлялся до самой поздней ночи, без особой необходимости. Домой он не спешил, просто не хотел туда идти: мне это было ясно видно. Он просто последняя жертва своей мадам, для нее удачная.

Подобных попыток у нее было много, она сама протрепалась об этом гримерше, но и так, без ее же свидетельств, у нее на физиономии оно само написано крупными буквами: «Ну ладно, с этим не вышло — возьмемся за другого!» Видела бы ты ее, затекла, раздобрела, появился царский блеск в глазах вперемешку с глупой ревностью. А на самом-то деле мелочь душевная, амеба с одной извилиной — и та соединяет пищевод с прямой кишкой, ее место — на складе уцененных товаров, а не... Ну ладно, в конце концов, за что он боролся — на то и напоролся! Вот и шляется без дела по студии, лишь бы домой не идти. А ты, моя добрая и всепонимающая, пишешь «естественно», и так далее... Нет в этом тандеме ничего естественного и добрых твоих слов он не стоит! Он, кстати, очень хороший психолог: все видит, все понимает... Вот ведь угораздило мужика!

Валюшечка, я написала тебе не сразу, потому что письмо твое прийти-то пришло, но кто его возьмет? За ним же еще ехать надо было, а я была страшно занята на студии. Все архивные фотографии сохранились, Валечка, не волнуйся, но они забиты в гараже. Остальные, общие, это те, где мы с тобой похожи на себя самих как Нефертити на Гоголя... Ох, погоди... Чу — слышу в коридоре шаги. Мой идет — ухожу в подполье до завтра во избежание лишних расспросов: все равно ничего не поймет, а растолковывать бессмысленно, через 5 минут забудет.

А теперь у меня 5 часов утра следующего дня. Жалко, не могу включить музыку — весь дом спит. Представляешь его себе в разрезе? Все спят, как на нарах, друг над другом, все сопят, храпят, мычат, а главное — думают, что вокруг никого нет и они одни на белом свете. А они совсем не одни, а их — друг над другом — лежит целая куча! Только я не лежу, а пишу тебе и тоже воображаю, что я одна, — ха-ха.

Представляешь, стала я просыпаться каждый день вот в этакую рань. Наверное, это старческое что-то, наверное, это самой природой дается ночное время на обдумывание прожитой жизни. А чего обдумывать-то? Все прошло, ничего не вернешь, большая часть позади — меньшая впереди. Обдумывай не обдумывай, ни Наполеоном, ни Чичиковым уже не станешь, хотя дела они делали несложные, понятные, но ведь сделали уже, зачем же повторяться?

Ты пишешь, что ваша еда там укладывается в 76—78 копеек в день. Так вот, передай своей хозяйке гастронома, что если бы и она жрала ежедневно на такую сумму, то выглядела бы ничуть не хуже тебя и наверняка тоже моложе своих лет. Так что горе бывает не только от ума, но и от еды. Скажи ей, что я, твоя подруга, при таком же, как у нее, росте в 168 см, вешу 59 кг, а когда работаю — еще худею чуть-чуть и прекрасно себя чувствую. На ночь не ем, не пью (Господи, зачем живу-то).

Это раньше все сходило, все переваривалось, но

ничего не поделаешь: молодость прошла и унесла с собой массу удобств и заодно массу приятных вещей. Но я лично знаю, что сделала все возможное для своей профессиональной формы, главное — результат как налицо, так и на лице. А что же — лопать, хряпать, а потом охать и ахать, задумчиво глядя в широкое зеркало? Напомни ей истину: в толстом, а значит, нездоровом теле — дух уж и вовсе не здоровый. По-моему, достаточно того, что с духом у нас и так не все в порядке.

Он у нас и без того слишком разнообразный и многосторонний: непокорный, мечущийся, орущий, рыдающий... Что ни скажи по этой части — все, к несчастью, правда. Видишь, какая я у тебя умная и правильная? То-то! Как легко пишу-то, а? Как воду лью, а поди-ка сделай. Но так как мы с тобой нрава веселого, независимого — делать надо. И тебе это тоже удается! Чему я очень рада. Чего только не удается к выходу на пенсию — просто необъятные какие-то возможности открываются на пороге Вечности... И вообще, не слишком ли я развеселилась?

Видела в Доме кино Кайдану (Сашу Кайдановского. — *В. М.*) На вид — ничего, немного пополнел. Слышала, снял какие-то короткометражки, очень приличные. Наверное, это так, он человек талантливый. Так что дай Бог ему удачи.

Видела еще на озвучке Володьку Г. Оплыл, как гусь перед вытаскиванием из духовки: животик, второй подбородок... Сразу стал меньше ростом и старый.

Твоего Прыгунова видеть не могу, поскольку он не

москвич. Пожалуйста, не приписывай ему качества, которые никогда его не посещали! Впрочем, это твой взгляд, твои иллюзии, ты всегда была такая. Может, это и хорошо.

Вот еще: был юбилей нашего училища, в здании театра. Народу в шесть раз больше положенного, на галерках висели гроздья тел, и все это охало, ахало, вздыхало, хохотало и, главное, дышало: надышало так, что я сделалась мокрая в одной кофточке на голое тело. Первое отделение закончилось в 23.30, все вывалились в фойе и в буфет, где фонтанировало шампанское. Я с жалкими остатками своего курса постояла внизу минут 15 и ушла домой, вот и весь праздник. Какие-то все стали старые, неповоротливые, с угасшими глазами. Что происходит? Ведь нам еще нет восьмидесяти — это прекрасно! Так почему они все как старые гусыни и гусаки? И это — актеры!.. В общем, жалкое зрелище. Был и капустник, каждый выдрючивался как мог, порой даже остроумно, но уж больно долго.

На сцене сидели старухи, полустарухи и четвертьстарухи, которые преподают в училище. В каких-то старых длинных тряпках, завещанных им еще самим Вахтанговым, видимо. Много прохаживались в адрес худрука театра, а зал по этому поводу валялся от восторга... Все, пожалуй.

Наш Арбат вымостили какими-то кирпичиками и назвали заповедной зоной: ни проехать, ни пройти... А я ведь маленькая там гуляла, с бабушкой. Да и ты тоже. И ела «кремки», продавались которые в «Диете», и все переулки были очень длинные и заманчивые, и впереди была жизнь — тоже очень длинная и заманчивая, а теперь она позади. Но, как говорят японцы, «прошлого уже нет, а будущего может и не быть», надо жить настоящим. Что ж, попробуем!

Обнимаю, целую, улыбаюсь. Пиши!

Лилька».

«Валюшка, дорогая, привет!

Написала тебе письмо в марте, но знаю от мамани, что ты его не получила. Может, я переюморила, а может, наоборот, кому-то что-то в вашей цензуре туманным слишком показалось. Попробую попроще — тем более моего вурдалака нет дома, при нем я ничего не могу делать: высасывает мозги, душу и сердце, нервы и прочие субстанции — как жидкие, так и твердые.

Я понимаю, что возраст подступает уже мемуарный, но волею обстоятельств возвращаемся к жанру эпистолярной литературы. Как было хорошо во времена его расцвета, а? Люди никуда не спешили, думали, писали... Телефон и телеграф довели нас до общения друг с другом посредством трех слов: «Привет, как дела?» В голове кутерьма, а ногам нет покоя. Очень трудно привести в согласие мысли и поступки.

Но я вообще-то без тебя очень хорошо устроилась и приспособилась: я все время с тобой разговариваю и переговорила уже о многом, и продолжаю разговаривать.

Иду в магазин — разговариваю, еду на машине — болтаю с тобой, а лежа в постели, перед сном — шушукаюсь с тобой же. Идиотский характер: ни себе покоя, ни тебе пользы.

Если бы встречные прохожие так не спешили по своим никому не нужным делам, меня бы давно и запросто уже забрали в психушку. Несколько раз ловила на себе внимательно-тревожные взгляды. Я же еще при этом и руками размахиваю, так что зрелище весьма подозрительное.

А вообще, с марта сидела, не вылезая, в павильоне, на нервах: ни сил, ни духа на письма не было (можно подумать, что сейчас и то, и другое просто девать некуда). Ничего путного и особенного не происходит, кроме увеличения количества дней от даты рождения, обозначенной в паспорте, — с катастрофической быстротой.

Удрать бы куда-нибудь в кругосветное путешествие на бревне, чтобы волны хлестали в физиономию и не было видно слез! Хотя от себя никуда не убежишь: один попробовал — и вон чем это кончилось. Я имею в виду Льва Толстого, которому к тому же, в отличие от нас, было куда бежать. Но я понимаю, что на самом деле жаловаться тебе не имею права. Это у меня на самом деле такой, вроде бы залихватский, юмор. И исключительно потому, что мозгов нет — одни извилины, неизвестно куда ведущие мои же тщедушные ноги.

Никуда сейчас не вылезаю: все знаю, все видела, все известно, но однажды... Однажды я все-таки попалась. Правда, по телевизору. Наш с тобой родной до слез театр показывал отрывки из новых постановок. Как называются — не знаю и знать не хочу. Помню только, что какая-то бесконечная, утомительно-испепеляющая болтливость. В общем, один брат решил разделаться с другим братом — где-то в тайге. Первого играет твой любимый Васечка, второго мой сокурсник Славочка, а жену его — Юлечка.

И вот Васечка разделывается со Славочкой, нагоняя на себя никогда не существовавший у него темперамент. А Славочка извивается, как старая диванная пружина, словно не из берданки поражен, а упал с электрического стула. Смотреть — жутко до слез, тем более когда обоих знаешь как облупленных. Но самое страшное еще впереди! Вдруг раздается дикий звук — что-то среднее между фанфарами, иерихонской трубой и рычащим испорченным репродуктором тридцатых годов — в виде картонной тарелки (когда у нас радио не было, а потом появилось). В первое мгновение я, услышав ЭТО, подумала даже, что на улице что-то случилось и не менее 5—6 баб взвыли одновременно... А это, оказывается, небезызвестная тебе Юлечка так реагирует за кулисами на Славочкины подражания диванной пружины и Васечкино раздувание ноздрей! Такого я не слышала никогда, зато впервые в жизни не просто поняла, но до глубины души прочувствовала гениальные строчки: «То как зверь она завоет, то заплачет, как дитя». Непонятным осталось, чем именно Юлечка это делает, вроде бы не то что органа природного, но и инструмента подходящего такого нет... В общем, хороши. После этого меня еще лет двадцать в театр калачом не заманишь.

Хотела я было справить серебряную свадьбу — так

чтобы собрать вместе и повидать близких, хороших. Намекнула Своему, а он мимо уха... Никаких радостей! И тогда я решила дать объявление в газету: «Меняю одну Серебряную свадьбу на один Медовый месяц. Транспортные расходы беру на себя». Или: «Меняю одну Серебряную свадьбу на два Медовых месяца в разных районах». Говорят, что на объявления, особенно такие, откликаются. Когда нет работы, можно вывесить прямо на воротах «Мосфильма»: «Пятидесятилетняя, но прекрасно сохранившаяся, могущая быть двадцатилетней женщина ищет работу. Умеет бегать, прыгать, водить машину, троллейбус, трамвай, мотоцикл, ездить верхом, на такси, а также делать стойку на подбородке при благоприятных погодных условиях. О цене договоримся!»

Вот так я себя веселю, Валюшечка!

О тебе все знаю. Постарайся все встречать с улыбкой, помни, главное — Дух! Целую тебя много раз —

Л.».

Вот так — все сразу, скопом и вперемешку: высокое и низкое, юмор и отчаяние, безжалостность и нежность, злобность и беспомощность — все-все... Но плохое — это всегда минутное, по жизни же моя любимая подруга, ругающая меня за мои романтические иллюзии, за излишек доброты и старания понять любые поступки людей, — и сама грешит тем же. Все остальное — на секундочку, все остальное — защита от неизбежного.

При полном понимании, что еще никому и никогда

не удавалось защититься от жизни и собственной судьбы. Но как хочется!.. Как хочется не терять, не стареть, не переставать любить с полнотой и свежестью молодости!..

Очень рано, столкнувшись с этим и рано поняв, что́ именно это такое, я и еще одно поняла: красивые и удачливые женщины идут к своей зрелости, а после и старости, часто куда труднее обычных. Поняла и запомнила, и, возможно, запомнить — и есть лучшая защита от неотвратимого. Запомнить и знать, что так — со всеми. С каждым. Любому человеку рано или поздно доводится пережить это, любому! И ты такой же, как все, и ты такая же, как все. Главное, как пишет Лилечка, — не потерять улыбку, не дать снизиться Духу. Не отдавать его в рабство времени, обстоятельств, суете, слабеющему телу и блекнущей красоте...

22

Начало декабря — мои последние дни в Садках... Снег по-прежнему белее белого, от этого и ночи светлы, особенно когда луна полная.

В одну из таких «белых» ночей впервые за много месяцев мне вдруг приснился во сне Андрей Тарковский. Мы находились с ним вдвоем в каком-то невесомом дивном пространстве, словно светящемся. А все остальное было в точности как когда-то в жизни: Андрей говорил мне что-то об Откровении Иоанна Богослова, а в руках у него была огромная толстая книга в кованом золотом переплете. Во сне я знала, что это — Библия. А в жизни мы с Андреем действительно отчего-то очень часто говорили об Откровении Иоанна Богослова. Столько раз вчитывались в эти величественные и таинственные строки!..

И сейчас, во сне, обрывки священного текста вдруг всплывают в сознании:

«...Я обратился, чтобы увидеть, чей голос, говоривший со мною; и, обратившись, увидел семь золотых светильников и, посреди семи светильников, подобного Сыну Человеческому, облаченного в подир и по персям опоясанного золотым поясом... Он держал в деснице Своей семь звезд...»

Внезапно я просыпаюсь. В комнате светлая ночь, и я вдруг ощущаю, что щеки мои мокры... Когда я последний раз плакала во сне? В далеком детстве... Да, в детстве люди часто плачут, — должно быть, от предчувствия будущей своей сложной жизни...

Почему так, а не иначе приснился мне Андрей, в чем смысл видения? Может быть, в том, что у каждого из нас в Судьбе таится свой собственный Апокалипсис? И вот — весточка из самого светлого и счастливого периода моей жизни, как свидетельство того, что все самое страшное позади.

Следовательно, теперь действительно можно плакать. Не собирать, сберегая по капле, чтобы хоть ложка набежала, а плакать. По-женски, просто, по-детски незатейливо...

Весь тот день нежданно-негаданно прошел под знаком Андрея, в мыслях о нем.

«Господи, — звучало во мне, словно само по себе, — Господи, он выполнил свой долг перед Тобой. И перед нами. И перед Твоим миром... Пусть блаженствует душа его!»

Позже, когда писала первую книгу воспоминаний, я многое цитировала из своих дневников начала 60-х и 70-х — записи, связанные с Андреем, с нашим триумфом и поездками. Но, конечно, многое упустила. Да и книга была о другом. Я тогда гораздо больше говорила о самих поездках, меньше о нашей сложной, а для меня непривычно-сложной, любви.

Помню, как-то, кажется это было в Коломбо, Андрей совершенно отчаянно, мрачно, спросил:

— Ты ведь любишь меня! Я знаю! Но отчего так странно себя ведешь?

Я попыталась ему объяснить, что не странно вовсе, что любить не значит сделаться целиком и полностью «служкой» возлюбленного, забыв про себя и свое собственное предназначение на Земле. Он меня не понял... Произошла размолвка.

Хотя не знаю, можно ли считать размолвкой то, что Андрей мрачно замкнулся в себе, демонстративно, как пятилетнее дитя, перестал меня замечать... А я? Я была слишком молода тогда, чтобы суметь донести до него свои чувства, найти аргументы, достойные ситуации. Мне просто было очень тяжело и обидно, и это нашло отражение в моем дневнике:

«...Боже, я совсем НЕ ПОНИМАЮ его отношение ко мне, вообще к женщинам. Не хочется думать, что именно к ЖЕНЩИНАМ отношение таково — просто домострой какой-то... Что это: эгоизм гения? Отсутствие настоящей любви? Не знаю!.. Знаю лишь, что тяжело мне очень, очень горько и обидно, что все готова отдать — лишь бы наши отношения высветлились... Все, кроме того, что он требует!

Стать рабой его? О нет, никогда! Ничьей и никогда... Рабов, вернее, рабынь невозможно по-настоящему любить, поскольку невозможно уважать.

Ждать? Но — чего? Ждать, пока он наконец разберется не с чувствами своими даже между нынешней своей жизнью и мною, а с их силой? Этого я тоже не могу. Я просто люблю его, а когда это любовь была терпелива?..»

Перечитывая много лет спустя эту запись, я вдруг почувствовала, как екнуло мое сердце: не могла я, будучи такой молоденькой и неопытной, да еще явно ослепленной неожиданно взорвавшимся над головой успехом, знать и понимать: вот как раз подлинная-то любовь и терпелива. И смиренна. И никогда не ставит перед собою вопроса о «рабстве»...

В тот момент я наткнулась на ошибку, отразившуюся, возможно, на всей моей дальнейшей жизни, на момент, когда Судьба дала еле заметную трещинку, которой с годами должно было стать местом перелома... Если бы я смирилась тогда перед необходимостью просто подождать, когда Андрей примет важное для нас обоих решение, если бы!.. Не сомневаюсь сегодня, что вся моя жизнь пошла бы иначе, миновав страшные годы трагедии.

Нетерпелива не любовь — нетерпелива, слепа да и попросту эгоистична молодость... Я искренне не видела, не понимала тогда, что Андрей — умный, сильный, гениальный Андрей — по-человечески находится в сложнейшем, почти беспомощном положении. Сам переживший развод собственных родителей, любивший мать, как минимум безмерно уважавший отца, он не мог вот так, просто и легко, расстаться со своей семьей даже ради большой, сильной любви. Пойти на то, что сын его тоже будет расти в отсутствие одного из родителей.

Мучаясь собой, своими собственными тяжелыми ощущениями, сжигающим меня чувством, я действительно этого не понимала.

Много позже жена одного известного поэта, моя приятельница Анечка, предложила мне свою версию, свое объяснение того, почему так трудно, порой непереносимо находиться рядом с людьми, по-настоящему талантливыми.

— Понимаешь, Валюша, — сказала она с горечью, — талант — это всегда патология... Отчего-то никто этого не учитывает, мало кто понимает, но я уверена, что говорю правду! Ведь что такое патология? То, что нельзя признать нормой, то есть качеством всех людей подряд! Вот две руки и две ноги — норма. А три руки — уже патология... Ярко выраженный талант, тем более гениальность — явление редчайшее, значит, тоже патология по отношению к норме... А патология, как свидетельствует медицина, никогда не выступает в единственном числе. Если есть одна — есть и еще парочка «ненормальностей» в натуре...

Разве нормальна знаменитая рассеянность Эйнштейна, о которой сложено столько анекдотов?.. Ну и у всех талантливых людей, которых я знала, включая моего мужа, что-нибудь да было еще по этой части помимо дара...

Не знаю. Я и сейчас не могу утверждать, что Анюта совершенно права... Тем более не понимаю, что это такое — «умеренный талант»... Талант без патологий? Но именно этой своей теорией моя приятельница объясняла и невероятное количество одаренных людей в местах заключения.

— Что ж тут удивительного? — говорила эта оригинальная дама. — Конечно, они просто обязаны быть талантливыми хоть в чем-то, помимо таланта, играть в прятки с Законом. Потому что «гениев зла» в чистом виде просто не бывает!

В период нашего знакомства я, далеко не в первый раз в жизни, переживала волну увлечения стихами поэта Александра Межирова. Я уже упоминала недавно его строки: «В Москве не будет больше снега, не будет снега никогда...» Потрясающе он пишет, абсолютно своя, завораживающая интонация, бьющая прямо в душу, пронзительная, ясная и четкая мысль едва ли не за каждым словом, понимание человеческой натуры на грани прозрения... Наконец, безжалостность какая-то к себе самому.

Все это я тогда сказала Анечке, хорошо знавшей Александра Петровича. Сама я была когда-то представлена Межирову, но — в суете, которая присутствовала на одном из мероприятий в Центральном доме литераторов, куда я попала почти случайно. И знакомство по определению не могло продолжиться, вылиться в какие-либо отношения.

Анечка в ответ задумчиво посмотрела на меня: «Хочешь, я тебе расскажу о нем одну историю, можно сказать, в чем-то и мою тоже? Он ведь дружил, да и сейчас дружит, с моим мужем...» И она рассказала историю действительно поразительную. Не историю даже — а просто о нем, потрясающем поэте, невероятно талантливом человеке в принципе. Не могу удержаться, чтобы не пересказать ее.

Александр Петрович Межиров, о чем очень хорошо знали в литературной среде, в точности как Достоевский, был игроком... Он и сейчас игрок, но об этом чуть позже.

Играл он не только в карты — очень много и профессионально играл в бильярд, разумеется на деньги. Но, в отличие от Достоевского, никогда не терял головы, его холодный разум никогда ему не изменял!

Вот что поразительно: все это имело место в советские времена! Парадоксальность, заключенную в данном факте, очень трудно понять поколению, достигшему своего самоосознания после 1991 года, потому и упоминаю о нем специально. Существовали подпольные игорные дома, и если бы власти накрыли какой-нибудь из них (а такие случаи были!), посетители отвечали бы перед законом наравне с хозяевами тайного заведения... Более того, вопреки сказанному, лучшие игроки СССР ухитрялись в тех условиях проводить даже свои собственные Всесоюзные соревнования, определяя своих чемпионов!

И все эти люди преотлично знали Александра Петровича, даже встречались для своих чемпионских игр у него на даче в Переделкине...

Аня не раз бывала там, неделями жила вместе с мужем на упомянутой даче, при ней приезжали к Александру Петровичу эти именитые гости... Наверху, в мансарде дома, находилась бильярдная с поистине бесценным столом красного дерева. Стол был сделан давным-давно, в середине 50-х кажется, тогда еще живым, но уже последним в России мастером по бильярдным столам, который в дореволюционной стране считался лучшим. Этот стол — его последняя работа.

Там, в бильярдной, Межиров часто проводил свои бессонные ночи: ужас заключался в том, что начиная с войны он практически не спал по ночам. Свое здоровье поэт оставил в Синявинских болотах в Белоруссии... По утрам, когда Аня с мужем поднимались наверх сказать ему «доброе утро», он, как правило, либо читал им свои новые стихи, либо показывал какой-нибудь невероятный бильярдный удар — удар мастера.

— Представляешь, — рассказывала Аня, — два шара на зеленом сукне лежат параллельно друг другу, на расстоянии «из конца в конец», один ближе к игроку, другой значительно дальше. И вот Александр Петрович долго примеривается, потом ударяет кием по ближнему к нему, и этот шар вначале катится к лузе по прямой, а по дороге, вопреки всем законам физики, словно живой, сворачивает ко второму шару, ударяется о него — и в лузу совершенно противоестественным образом уходит дальний шар...

Я ахаю, потрясенная, муж в восторге, а Межиров тихонечко, почти молча, смеется, глядя на нас хитрюще, снисходительно, словно на детей малых... Чудеса — да и только!

И вот однажды, когда они были знакомы уже несколько лет, выходит Аня из дома рано утром, на работу. Вдруг рядом с ней, сонно шествующей к электричке, тормозят белые «Жигули» Александра Петровича. Она, конечно, изумлена, радостно ахает — ну надо же, какая счастливая случайность!.. А когда Александр Петрович говорит, что не случайность, что специально ее тут ожидал, пугается: что могло случиться? Зачем она ему могла понадобиться? Тем более Межиров в курсе, что Анин муж в отъезде, а дружил он всегда в первую очередь с мужем, никак не с Анечкой: она на сей счет не заблуждалась, понимала, что жены талантливых людей — величина чаще всего переменная...

— У меня, — сказал он, — к вам деловое предложение, садитесь, я подвезу вас на работу, а по дороге поговорим.

Ну она и села. Надо сказать, что они с мужем были тогда молоды, обоим — до тридцати, а Межирову — около шестидесяти. Материально жили трудно, вынужденные поездки съедали все их заработки без остатка.

Александр Петрович это отлично знал. И начал как раз с этого:

— Я знаю, как вы можете заработать деньги, — сказал он. — Причем деньги большие и сразу, в один вечер.

— Как?! — наивно обрадовалась Аня, у которой в кармане в тот момент была, грубо говоря, вошь на аркане...

— Сегодня вечером вы поедете со мной в катран.

— В ка... Куда-куда?..

— Это подпольный игорный дом, или, проще говоря, катран. Будете моей партнершей...

— Но я не умею играть в карты! — испугалась Аня. — Я только в дурака играла — и то давным-давно и всегда проигрывала... Что вы!..

— А вам и не нужно будет играть, — усмехнулся он. — Я вам поясню, что к чему, вы быстро поймете! Будете прогуливаться по залу и «сигналить» мне, какие карты у моего партнера по игре... Выиграем кучу денег, и я с вами поделюсь!..

— Ой, что вы? — ахнула Анюта. — Я боюсь, я не сумею, да и опасно же это наверняка...

— Действительно, опасность есть, — спокойно согласился Межиров. — Нам ведь придется, придя туда, сделать вид, что мы незнакомы... Вы необычайно красивы, к вам наверняка начнут приставать посетители, а они почти сплошь уголовники...

Аня окаменела. А он, все так же спокойно, словно размышляя вслух, продолжал:

— Что ж, есть и другой способ заработать деньги...

Вот мы сейчас поедем к одной моей знакомой даме, которую я знаю с тех пор, как ей было лет двенадцать... Она уже тогда зарабатывала проституцией... Сейчас она трудится костюмершей в студенческом театре МГУ, он на журфаке базируется... Вы ей точно понравитесь, с вашей фигуркой, вообще внешностью... Вы, пожалуйста, не сопротивляйтесь, если она начнет вас обнимать, прижимать, гладить... Она хорошо заплатит, и ничего плохого вам не сделает...

На этом месте Аня вышла наконец из состояния окаменелости, огляделась по сторонам и обнаружила, что едут они уже в районе Манежной площади, то есть совсем недалеко от здания журфака... Все дальнейшее она проделала, как пояснила, на подсознании: на ходу открыла машину (Межиров едва успел затормозить) и выскочила из нее как ошпаренная... Счастье еще, что ехали они вдоль панели — и Анюта просто не могла попасть под чьи-нибудь колеса!

— И с того дня, — рассказывала она, — начался ад! Для меня. Каждое утро, уж не помню, в течение какого периода, выходя из дома, я натыкалась на подстерегающие меня белые «Жигули» Межирова... Другого способа выскользнуть из нашего двора не было, дома стояли вплотную, и при всем моем горячем желании миновать его машину я не могла. Он каждое утро медленно ехал вдоль прохожей части за мной — до самой электрички, уговаривая сесть в его машину и «поговорить», а я, молча стиснув зубы, делала вид, что не вижу его и не слышу.

Пожаловаться мужу я не могла: ведь он так трепетно относился к Александру Петровичу! Да и тот, как ни странно, к нему — тоже, что абсолютно не мешало ему вот так ужасно преследовать меня, его жену? Просто самая настоящая патология, разве нет?..

Наконец наступил день, когда Анечка поняла: поговорить им с Межировым действительно нужно, ведь не может же эта идиотская ситуация с подкарауливанием по утрам длиться вечно?! И она решилась — села в белые «Жигули» во второй раз.

Александр Петрович заговорил с ней как ни в чем не бывало, словно их общение прервалось примерно накануне и примерно по такому естественному поводу, как чаепитие...

— Зря вы так испугались, — единственная фраза, брошенная им в связи с предыдущим. — Уголовный мир необыкновенно интересен и совсем не так страшен, как принято думать. Вы вот слышали когда-нибудь, что такое «кукла»? Конечно, имеется в виду не кукла из тех, в какие вы играли в детстве.

— Не слышала... А что это такое? — не вытерпела и спросила любознательная Анечка.

— О, я вам сейчас расскажу! — оживился известный поэт. — Вы должны знать, чтобы представить реально, насколько талантливы и изобретательны люди этого мира, они просто уникальны в своей ловкости, смелости... Я уголовный мир преотлично знаю, я там зарабатываю свои деньги.

— Но почему?! — воскликнула его собеседница. — Почему именно там?

— Но ведь я игрок, — удивился он, — где же еще? Ведь не стихами же зарабатывать на жизнь?

И вдруг — в таких-то обстоятельствах! — сурово, совсем другим голосом:

— Зарабатывать деньги поэзией — БЕЗНРАВСТВЕННО! Запомните это навсегда! Вы жена поэта, талантливого поэта, и должны это знать!..

Наивная Аня набрала в легкие побольше воздуха и открыла рот, чтобы поговорить о нравственности, но он уже опять другим голосом продолжал о «кукле».

— Допустим, вы хотите продать свою машину. Срочно. Как это сделать именно срочно? Через комиссионный — оформление бумаг займет примерно месяца два-три...

(Нужно сказать, в советские времена именно так и было.)

— Что делать?.. Ну все автовладельцы отлично знают что. Идут к тому же комиссионному, а там крутится всегда полно южан, покупающих машины за наличные и без всяких документов. Вы им — расписку и ключи, они вам «дипломат», набитый деньгами, и прощаетесь с покупателем навсегда. Документы он сам «сделает», да так, что комар носа не подточит!..

Вот вы, зная это все, приходите, крутитесь какое-то время в толпе возле комиссионного, выжидаете, наконец к вам подходят. Быстренько договариваетесь. Отходите за ближайший угол сразу или попозже, в назначенное покупателем время и место. Вы ему — расписку, доверенность на месяцок, ключи, документы. Он вам — деньги.

Вначале отдаются деньги продавцу, которые тщательно пересчитываются в укромном, но не безлюдном (для гарантии безопасности) месте... И разбегаетесь в разные стороны, не испытывая больше желания когда-либо видеть друг друга. Вы берете «дипломат» с деньгами, который все это время, можно сказать, и не выпускали из рук, пока шла сделка, и мчите домой на предельно возможной скорости. Приходите домой. Открываете «дипломат», чтобы перепрятать огромную сумму понадежнее, а там деньги оказываются только сверху, тоненьким рядочком, остальное — аккуратно нарезанная газетная бумага... Гениально! Вот это и есть «кукла», а сам процесс называется «всучить куклу»!.. Да ни одному иллюзионисту в мире, будь то трижды Кио, подобного на глазах заинтересованного человека не проделать! А эти гении, которых называют «уголовниками», «мошенниками» и так далее, ухитряются за день в разных концах Москвы, у разных комиссионных проделать это неоднократно... Вот что значит талант!..

— Ужас какой! — возмутилась Аня. — А как же у них с совестью после этого?!.

Александр Петрович ее «детского» вопроса «не услышал», продолжил о своем:

— Вы вот испугались в прошлый раз моего предложения насчет катрана, а зря!.. Я вчера вечером там был, за две минуты четыреста рублей выиграл. Я знаю, как у вас с О. плохо с деньгами, я хочу вам их отдать, они для меня ничего не значат, легкие деньги, я таких еще выиграю немерено...

— Да вы что?! — Аня даже подпрыгнула на сиденьи. — Никогда в жизни не возьму!

— Возьмете, Анечка! — сказал он уверенно и жестко и, не переставая рулить, бросил ей на колени пачку денег... — В крайнем случае, отдадите, когда разбогатеете... Когда-нибудь.

Это оказалось последней каплей для Ани, и, поскольку машина вновь двигалась вдоль тротуара, очень медленно, она вновь повторила свой предыдущий поступок и выскочила из нее... А Межиров внезапно, как застоявшийся конь, рванул на большой скорости с места. На тротуаре остались рассыпавшиеся деньги.

— Знаешь, я их подобрала, — сказала Анечка. — Ну что мне оставалось делать? Все равно бы кто-нибудь взял... Часть денег упала в салоне машины, на тротуаре, соскользнувшие с моих колен, рассыпались 200 рублей — огромная по тем временам сумма! И я подобрала их, положила в сумочку... Вот искушение-то было! И я, прости меня, Господи, искусилась: ни слова не говоря мужу, начала тратить, мы два месяца хороших на это жили...

Тем не менее история с деньгами оказалась последней каплей в чаше ее терпения.

На другой день, несмотря на то что впервые за долгое время белые «Жигули» не караулили Аню у дома, она, поразмышляв, к кому бы обратиться за помощью (мужа с Межировым Аня по-прежнему не хотела ссорить), позвонила их общему старому другу — поэту и прекрасному литератору, ныне покойному уже Марку Андреевичу Соболю. Сыну того самого Андрея Соболя, расстрелянного большевиками прозаика послереволюционных лет — автора знаменитого тогда «Салон-вагона». И нажаловалась...

Марк Андреевич был чудесным, глубоко нравственным, добрым человеком, очень любил Анечкиного мужа и саму Анечку, буквально «удочерив» ее. Смешно так обращался к ней, «старушка» называл...

— Ну, старушка, — сказал он, — тебе нужно было сразу мне позвонить! Не тянуть так долго. Кто ж не знает, что Саша большой любитель жен своих друзей?.. Не волнуйся, больше он тебя не станет преследовать, я ему позвоню, мне есть что ему сказать, поверь... После разговора со мной он от тебя с гарантией отстанет...

Так и вышло. И впервые после этой истории Аня позвонила Межирову, между прочим любимому своему поэту, только через пару лет, что-то придумав для мужа — какую-то причину, по которой никак не могла общаться с Александром Петровичем: всякий раз у нее при такой необходимости возникали «срочные» дела.

А потом был 91, 92, 93-й... Александр Петрович Межиров уехал в Штаты — в гости к своей дочери, жившей в Рино. Оттуда он не вернулся, остался там, — правда, не в Рино, а в Нью-Йорке.

Стихи он пишет все такие же дивные, талантливые, словно не отражается на нем и на его Даре возраст. На жизнь свою и там зарабатывает не поэзией, а ИГРОЙ. В карты!.. Неплохо, видимо, зарабатывает, если сейчас у него есть прекрасная квартира на Манхэттене...

— И вот пусть мне кто-нибудь после этого скажет, — запальчиво говорит Аня, — что талант — это не патология! Если хочешь знать, я Межирова и как человека обожаю, восхищаюсь им... Но — издали! Нет, Валюша, от настоящих талантов, тем более от гениев, по жизни лучше держаться как можно дальше... Не жалей ты ни о чем в своей судьбе! И уж тем более о том, что тебя миновала совместная судьба с одним из них, гениев...

С ними ведь как! Только кажется, что ты его понимаешь, понимаешь его муки душевные, как «высокие», так и «низкие», мотивацию дичайших каких-нибудь поступков... А в какой-то момент непременно обнаружишь: ни хрена подобного! Не понимала, а только думала, что понимала! У таланта нет логики, как и в нем самом логики тоже нет!..

После этого потрясающего разговора я кинулась к книжным полкам, достала свой любимый томик Межировских стихов и — читала несколько часов подряд! Искала вслед за Аней ответ на вопрос — ну как, как же может сочетаться то, что она рассказал, со столь невиданной душевной мукой и тонкостью?!

Снится, что умираю,
С края по круче иду,
Жажда томит — сгораю,
Закоченел на льду.

Падает с неба копоть,
На пол она летит,
Это опять, должно быть,
лампа моя коптит.

Копоть кружится тихо,
Все тяжелей, все злей.
Ну-ка фитиль прикрути-ка
И керосину долей.

Рухну с обрыва в бездну,
К звездам душой рванусь.
Кончусь. Уйду. Исчезну.
Может быть, скоро вернусь.

23

Накануне вечером позвонил мой двоюродный брат Саша:

— Валюшка, будь готова к восьми утра... Тем же разворотом едем в город, на вокзал, к московскому поезду... Ты почему молчишь? Алло! Ты меня слышишь?!

Я слышала Сашу. Но ком, образовавшийся мгновенно в горле, не дал ответить сразу, а в голове крутилось одно-единственное слово: «Все... Все. Все!..»

Конечно, я не спала ночь. И конечно же весь вечер, в нарушение мной же введенных правил, в моей «чемоданной» квартирке крутилась масса народу. Кажется, все поселение перебывало здесь, чтобы попрощаться со мной. Девочки плакали, радовались вслух и снова всхлипывали.

На фоне всей этой суеты — растерянное лицо Володечки Чуева. Когда все наконец завершилось, посмотрел на меня долгим-долгим взглядом, улыбнулся ласково и хорошо и сказал, привлекая к себе:

— Милая моя Божня...

«Божня» — это он так меня прозвал за то, что я постоянно обращалась к религии во время наших с ним вечерних чаепитий, частенько перераставших в дискуссии.

Володя поцеловал меня нежно-нежно, а потом извлек откуда-то и подарил мне великолепно нарисованный им мой портрет. Я храню его работу эту и по сей день — вместе с письмами, которые Володя писал мне из Садков. После моего отъезда он оставался там еще около года. Переписывались мы и после несколько лет, но самые потрясающие письма я получала от него все-таки с поселения. Я сохранила их почти все.

«Милая моя Божня!

Вот и нет тебя здесь больше, и жизнь для меня словно замедлилась, почти замерла. И события у нас здесь после твоего отъезда приобрели вдруг сразу трагический характер...

Помнишь ли ты, милая, паренька Славу из Сибири? Жил он на второй территории, но часто бывал у нас, потому что Лелик учил его играть на гитаре. Сидел он за «хулиганку», но дали ему, кажется, максимально.

Славик ушел из жизни, добровольно. Нет его больше... Очень тихо он это сделал, тихо ушел из нашего мира, безумного и больного мира.

Зачем люди играют всю жизнь в страшные игры?

С самого детства мы начинаем играть в войну, еще не успев научиться произносить слово «мир».

Мне все не дают покоя большие войны, но и маленькие, между людьми, я тоже ненавижу. Что делать? Как помочь себе и другим? Как уберечь всех от горя? От трагедий? От гибели? Не знаю. Не знаю!

Рвутся связи, рвутся. И даже смерть — единственная реальность — не принимает нас.

Родная моя Божня, прости, что выливаю свое состояние перед тобой, на бумаге. Ты, наверное, не узнаешь меня в этом поступке, да? Ведь я всегда и во всех ситуациях тебя только подбадривал. А тут вот взял и разнылся сам. Прости, дорогая! Просто я знаю, что больше нет необходимости подбадривать тебя, убеждать, что все будет хорошо и даже отлично. Теперь ты и сама это знаешь, и все у тебя действительно отлично! Знала бы, как я рад за тебя, за то, что в твоем деле справедливость действительно восторжествовала — что в наше время является ископаемой редкостью. Но давай о чем-нибудь более веселом все-таки расскажу.

Вчера у нас здесь показывали старый фильм «Хозяин тайги» с массой твоих знаменитых друзей во всех ролях. Высоцкий, Пырьева, Золотухин... Слушай, а почему буквально во всех фильмах, где играет Высоцкий, он нигде и никогда не смеется, а только улыбается, и, как мне кажется, «зловато»? Но, может, насчет последнего я и не прав.

Валюшечка, ты так порадовала меня своим настроением! Честно говоря, боялся я — боялся, что поначалу тебе будет трудно отключиться от случившегося... Умница, молодец!

Миленькая моя! Я очень по тебе скучаю, знала бы ты как. Скучаю, радуюсь — и все это вперемешку со здешними бедами... На самом-то деле — именно это все и называется ЖИЗНЬЮ. Полнокровной и полноценной.

Обнимаю тебя, милая Божня и, разумеется, с нетерпением жду твоих писем.

В.».

Я совершенно не помню «официальную часть» своего освобождения: то ли оттого, что занимался очень многим Саша, то ли подсознание сработало. Взяло и вынуло из текущей памяти последние часы бумажной возни, связанной с освобождением из плена людской подлости и несправедливости, вычеркнувшей из моей актерской судьбы почти четыре года... Да, их могло быть больше, гораздо больше, но и этих, отнятых у меня чужой злой волей НИ ЗА ЧТО, хватило с походом. Не думаю, что кто-то даже из врагов моих посмеет усомниться в этом...

Наша с Сашей машина припарковалась у самого вокзала, через несколько минут мы уже были на перроне, под густыми хлопьями мокрого снега. К счастью, состав подали тут же, и вот мы в купе... Почему-то одни, вдвоем. Почему?

Умница Саша шедро откупил для нас целое купе... Господи, какое счастье, что вокруг меня в самый нужный момент оказываются такие чуткие, такие любящие люди!.. Дорога домой началась. Внутренне я вся словно туго скрученная пружина, и чем ближе к родной моей Москве, тем я «скрученнее», тем белее и холоднее за окнами поезда стремительно летящий пейзаж. Что-то ждет меня там, в столице?!.

А в столице, на перроне, меня ждет целая толпища народу! Боже мой, откуда — откуда? — столько людей сразу узнали о моем возвращении?! Толпа окружает меня, почти выплывшую, а не вышедшую из вагона, первое впечатление — очень много совершенно незнакомых лиц. Теряюсь безмерно, но Сашенька и тут оказывается на высоте.

Не знаю, как это ему удалось сделать, но буквально через минуту он выдергивает меня из плотного кольца людей и впихивает в неведомо откуда взявшееся такси... «Домой, — говорит Саша, — едем домой, к маме...» Еще мгновение назад это казалось мне невозможным, казалось чудесным, сказочным сном. И вот — мы действительно едем домой. В мой дом. На мой Арбат.

Подъезд. Лифт. Дверь, которая снилась за эти годы тысячу раз. Кнопка звонка. Дверной проем, распахнувшийся раньше, чем коснулась кнопки. Мама... Мама!..

Не уверена, но мне кажется, что не только мы обе, намертво вцепившиеся друг в друга, рыдали навзрыд, но и Саша, суровый наш полковник, повидавший на своем веку немало встреч и разлук, горестей и радостей, тоже прослезился, глядя на нас, отступив куда-то в глубь лестничной площадки.

«Маме нельзя волноваться!» — вот первая моя здравая мысль, и я мгновенно понимаю, что нужно срочно, немедленно сделать что-то... что-то очень простое, обыденное, естественное...

— Мамулечка, Мурзиленочек, — говорю как можно более нормальным голосом (получается, но плохо). — Надеюсь, горячая вода у нас не в отключке? Срочно хочу в ванную!

И немедленно кидаюсь к ванной, ведь действительно надо, действительно смертельно хочется впервые за столько лет — по-человечески, у себя дома... Дома!

Уже на пороге вожделенной ванной меня и застал звонок. Первый телефонный звонок, и от кого? От уже ставшего за это время бывшим, главрежа Вахтанговского театра — Евгения Рубеновича Симонова...

Трубку берет мама.

— Мамулечка, — прошу почти слезно, — я не хочу с ним говорить, скажи, что я не приехала еще... Или приехала, но моюсь...

Мамуля молча смотрит на меня упрекающим взором, и я сдаюсь:

— Здравствуйте, Евгений Рубенович...

— Валечка, дорогая, здравствуй, с приездом тебя... За тебя меня наказал Бог: я больше никто, ты знаешь? А у тебя все будет хорошо, отлично, ты актриса замечательная, неповторимая...

— Спасибо.

— Валечка, я чувствую себя королем Лиром. А ты — ты Корделия...

И я все-таки не выдерживаю:

— Евгений Рубенович, солнце мое, король Лир никогда бы не подставил свою Корделию, как подставили меня вы...

— Прости, Валюша...

— Прощаю, Евгений Рубенович...

Я действительно простила. И его, и тех, совсем немногих людей, которые так жестоко распорядились моей судьбой, но так и не стали победителями. Скорее — поверженными, а я с детства усвоила святое правило: лежачих не бьют, а виновным судья — Бог.

Не Шекспир ли сказал: «Мельницы Господни мелют медленно, но тонко»?..

А вот в ванную комнату мне в тот момент попасть так и не удалось, сделала я это лишь к вечеру. Потому что у Симонова оказалась по части звонка легкая рука: звонки начали следовать один за другим, телефон в прямом смысле слова не умолкал! Ролан Антонович с Леночкой, Саша Кайдановский, Толя Мережко...

И мгновенно — масса предложений сниматься, играть... У меня начинает кружиться голова, кто-то из моих домашних пододвигает к телефону стул, я сажусь. Я говорю с массой людей, кого-то благодарю, уже почти охрипнув от разговоров, я — в растерянности, словно во сне все происходит, словно во сне... Я не знаю, что отвечать, какое из предложений лучше—идти сниматься к Ролану Антоновичу? К Толе? В каком театре играть — из четырех предложенных почти одновременно?..

Боже, как же трудно вот так, сразу, взять и перестроиться, невозможно забыть то, что длилось годами и было моей жизнью еще сутки-двое назад... Невозможно!

Оказывается, все-таки возможно: на съемочной

площадке я оказалась ровнехонько на третий день после приезда!

И я — играла. Боже, как упоенно я играла!..

А из множества театральных предложений выбрала предложение Наташеньки Фатеевой, параллельно со съемками на «Мосфильме» пришла на сцену «Арт-Центра», руководили которым Прудкины. Здорово было, что там же играл Сашенька Збруев...

Мои друзья. Найду ли я когда-нибудь слова благодарности, достойные того, что они реально сделали для меня?.. Не только те, о ком уже писала и рассказывала, остававшиеся на воле.

Помните, упоминала я, говоря о Можайской зоне, женщину, которая мне сапожки войлочные принесла?.. Ларочка. Лариса Ясько — вот как ее зовут! Моя драгоценная не только там, но и ныне, подруга, в числе других, вместе с другими спасшая меня в самом прямом смысле слова. Она там, на зоне, и поила меня, и кормила, и поддерживала всячески в то несомненно самое трудное время. Моя Лорик, которую я люблю и почитаю всем сердцем!

Что было бы со мной, если бы не они все, мои дорогие, близкие люди?

Жизнь, особенно во второй ее половине, — это в основном потери. И поддержка других людей, их ЛЮБОВЬ нужна не только на зоне, она нужна всегда, возможно, каждое мгновение летящего, ускоряющегося год от года времени.

За эти годы столько потерь! Погиб мой близкий друг Сашенька, мама умерла, ушел из жизни Саша Кайдановский, недавно не стало Павлика Арсенова... Если бы не мои друзья, не знаю, была ли бы жива я сама.

Они поддерживали меня не только морально, но и даже материально, если чувствовали, что это необходимо... Я молюсь за них каждый день!

Я не забываю никого, и никто из них не забывает меня и сегодня, как в те, уже далекие, слава Богу, годы.

Сейчас вот я очень часто и близко общаюсь с Володей Красицким, тем самым, знакомство с которым произошло в Ниде, я упоминала об этом и о том, как замечательно сидели мы вдвоем в Крыму, на горе, любуясь морем — весь день, почти до темноты, а он потом пешком пошел в сторону Ялты...

И все эти годы я стараюсь понять, для чего была допущена Богом в моей Судьбе — зона... Да, она многому научила меня, и прежде всего — говорила об этом не раз — Любви к другим людям, к непреходящему стремлению понимать их.

Тех, кто знает, что такое ЗОНА, кто побывал на ней, зона не отпускает до конца на самом деле никогда. Как не отпускает другая Зона своих сталкеров в гениальном фильме Тарковского, как не отпускала она того Сталкера, которого так талантливо и ВЕЧНО сыграл Сашенька Кайдановский...

Перечитывая время от времени «Пикник на обочине» Стругацких, по которому сделан сценарий фильма, я всякий раз понимаю — какая там фантастика?!. Нет, не фантастика, а самая потаенная, извлеченная на свет Божий из глубин души человеческой — правда. Правда обо мне и о вас, о нас всех.

Зона не отпускает.

Да, там много всякого — страшного, грязного, часто отвратительного. Но есть там и то, о чем помнить следует всю оставшуюся жизнь. Там есть подлинное горе и есть по-настоящему доброе отношение к тем, кого оно настигло. Зона не только губит — она еще и спасает, на ней душа человеческая становится словно обнаженной, со всеми своими свойствами, ничем не преукрашенными, там не спрячешься ни за красивыми словами, ни за лицемерными поступками... Там не обманешь ни других, ни себя.

И никто и никогда, единожды пережив отлучение от человеческого общества, вернувшись в него, не забудет, каково там, на Зоне, оставшимся. Ни проблем их, ни чувств, ни мыслей. Вот отчего я в течение долгих лет, несмотря на свою постоянную загруженность, от которой всякий день к вечеру валюсь от усталости с ног, всегда находила время для обширнейшей переписки с теми, кто еще только ждал своего «звонка», означающего конец несвободы.

Вот отчего и сейчас, когда все, кого я знала тогда и любила, давным-давно вернулись к нормальной жизни, я нахожу время для того, чтобы перебрать-перечитать сохранившиеся у меня их письма. Чтобы не забыть. Не очерстветь душой, не разучиться под грузом повседневности — Любить...

«Дорогая Валюша!

В Можайске у нас — ледяные холода... Очень я переживала Твой отъезд, но ничего не сделаешь, видно, уж судьба такая — расстаться с тобой, моей самой драгоценной подруженькой. Будем надеяться, что это временно и что в дальнейшем все у нас будет благополучно.

После твоего отъезда рассорилась с Иркой и старыми женщинами. Да, они завидуют тебе черной завистью, в твоем присутствии злились, но молчали, а как ты уехала — началось. Просто противно вспоминать, хотя их мало, слава Богу, большинство наших так же, как я, жалеют о твоем отъезде, но одновременно и радуются за тебя. А в общем, все это — мелочи жизни, на которые не стоит тратить время.

Я сейчас на подработке, работаю, как ты раньше работала. Все это нетрудно и даже хорошо для здоровья. Со мной здесь Люда Нестеренко. Неплохая девочка, но фантазерка и с некоторыми странностями, но не слишком мешающими нашему общению. Ты ее помнишь, наверное, хотя пришла она перед самым твоим отъездом: такая симпатичная, рыженькая, со вздернутым курносым носиком и коричневыми, словно у собаки, глазами. Она еще вначале ни с кем не разговаривала, не общалась, плакала по ночам... Люда рассказала мне, за что попала сюда. Заговорила она наконец — и, как видишь, разговорилась, — правда, только со мной. Оказалась виновата в ее беде школьная еще дружба. С девочкой, кажется Катей, с которой она дружила с первого класса школы, а потом они вместе пошли в медучилище. И вместе должны были его кончить — да не кончили.

Ну сама Люда, ты помнишь, внешне так себе, обыкновенная «рыжуха». А эта Катя была красотка писаная, по ее словам. И обе они из очень бедных семей, потому и не стали школу кончать, а пошли в училище медицинское. Они откуда-то из Владимирской области, а поступили в Москве, очень удачно, и общежитие получили, общагу. Ну и стипендию поначалу обеим дали. А на второе полугодие Люда все экзамены снова на стипендию сдала, а эта Катя — нет. Что делать? Родители помогать не могли.

И вот эта Катя, насколько я поняла, совершенно сознательно решила сыграть на своей внешности красивой, познакомиться с кем-нибудь богатым и много старше, чтобы этот человек ее выучил, а в лучшем случае женился. Студенты, вообще молодежь, ее мало интересовали. Не хотела, видать, и дальше нищенствовать. Ну а где познакомишься с таким человеком, не на улице же? А в соответствующее общество попасть невозможно для девчонки.

Она всякое перепробовала. Ходила по вечерам к различным творческим домам вроде вашего Дома актера, крутилась там — чтобы на нее внимание обратили. Вовнутрь-то никто не пустит. И даже по Горького вечерами пробовала гулять, но там к ней одна шваль приставала... Все-таки этой Кате в результате повезло, — по крайней мере, она так считала. Она познакомилась, и не с кем-нибудь, а с иностранцем, с каким-то финном, который приезжал в Москву часто, по строительным делам.

Людочка говорит, что финн этот был настоящий урод: маленький, лысый, толстый. Но Катя все равно радовалась. Оказался щедрым, одел ее как картинку, и благодаря дружбе девчонок даже и Людочке кое-что от него перепадало. В общем, сама понимаешь, что и как.

А потом Катя от своего финна забеременела. А он, как большинство женатых мужиков, испугался и сделал ноги, вроде бы даже так свои дела устроил, чтоб не нужно было ему в Москву ездить. Что делать?

И вот эти две дурочки решили, что делать нужно криминальный, тайный аборт: у Кати были очень строгие родители, опять же в училище, если ложиться в больницу официально, мгновенно все узнают, и до родителей наверняка дойдет. Вот чего Катя боялась!

И нет бы нашли какого-нибудь специалиста по этим делам. Так решили, поскольку практику по гинекологии уже проходили, что Людочка запросто этот самый аборт своей подружке может сделать... Уж не знаю, где они достали (кажется, стащили в училище у себя) нужные инструменты. Подстроили однажды вечером, чтобы в комнате общаги, где жили еще с кем-то, никого не было, чтобы, значит, девочки — их сожительницы — ушли куда-то, и Людочка взялась за дело... Она говорит, что боялась жутко, что руки у нее тряслись, потому и вышла трагедия... Причем двойная трагедия.

Она, эта Катя, какое-то сильное обезболивающее типа снотворного выпила, наверное, больше, чем нужно, и уснула очень крепко, глубоко. А Людочка тем временем, делая эту ужасную операцию, по неопытности что-то там проткнула ей... Говорит, по-медицински это называется «прободение». Началось кровотечение сильное, Людочка пыталась сама справиться, не понимая, почему так вышло, а потом поняла, испугалась и... убежала. А когда все же вернулась, то увидела возле общаги «скорую», кто-то обнаружил, видимо, эту Катю всю в кровище, да и комната осталась в ужасном виде, неприбранная... Словом, спасти Катю врачам не удалось, она так и не проснулась, умерла. А Людочка, как ты понимаешь, теперь здесь. Мне думается, она здесь все-таки пробудет недолго, и дай-то Бог. Поскольку села по своей юношеской глупости, а не потому, что злодейка на манер Р. К. Ну да хватит о ней, хотя я ее сейчас и опекаю, от этой дряни Р. К. пришлось уже дважды девчонку защищать. И наверное, еще придется.

Я здесь посмотрела уже три фильма: «Женатый холостяк», «Владивосток-1918» и «Давай поженимся». И я по-прежнему очень тоскую по Коле, до чего переживаю, что нет его больше в Можайске... Из дома я получила уже три письма, а от Коли очень давно не было ни одного... Неужели забыл обо мне?

Правда, хотя я ему писала, но адрес написала на учреждение, а надо было, наверное, на «рабочку». Но надеюсь все-таки, что письмо дойдет. Он еще в декабре писал домой и просил переслать мне свое послание обходными путями, я его получила, такое хорошее, любовное было письмо, а с тех пор — ни звука.

Прислали мне наконец фотографию дочки, племянницы и мужа — все же это что-то в наших условиях. Мила, моя сестра, написала, что все друзья очень переживают, что со мной случилась такая беда. Вот такие у меня, Валюнюшка, дела.

Живу с надеждой на будущее, в противном случае

можно упасть духом, а делать этого здесь никак нельзя, сама знаешь. Еще хочу написать заявление, чтобы мне разрешили грамматику французского и учебники немецкого. Буду заниматься в свободное время. Главное — не опуститься, не только не потерять того, что знал и умел на воле, но постараться и приумножить его. Не допустить депрессии, уж мы-то с тобой видели, знаем, какая это в здешних условиях погибель — депрессия...

Помнишь, как Раечка едва не наложила на себя руки? Как все мы ее «спасали»? Впрочем, спасали — без кавычек, потому что и нас когда-то, в первые, самые тяжелые месяцы на зоне, тоже находились люди — и спасали. Ты, наверное, с благодарностью вспоминаешь в этой связи Ларочку Ясько. Она скоро выходит, но я знаю, что вы с ней тоже переписываетесь. Она тебя любит искренне, искренне радовалась твоим Садкам, хотя и скучает по тебе ужасно. Но все равно радуется за тебя.

Валюнюшка, ты мне уже снилась два раза, где-то мы с тобой ходили, и ты дома у себя готовила еду, а я пришла к тебе в гости.

Еще видела сон: тебя со многими актерами. Уж не знаю, право, как его объяснить, вероятно, думали вы друг о друге.

Вот такая у меня, Валюнюшка, жизнь. Мальчика твоего, Толика, видела — того, что влюбился в тебя с первого взгляда до смерти... Мне рассказывали, что после твоего отъезда он рыдал, как ребенок, от горя. Со мной он здоровается издали, но я к нему не подходила, зачем? Я знаю, что ты с ним в переписке тоже. Не знаю, как ты, а он, говорят, каждый день тебе пишет, да здоровенные такие письма катает... Мужики, а наши женщины особенно, его жалеют даже, видно, что очень тоскует по тебе. Ты, Валюнюшка, ему отвечай хоть изредка, ему здесь еще быть и быть, а что, кроме нас, женщин, и нашей любви, может поддержать мужчину, тем более такого молоденького? Но ты ведь и так все это знаешь и понимаешь, так что я зря это говорю.

Как ты, Валюша, устроилась? Напиши мне обо всем.

Мой адрес я напишу на конверте, а письмо отошлю, как и договаривались, твоей маме, чтобы она его передала тебе из рук в руки.

Целую тебя крепко.

Пиши, жду,
Вера».

От Толика, о котором писала моя подружка Верочка Колынина, у меня действительно сохранилась целая пачка писем — свидетельств его и впрямь горячей, какой-то, я бы сказала, властной любви... Эту переписку я не могла позволить себе оборвать, прекратить, потому что видела: именно я, мои письма, и это его чувство ко мне — даже если оно иллюзорное — единственное, что держит Анатолия на плаву... И я отвечала. Не так часто, как ему хотелось бы, но писала, стараясь одновременно угасить огонь, полыхавший в этом молодом, красивом человеке, огонь, который существовал в нем словно сам по себе, как часть души, а не только как часть отношения ко мне. Все его чувства, по отношению к миру вообше были «огненные»... Они палили прежде всего его самого, вот почему я опасалась за Толину судьбу и его самого больше, чем за кого-либо другого из моих друзей.

А еще Толя был прекрасным, прирожденным дизайнером-художником. Я Бога молила, чтобы его Дар не пропал всуе... Уговаривала его в каждом письме как можно больше работать, сосредоточиться на живописи, на рисовании. Уже в мое отсутствие он начал и маслом писать, и слава Богу, появились основания думать, что все у него в итоге будет хорошо, что не повторит он более той цепи ошибок, которая привела его на зону... Анатолий и сегодня живет в Можайске, он и сегодня прекрасный художник, активно работающий, познавший успех. Слава Богу!

Вот одно из его писем ко мне, — кажется, последнее из написанных в колонии:

«Милая ты моя Валюша!!!

Огромное тебе спасибо за твое послание, честно сказать не думал, что ты успеешь написать мне. Миленькая ты моя, я очень по тебе скучаю, очень! Если бы ты знала, но не знаю, понимаешь ли ты это или нет. Хочу тебе сказать новость: прошел «колоничку» и «наблюдаловку», остался один суд, говорят, что 20-го будет, а там — домой, теперь после этого письма пиши ко мне домой. Мой адрес: Моск. обл., г. Можайск, ул. Каракозова, д. ... кв. ... индекс 143200. Надеюсь, что после этого письма ты мне напишешь домой, в общем, к праздникам дома буду. Хотелось бы с тобой отметить этот праздник, но, видимо, если все будет хорошо и если ты согласна, я смогу приехать к тебе на Новый год.

Я очень хочу с тобой вместе отмечать и поэтому жду ответа по поводу этого, еще собираюсь приехать к тебе 11 декабря — это будет суббота. Как ты — тоже хочу знать, согласна ли ты или нет? 9 декабря позвоню тебе обязательно, а там все решим, где и как. Хочу, чтобы все было хорошо. Я очень волнуюсь по поводу тебя. От амнистии не отказываются. Она дается 1 раз в жизни. Чем черт не шутит! Буду писать пейзаж домой, сейчас в данный момент очень много работы у меня. Уже 1-й час ночи, а мне хочется написать тебе побольше, чтобы ты не скучала и чтобы тебе поднять настроение. Тебе привет от Белозерова Саши, он снова вернулся на Можайскую зону, от Надежды, твоей подруги, тоже, недавно для нее сделал к Октябрьскому дню газету. Теперь по поводу себя.

Ко мне приходили с воли по поводу работы. Сам председатель Сельского совета. Центральная усадьба Бородино — там новые коттеджи, дома в общем, обещал квартиру и работу. Он видел мои работы, очень нравятся, но образования у меня, конечно, не хватает, думаю, что постараюсь поступить.

Написал еще несколько работ — «Зимний вечер» «Натюрморт», «На рассвете», вот еще один пейзаж буду писать, только не знаю, как еще назову его. И буду писать портрет, на всякий случай еще один холст загрунтовал, может, успею написать. Работу не бросаю, как видишь, да и помимо этого очень много других дел, очень много заказов, а я — очень добрый, не отказываюсь, хотя сказывается это уже на здоровье, врачи уже предупредили меня: нужно спать, не подрывать свое здоровье — и так уже худой стал, на воле таким не был. Но я люблю тишину, чтобы никто не мешал. Мне работать, сама знаешь, нужно настроиться. Один холст порвал, там было написано слишком ужасное... Назвал я эту картину «За каменной стеной», то есть на зоне. Ребята сказали: красиво написано, но нельзя ее показывать. Я ее порезал, но эта моя тема была действительно правдой, по этой картине многое можно было прочесть о нашей жизни.

Валюшенька, миленькая ты моя, ты очень долго молчишь, может, ты занята или у тебя много забот? Хочу, чтобы ты возвращалась быстрее на волю, поправлялась, хочу спросить, как у тебя насчет здоровья и всего остального? Ведь ты больше всех меня интересуешь, не знаю, понимаешь ли ты меня или нет, но я частенько вспоминаю тебя. Письма идут твои через цензора, и там даже стали интересоваться, кто такой? Нужно посмотреть на него (я имею в виду на меня). Видимо, узнали почерк твой, но письмо мне передал все же наш почтальон. Я очень хочу, мечтаю и жду нашей с тобой встречи. Очень люблю тебя. Ты по-прежнему остаешься у меня в душе, и поэтому я должен быть рядом с тобой всегда. Хоть бы все было бы хорошо! Потерпи, Валюшенька, еще рывок — и ты дома, думаю, что увидишь еще счастье, горячую любовь, поднимешься в высоту, достигнешь того, что не успела сделать раньше. Я в тебе уверен, очень волнуюсь за тебя. Твой любимый всегда поможет тебе во всем! Я жду твоей фотки, думаю, что ты не забыла.

Очень нежно и крепко целую.

Твой милый и любимый Анатолий».

...Да, все они, сумевшие помочь мне выжить там, где для каждого уготована погибель, — милые и любимые, оттого и незабываемые. Повторю еще раз, и буду повторять неоднократно: чудные, удивительные люди, потому что разве это не подлинное чудо — среди неволи сохранить свободу Души, посреди грязи и унижений — высокие мысли и чувства, в тесноте и тьме острога — Божий Дар?!

Вот еще одно «последнее из заточения» письмо — письмо Володеньки Чуева, драгоценного друга из Садков, дождавшегося своего святого дня, «звонка», возвращающего его на волю.

«Милая моя Божня, здравствуй!

Валь, я так рад твоим письмам, увижу конвертик на кровати — сердце замирает.

Осталось двадцать семь дней, пошли последние дни, а как медленно.

О Лене ничего не знаю, спрашивал у Гены Савченко, это единственный человек, который мог бы что-то знать, — тоже ничего не слышал о нем. Если узнаю что-либо, сразу напишу.

Как бы мне хотелось попасть в Москву в этом году, не именно в столицу, а к тебе, милая. Это просто невозможно. Маме обещал дом отремонтировать, с работой нужно что-то придумать, а основное — я уже года два не держал в руках сразу больше ста рублей, стыдно говорить об этом, ну а что сделаешь, если это так. Очень хочется заработать, хотя бы ради поездки, но как это сделать, еще не представляю. Все же к Новому году, думаю, проблему эту решу и к средине января, если даст Бог, приеду повидать тебя. Только бы ты, моя милая Божня, не была занята. Напишешь тогда, да? Валечка, пока не знаю, куда мне можно будет написать, но, как только определюсь на воле, сразу напишу, хорошо?

Милая, извини, сразу не дописал, а на другой день угодил на пятнадцать суток, освобождаюсь лысым! Ну да ничего, волос-то отрастет, быстрей бы на волю, еще четыре дня. Может быть, на воле закончится полоса невезения, которая преследует меня в последнее время.

Спасибо, моя хорошая, за поздравления.

Целую тебя, милая!

Знаешь, заточение подействовало на меня успокаивающе — две недели совсем не видел Солнышко, и вдруг вот оно — большое, красное-красное, на закате! Совсем как тогда на канале — дух захватило и слезы на глаза навернулись. А теперь я тихо жду субботу, шестнадцатое.

Синяя мечта всегда со мной!

Пусть у тебя все будет прекрасно!

Не болей. Счастливо!

Целую.

Володя».

...Сегодня — сентябрь 2001 года. На днях — очередная «черная» дата того страшного утра, когда меня арестовали за преступление, которого я никогда не совершала... Неужели прошло уже столько лет? Столько лет, и я не просто пережила все случившееся, но и, с Божьей и человеческой помощью, сохранила свою душу, сердце, способность творить — драгоценнейший дар Свыше, данный нам Творцом?

Сейчас я живу далеко от родного и любимого мною навечно Арбата. Но всякий раз, как становится на душе тяжело, всякий раз, как настигает очередная, естественная, наверное, для второй половины жизни потеря, я еду туда — на свою «малую родину». На Арбат.

Арбат XXI века неузнаваем почти для людей моего поколения: то ли ярмарка вечная, то ли вечный бал-маскарад... Но сверни в ближайший переулок — и ты вновь дома, в далеком детстве, юности, на самом пороге неизбежных ошибок, которые еще предстоит совершить... На старте собственной, пока неведомой судьбы, с чистым сердцем, готовым Любить вечно. Все равно кого — главное, ЛЮБИТЬ. Пролетят годы и годы, сложатся в десятилетия, потом в века, тысячелетия, а это все равно останется главным. Пусть на другом витке спирали, символизирующей Вечность, но — главным...

Вот я сворачиваю в один из самых своих любимых арбатских переулков — Спасо-Песковский. Достигаю хорошо знакомого скверика, насквозь пропахшего московской осенью, расцвеченного ею, продуваемого ветрами нового, но нечужого века.

Я выбираю скамейку, на которой никого нет, и сажусь на нее, чтобы впитать в себя этот запах, эти краски, эту осень.

Напротив меня, на другой скамейке, двое парнишек — представители решительно непонятного мне «молодого племени». Они уже не дети, но еще и не взрослые. Оба с короткой, почти армейской стрижкой, в коротких же кожаных куртках со множеством «молний», кнопок и карманов, кажется, такие куртки называются на их жаргоне «косухи» — точно не знаю. Парнишки о чем-то горячо, но мирно спорят, встают и двигаются, не прекращая своей дискуссии, в мою сторону. Они похожи на цыплят из одного инкубатора из-за своей одинаковой одежды и одинаковых стрижек... Они проходят мимо, и до меня долетает обрывок абсолютно «прозаического» разговора, судя по всему, на какую-то как минимум «околокриминальную» тему.

— Нашел кого бояться — ментов! — размахивает руками тот, что ближе. — Сам не просвистишься, никто и не узнает...

Я долго, сколько возможно, смотрю им вслед, гляжу на их какие-то беззащитные стриженые затылки, и сердце мое внезапно сжимается от жалости — от любви к ним, действительно беззащитным, действительно всего лишь глупым, неопытным детям... Да и все мы — и вы, и я — разве не всего-то пусть выросшие, но дети? Вопреки свершившимся уже бедам, сложившемуся уже счастью — всему, что и оставляет хитроумный рисунок морщин на наших лицах?..

И вот я сижу, я смотрю вслед этим юным, безрассудно храбрым незнакомцам, а губы мои сами шепчут слова, наверное очень банальные для многих, но для меня преисполненные глубочайшего смысла:

— Дорогие, бедные мои мальчишки! От тюрьмы да от сумы никогда... от сумы... от тюрьмы... Никогда!

Литературно-художественное издание

Серия
«МЕМУАРЫ»

Валентина Александровна Малявина

Я ХОЧУ ЛЮБИТЬ

Редактор *Л. Шишкова*
Технический редактор *Н. Сидорова*
Корректор *Е. Новикова*

«Издательство «Олимп»
129085, Москва, пр. Ольминского, д. 3а, стр. 3
E-mail: olimpus@dol.ru

ООО «Издательство АСТ»
368560, Республика Дагестан, Каякентский р-н,
с. Новокаякент, ул. Новая, д. 20
www.ast.ru
E-mail: astpub@aha.ru

**Отпечатано с готовых диапозитивов
в ОАО «Рыбинский Дом печати»
152901, г. Рыбинск, ул. Чкалова, 8.**